本书为2012年教育部人文社科及西部边疆项目

"国际化进程中的高等教育质量评估体系比较研究"（项目编号：12XJC880005）

阶段性研究成果

陕西省高等教育重大攻关项目

"陕西省高等教育质量保障体系运行机制研究"（项目编号：2016ZY17）

阶段性研究成果

国际化背景下
高等教育质量保障
组织发展研究

赵立莹 著

中国社会科学出版社

图书在版编目（CIP）数据

国际化背景下高等教育质量保障组织发展研究 / 赵立莹著 . —北京：
中国社会科学出版社，2016.12
ISBN 978 - 7 - 5161 - 9427 - 0

I.①国… II.①赵… III.①高等教育— 教育质量—保障体系—
研究—世界 IV.①G649.1

中国版本图书馆 CIP 数据核字（2016）第 290673 号

出 版 人	赵剑英	
责任编辑	罗　莉	
责任校对	李　林	
责任印制	戴　宽	

出　　版	中国社会科学出版社	
社　　址	北京鼓楼西大街甲 158 号	
邮　　编	100720	
网　　址	http://www.csspw.cn	
发 行 部	010 - 84083685	
门 市 部	010 - 84029450	
经　　销	新华书店及其他书店	

印　　刷	北京明恒达印务有限公司
装　　订	廊坊市广阳区广增装订厂
版　　次	2016 年 12 月第 1 版
印　　次	2016 年 12 月第 1 次印刷

开　　本	710 × 1000　1/16
印　　张	19.5
插　　页	2
字　　数	309 千字
定　　价	72.00 元

凡购买中国社会科学出版社图书，如有质量问题请与本社营销中心联系调换
电话：010 - 84083683

序

　　《国际化背景下高等教育质量保障组织发展研究》是赵立莹博士继博士论文《效力诉求：美国博士生教育质量评估体系的演进》之后的又一重要研究成果。其成果将质量保障的内容从博士生教育拓展到整个高等教育，研究的范围从美国扩展到全球，并聚焦于对质量保障组织发展的研究。对国际高等教育质量保障组织的研究是我国高等教育质量保障机构专业化建设和全球高等教育质量保障能力均衡发展的现实需求。

　　20世纪80年代以来，高等教育国际化推动了国际高等教育质量保障组织的发展。书中通过对国际高等教育质量保障协会、欧洲高等教育质量保障协会、亚太地区高等教育质量保障协会、美国高等教育认证理事会、美国评估协会等机构相关资料和系列研究报告的梳理，对国际高等教育质量保障机构组织生成、运行机制、实践活动、战略规划的描述和分析，总结了21世纪高等教育质量保障国际化、专业化、多元化、规范化的发展趋势。最后基于国际经验，对我国高等教育质量保障进行了批判反思，提出可操作性的建议。作者在移植与创新的基础上提出的对策建议，对我国高等教育质量保障机构建设和学术研究具有一定的参考价值。

　　高等教育质量保证体系是在质量管理的思想指导下，根据教学保障的需要，建立有组织、有制度、有职责、有标准、有秩序规范的有机整体，包括设立质量保证机构、制定质量标准、确立评估的方法和程序等，旨在保持和改进高等教育质量，并为高等教育利益相关者提供质量证明和担保的所有政策与过程。高等教育质量保证体系由内部质量保证体系和外部质量保证体系构成，前者是高等教育质量保证的基础，后者是高等教育质量保证的动力。高等教育的内部质量保证体系指高等院校作为办学主体自行建立的教育教学质量保证体系，涉及大学"教育输入——教育过程——教育输出"的全过程。高等学校作为学术自治和学术自律的学术共同体，既是高等教育质量保证的对象，又是高等教育质量保证的价值主体，要实施全面的质量管理，致力于提高自身的教育教学质量，根据自己的实际情况，建构优良的质量保证体系；探索并形成自我发展和自我约束机制的有效途径。高等教育的外部质量保证体系是由社会的质量监督实体对高校进行的质量检查与评估体系，包括质量认证、质量审核、质量评估、社会评价等。教学质量评估是外部质量保证体系的基本方式，包括认证、分等、审核等多种模式。我国高等教育质量评估在实践中探索，正在建立以学校自我评估为基础，以院校评估、专业认证及评估、国际评估和教学基本状态数据常态监测为主要内容，政府、学校、专门机构和社会多元评估相结合，与中国特色高等教育体系相适应的教学评估制度。教学评价是教学质量保障体系建设中必不可少的环节。改革教学评价，要采用发展性评价，以学生的成长、发展为主要目的和内容。

在国际化背景下，我国质量保障机构应该积极参与国际质量保障组织的活动，提高跨境高等教育质量保障的能力，推动高等教育质量保障专业化建设。同时，引导高校建立有效的内部质量保障体系，使质量保障超越技术层面的管理和控制，发展为学术机构内部自觉自律的质量文化，实现高等学校内部自治与外部控制之间的动态平衡。

希望作者能继续关注国际高等教育质量保障组织的发展动态，加强对高等教育质量保障实施效果和改进功能的研究。同时，在批判反思的基础上，不断提高研究水平和深度。

刘献君

2016 年 12 月 6 日

目　　录

第一章

高等教育质量保障面临的环境变迁

> 这是最好的时代，这是最坏的时代；这是明智的年代，这是愚昧的年代；这是信任的纪元，这是怀疑的纪元；这是光明的季节，这是黑暗的季节；这是希望的春日，这是失望的冬日；我们面前应有尽有，我们面前一无所有；我们都将直下地狱……
>
> ——狄更斯①

21 世纪，高等教育的发展如同狄更斯《双城记》中描述的世界一样，充满繁荣发展与质量危机的矛盾冲突。利益与风险并存，机遇与挑战同在。21 世纪的高等教育在经历规模扩张的绩效增长和国际化繁荣景象的同时，也面临"质量危机"和"公众质疑"。质量问责和质量保障随之成为这个时代高等教育的主题和解决这一矛盾冲突的主要手段。因此，20 世纪 80 年代以来，质量保障和国际化逐渐成为高等教育领域的两大主题。公众质量意识的增强和社会问责的兴起使高等教育质量保障得到社会的广泛关注，各国的高等教育质量保障组织相继成立，质量保障体系也日益完善。以评估为主要方式的质量保障在促进大学规范发展的同时，也同样遭遇到效力质疑。公众可能会问："既然现行的质量保障是有效的，为什么高等教育系统内部还问题重重？"不管评估是否会受到欢迎，通过评估促进大学质量持续提升却已在全球达成共识。正如联合国秘书处评估工作组 2014—2019 年规划中指出的：

---

① ［英］查尔斯·狄更斯：《双城记》，石永礼、赵文娟译，人民文学出版 2015 年版，第 1 页。

不同地方，不同层次的评估在推动新的发展日程中发挥着重要的作用。评估并不容易，而且不受欢迎，但是却必须进行，当前有限的经费支持使评估比以往任何时候都重要。[①]

高等教育质量保障的主要内容是通过对学术机构或专业的周期性评估，保证高等教育达到基本的标准并促进高等教育质量持续提升。高等教育是质量保障的服务对象，灵活应对环境变迁，及时调整质量保障的方法和策略，在反思中改进便是质量保障组织有效服务于高等教育质量发展的现实选择。20 世纪 80 年代以来，中国高等教育经历了哪些变化？国际高等教育发展又有哪些特征？高等教育质量保障是高等教育发展到一定阶段的现实需要，只有理清高等教育质量保障面临的时代背景，才能客观评价质量保障是否有效服务于高等教育质量提升，探索质量保障效力提升的合理路径。

第一节   我国高等教育质量保障改革和发展的背景

时代在发展，高等教育大众化和国际化的潮流滚滚向前，面对环境的变迁，中国高等教育发生了哪些变化？中国高等教育未来将走向何方？《国家中长期教育改革和发展规划纲要 2010—2020》提出"把提高质量作为教育改革发展的核心任务"。无论环境如何变化，质量始终是高等教育的生命线，高等教育质量保障依然是高等教育改革关注的重点，只是在不同的时代关注的热度不同，方式不同。在高等教育扩张和国际化的进程中，面对种种"质量危机"，作为以保证高等教育达到基本标准和促进高等教育质量持续提升的高等教育质量保障则成为高等教育改革应该关注的焦点问题。

中国高等教育从 1999 年开始大规模扩招，高等教育规模的增长速度超出了现实的承载力，高等教育出现了严重的"质量危机"，高等教育的

---

① Ban Ki-moon, "*The UNEG Strategy* 2014 – 2019". 2013. 10. 6. United Nations Evaluation Group (http://www.unevaluation.org/document/detail/1459 The UNEG Strategy 2014 – 2019).

质量随之成为全民关注的问题。同时，进入 21 世纪以来，随着中国高等教育国际化程度的提高，跨境高等教育质量保障成为中国高等教育质量保障面临的新挑战。质量问题的凸显引起了党和国家对高等教育质量保障体系建设的关注，随之建立了国家高等教育质量评估中心，省级高等教育质量保障机构、校级高等教育质量保障机构也相继成立。不同层次高等教育质量保障组织的生成和发展，使组织化和制度化成为 21 世纪我国高等教育质量保障最明显的特征。

一　我国高等教育大众化进程中高等教育规模的增长与质量问题

（一）高等教育规模的增长使质量问题凸显

高等教育大众化是二战后世界高等教育发展的共同特征。英美等发达国家从 20 世纪 50 年代初到 70 年代末，用了三十年的时间走完了高等教育大众化的进程，目前已基本进入高等教育普及化阶段。中国高等教育在 1999 年吹响了高等教育大众化的号角，招生规模不断扩大，2005 年我国高等教育在校生规模达到 2300 万人，成为世界高等教育大国。我国用短短六年的时间走完了高等教育大众化的进程，实现了高考入学率从 1998 年 7% 到 2005 年 23% 的跨越式发展。2014 年，我国在校生规模达到 3559 万人，居世界第一，高校数量为 2824 所，居世界第二，高校毛入学率达到 37.5%。2000—2014 年，我国高校录取人数的年增长率平均为 10.7%，录取率由 59% 提高到 74.33%，是 1978 年的 12.3 倍。每十万人口平均在校大学生数增幅超过 3 倍，毕业生占当年新增城镇人口比例从 12.86% 提高到 61.62%。但是，在我国高等教育事业大发展、大变革的同时，也出现了影响高等教育事业持续、健康、和谐发展的诸多问题。我国把高等教育大众化的预警理论当成目标来实现，盲目提高高等教育入学率，在扩张冲动下的高等教育大众化在我国成为一种政府行为，不断推进。而且，在大众化进程中忽略了我国高等教育的现实承载力，使高等教育在表面的繁荣背后危机四伏。高等教育"质量危机"成为当前三大危机中最突出的问题，表现为高等教育规模增长超出现实承载力引发的一系列质量问题：生源质量下降，师生比下降，教学资源严重不足。在高等教育质量危机四伏，遇到社会信任危机的同时，谁来对高等教育质量进行较为客观的判断？谁来坚守高等教育的底线？谁能促进高校教学质量持续提升？这些成了高等教育大众化进程中高等教育利益相关者普遍关注的问题。作为英美等发达国家坚守高等教育质量底线，促进高等教育质量持续提升的高等教育质量保障组织便成为学界应该关注的重要问题，政府对通过组织建设，完善质量保障体系，建立"管办评"分离的高等教育质量保障制度寄予较高的期望。

（二）加强质量保障成为高等教育从规模发展转向内涵建设的现实需求

提高高等教育质量是世界各国进入高等教育大众化阶段后所面临的共同问题。西方各国在经历了 20 世纪 50—70 年代的高等教育规模扩张，进入高等教育大众化阶段以后，普遍开始进行高校内外部质量保障体系建设，掀起了新一轮提高教育质量的浪潮。从欧洲的"博洛尼亚进程"到美国的高等教育改革行动计划，再到联合国教科文组织的"提高质量保证能力的全球计划"，传递出提高教育质量是世界高等教育的普遍共识和努力方向的信号。① 目前，在我国高等教育从规模发展转向内涵建设，从大众化迈向普及化，从单一的国内办学走向国际化的进程中，完善高等教育质量保障体系成为我国高等教育质量管理的核心问题。加强质量保障体系建设也成为我国高等教育改革的重点和难点。建立"管办评"分离，"五位一体"的高等教育质量保障体系便成为中国高等教育发展的现实需求和理性选择。

1. 国家领导人高度重视高等教育质量保障

为了切实提高高等教育质量，充分发挥高等教育质量保障的积极作用，党和国家领导人分别围绕质量保障问题做出重要指示。

胡锦涛在 2010 年全国教育工作会议的讲话中就强调要建立国家高等教育质量标准和质量保障体系，加强教育质量评估和监管：

> 要把教育资源配置和学校工作重点集中到强化教学环节、提高教育质量上来，建立以提高教育质量为导向的管理制度和工作机制，

---

① 瞿振元：《在推进高等教育现代化进程中砥砺前行：2015 年中国高等教育热点透析》，2016 年 1 月 4 日，中国教育新闻网—中国教育报（http://news.jyb.cn/high/sjts/201601/t20160104_ 648573. html）。

制定教育质量国家标准，建立健全教育质量保障体系。要深入研究经济社会发展和用人单位对人才结构培养质量需求变化情况，加强教育质量评估和监管。要切实保障人民群众对教育的知情权、参与权、表达权、监督权，建立和完善群众利益表达渠道和对教育建言献策的平台，积极利用社会力量监督和评价教育、参与教育管理。①

2. 加强高等教育质量保障体系建设是落实十八届三中全会精神的重点内容

2013 年 11 月 28 日，教育部党组发出了《中共教育部党组关于认真学习贯彻党的十八届三中全会精神的通知》，重点强调质量保障体系建设的改革思路：

改进高等教育质量保障体系和高校教学评估方式，创新高校人才培养机制，推进高校协同创新，促进高校办出特色，争创一流。改进教育管理方式，扩大省级政府教育统筹权和学校办学自主权，更多运用法规、规划、标准、政策、公共财政、信息服务等手段引导和支持学校发展。加强高等学校章程建设，完善治理结构，形成依法办学、自主管理、民主监督、社会参与的现代学校制度。强化国家教育督导，健全各级各类教育督导评估制度，推行督学责任区制度，建立督导检查结果公告制度和限期整改制度。发挥社会组织在教育评估监测中的作用，委托社会组织开展教育评估监测。②

3. 质量保障成为国家教育发展规划中的重点任务

教育是民族振兴、社会进步的重要基石。党的十八届五中全会通过的《中共中央关于制定国民经济和社会发展第十三个五年规划的建议》强调"提高教育质量"，这是我们党站在全面建成小康社会的战略全局高

---

① 胡锦涛：《在全国教育工作会议上的讲话》，《人民日报》2010 年 7 月 13 日（http：//politics. people. com. cn/GB/8198/12677266. html）。

② 教育部：《中共教育部党组关于认真学习贯彻党的十八届三中全会精神的通知》，教党 [2013] 33 号，教育部官网（http：//www. gov. cn/gzdt/2013 - 11/28/content_ 2536934. htm）。

度作出的重大部署，集中体现了以习近平同志为总书记的党中央对教育工作的高度重视和殷切期望，为"十三五"时期教育改革发展指明了方向。

（1）《国家中长期教育改革和发展规划纲要（2010—2020 年）》关于高等教育质量保障问题提出三条指导意见：

全面提高高等教育质量。高等教育承担着培养高级专门人才、发展科学技术文化、促进社会主义现代化建设的重大任务。提高质量是高等教育发展的核心任务，是建设高等教育强国的基本要求。到 2020 年，高等教育结构更加合理，特色更加鲜明，人才培养、科学研究和社会服务整体水平全面提升，建成一批国际知名、有特色、高水平的高等学校，若干所大学达到或接近世界一流大学水平，高等教育国际竞争力显著增强。

加强高等教育质量保障体系建设，全面实施"高等学校本科教学质量与教学改革工程"。严格教学管理，健全教学质量保障体系，改进高校教学评估。充分调动学生学习积极性和主动性，激励学生刻苦学习，增强诚信意识，养成良好学风。

改革教育质量评价和人才评价制度。根据培养目标和人才理念，建立科学、多样的评价标准。开展由政府、学校、家长及社会各方面参与的教育质量评价活动。推进专业评价。鼓励专门机构和社会中介机构对高等学校学科、专业、课程等水平和质量进行评估。建立科学、规范的评估制度。探索与国际高水平教育评价机构合作，形成中国特色的学校评价模式。建立高等学校质量年度报告发布制度。建立和完善国家教育基本标准。整合国家教育质量监测评估机构及资源，完善监测评估体系，定期发布监测评估报告。加强教育监督检查，完善教育问责机制。要进一步加大省级政府对区域内各级各类教育的统筹，完善以省级政府为主管理高等教育的体制。要建立以提高教育质量为导向的管理制度和工作机制。①

---

① 教育部：《国家中长期教育改革和发展规划纲要（2010—2020）》，中国网，2010 年 3 月 1 日（http：//www.china.com.cn/policy/txt/2010 - 03/01/content_ 19492625_ 3.htm）。

（2）《国家教育事业发展第十二个五年规划》第七部分第五条专门强调要完成教育质量保障机制，具体要求如下：

> 加强教育质量保障机构与制度建设。推动建立具有独立法人资格的专业认证机构，加强与国际高等教育评估及专业认证机构的联系和交流，在工程教育、医学教育等领域按照国际惯例开展专业认证工作。鼓励高等学校和职业院校参加国际质量管理认证。建立教育质量年度报告发布制度。[①]

（三）我国在质量保障建设实践方面的探索

2000 年之后，我国分别在院校评估、专业评估、评估机构建设等方面进行了实践和探索，评估的水平在探索中不断提高。

1. 院校评估

我国在 2000 年以后，加大了高等教育质量保障力度，采取了一系列高等教育质量保障措施。比如，在 2003—2006 年，教育部启动了第一轮本科教学水平评估，对全国普通高校办学水平进行评估。虽然公众对评估效果评说不一，有的批评此次评估过于注重高等教育质量的输入指标，削弱了对高等教育结果的质量评价。但是评估的结果却是教育基础条件的明显改善。在我国高等教育大众化初期教育资源不足的情况下，大部分高校为了通过评估加大了教学投入的力度，改善了办学条件，增加了图书资源，补充了教师队伍，使规模扩张进程中的高等教育守住了底线，保障了受教育者的基本利益。[②] 2010 年起，教育部评估中心开始对 2000 年以来新建本科院校实施合格评估，已评估 143 所学校，覆盖了全国 28 个省（区、市），约占全国新建本科高校总数的 50%。从 2013 年起对参加过上一轮评估的本科院校实施审核评估，截至 2016 年底大部分高校已

---

①　教育部：《国家教育事业发展第十二个五年规划》，2012 年 6 月（http://www.moe.gov.cn/publicfiles/business/htmlfiles/moe/moe_ 630/201207/139702. html）。

②　赵立莹、刘献君：《本科教育评估的理性反思和现实选择》，《中国高教研究》2008 年第 8 期，第 16—19 页。

参加了审核评估。

2. 专业认证

我国在加强院校评估的同时，不断扩大专业认证的规模和范围。从 2009 年到 2014 年，工程教育认证的专业领域已由 10 个拓展到 14 个，年度认证专业数量由 30 个增加到 138 个。目前，通过认证数量的专业由 75 个增加到 318 个，覆盖高校由 51 所增加到 106 所，大部分 "985 工程" "211 工程" 高校均已参加认证。2012 年，中国完成了加入《华盛顿协议》的相关准备工作，并在 13 个专业领域开展了 69 个专业认证试点。2016 年启动全国第四轮学科评估工作。

3. 第三方评估

从 2011 年起，我国又建立质量报告发布制度，接受第三方评估。2011 年，要求 39 所 "985 工程" 高校编制教学质量报告。2012 年，范围扩大到 "211 工程" 高校。2013 年扩大到全国所有公办普通高校。截至 2015 年底，省一级专门的评估机构已经发展到 15 家。我国高等教育质量保证主要由政府机构或政府授权的机构制定出相应的政策。随着我国高等教育质量保障能力不断加强，政府对高等教育的监管从直接管理走向公共治理将成为一种发展趋势。

（四）建立 "管办评" 分离，"五位一体" 的评估制度成为我国高等教育质量保障的发展趋势

2011 年《教育部关于普通高等学校本科教学评估工作的意见》从政策上确立了新的 "五位一体" 的本科教学评估制度，包括自我评估、院校评估、专业认证与评估、状态数据常态监测、国际评估。它的关注点不再是一次性的单项评估工作，而是对本科教育评估制度的整体性顶层设计。教育管理体制中的 "管办评" 分离，实质是建立政府、高校、评估机构及社会之间的新型关系。分工的调整既要求政府创新教育管理方式，又要求高校完善内部质量治理和保障机制，也要求评估机构提高专业能力和服务水平。强调高校的自我评估和自我改进，关键是引导高校将评估的关注点集中到发现自身存在的影响教学质量的问题并加以改进，而不是为了迎接外部检查。自我评估与自我改进的三个重要任务是建设质量保障机制、提高质量保障能力和形成质量保障文化。

教育部副部长杜玉波 2014 年在高等教育质量保障的国际会议上强调：

　　当前，中国教育部正在按照管办评分离的原则，理顺中央与地方政府、高校和社会之间的关系，推进高等教育治理体系和治理能力现代化。中国教育部将进一步建立完善高等教育质量分类体系，健全高等教育质量评价体系，特别是"五位一体"的教学评估制度。①

2015 年 5 月 6 日教育部颁布的《教育部关于深入推进教育管办评分离，促进政府职能转变的若干意见》明确指出，要推进依法评价，建立科学、规范、公正的教育评价制度。主要包括五个方面：

　　第一，推动学校积极开展自我评价。第二，提高教育督导实效。第三，支持专业机构和社会组织规范开展教育评价。第四，切实保证教育评价质量。第五，切实发挥教育评价结果的激励与约束作用。②

2015 年 10 月 10 日，教育部办公厅发布《关于确定教育管办评分离改革试点单位和试点任务的通知》，要求各试点单位尽快全面启动试点工作，2016 年 9 月前形成阶段性成果。教育部以新理念、新标准、新技术与新方法，从顶层设计"五位一体"的教学评估制度。通过院校自我评估、合格评估、审核评估等改变过去以"一把尺子量不同高校"的做法，促进高校自主发展和特色建设，建立内外联动的质量保障机制。在评估引导下，各高校从质量标准、队伍建设、机构组织、监控手段以及反馈改进机制等方面进行了大量的探索与实践，建立有标准、有组织、有队伍、有监测、有反馈的内部质量监测评估体系。

2015 年，邬大光等主编的《高等教育第三方评估报告》对我国高等

---

　　① 唐景莉：《"高等教育质量保障：国际经验与中国探索"研讨会召开》，2014 年 9 月 24 日，中央政府门户网站（http://www.gov.cn/xinwen/2014-09/24/content_2755631.htm）。

　　② 教育部：《教育部关于深入推进教育管办评分离，促进政府职能转变的若干意见》，教政法［2015］5 号，2015 年 5 月 6 日，教育部官网（http://www.moe.gov.cn/publicfiles/business/htmlfiles/moe/s7049/201505/xxgk_186927.html）。

教育质量保障体系改革提出了新的建议：

　　第一，大力推进高等教育评价改革，建立符合规律的教育评价制度，推动高等教育持续健康发展。从以往学科需求导向转向社会需求导向，从关注学科建设转向学科建设、人才培养和科学研究三位一体，强调寓教于研，以高水平科研支撑高质量人才培养，强调出成果同时出人才，并且出人才重于出成果。要进一步改变单一的政府评价导向，培植第三方评价机构，构建第三方评价机制。要完善"五位一体"教育评估制度。建议进一步完善高等教育评估工作方式，让"以生为本"、基于学生学习成果的先进理念渗透到教育评价，落实到教师和学生身上，推动学校自主开展自我评估，形成质量自我保障的长效机制。第二，要加快推进"管评办"分离，强化依法治教，完善内外联动的质量保障体系。建议进一步简政放权，应用立法、评估、经费调控、政策指导等多种方式，增强地方政府的统筹协调能力，释放高校的办学活力，推动高校主动适应经济社会发展。建议国家加强高等教育立法工作，为高等教育质量保障体系建设提供法律保障。建议进一步理顺国家、地方和学校之间在高等教育质量保障中的责任和地位，完善国家、省级、学校分层管理、分类评估的运行机制。建议建立高等教育评估与教育经费投入挂钩制度，加快引导高等教育分类设置，引导高校合理定位、办出特色，克服同质化倾向。①

　　推进"管办评"分离，高校办学活力得到有效释放，"五位一体"教学评估实现了对高校分类引导。在评估引导下，各高校强化内部治理结构，完善高校内部质量保障。高等教育大众化进程中"以质量建设为核心"的高等教育改革，为我国高等教育管理体制、办学体制、投资体制的进一步深化改革提供了契机。

---

　　① 厦门大学：《高等教育第三方评估报告》，2015 年 12 月 4 日，教育部官网（http：// www. moe. gov. cn/jyb_ xwfb/xw_ fbh/moe_ 2069/xwfbh_ 2015n/xwfb_ 151204/151204_ sf cl/ 201512/t2015 1204_ 222891. html）。

二　我国高等教育国际化发展及跨境高等教育质量的忧思

（一）我国成为跨境高等教育最大资源国

我国自从 1978 年实行改革开放政策以来，高等教育国际化程度不断提高。从 20 世纪 80 年代的"出国潮"到目前中国学生大规模向发达国家流动，留学生群体不断低龄化，学生大规模的国际流动在见证我国高等教育国际化蓬勃发展的同时，也隐藏着潜在的质量危机，挑战了我国传统高等教育质量保障能力的极限。2015 年在云南大学召开的由中国教育国际交流协会主办的"跨境高等教育质量保障国际研讨会"充分说明了我国高等教育国际化目前发展的状况：

> 目前，中国有出国留学生 46 万人次，来华留学生 36 万人次，中外合作办学中就读的学生 55 万人次，中国已成为世界最大跨境教育资源国家。据教育部国际合作与交流司涉外办学处处长闫炳辰介绍，经过 30 多年教育的对外开放，中外办学、来华留学、出国留学已经成为中国跨境教育的"三驾马车"。其中，中外合作办学机构和项目已有 2056 个，其中涉及中国高校近 600 所，国外高校 400 多所，国家和地区 33 个，涉及在校的中国学生近 55 万人次。根据 2004 年来华留学数据显示，目前在华接受教育的外国学生将近 36 万人，涉及 80 多个国家和地区，中国已经成为接收留学生的全球第三大国家。来华留学的办学主体也从政府变成高校自行开展。来华教育从单一的奖学金转为自费留学生为主，招生权也在下放。但是，国际流动的学生数量多并不代表质量强。从资源流动来看，中国更多的是学生出国留学；从资源引进来看，中国更多的是国外资源的引进。[1]

因此，中国已经是跨境教育大国，跨境高等教育质量保障要成为政府质量保障机构和各级各类办学机构的共同责任。在此次研讨会上，中国教育国际交流协会与英国高等教育质量保障机构（QAA）签署了《中

---

① 张文凌：《中国已经成为世界最大跨境教育资源国家》，《中国青年报》2015 年 5 月 9 日（http：//zqb. cyol. com/html/2015-05/09/nw. D110000zgqnb_ 20150509_ 9-02. htm）。

外跨境教育质量保障合作共识》，双方将通过分享信息，使质量保障机构和教育机构获得更多关于中外跨境教育的信息；通过联合评审等方式提高质量保障工作效率；通过开展联合研究、举办研讨会、实地培训等，加强质量保障机构能力建设。

（二）改革开放政策和精英情结催生的留学热潮

中国之所以会成为最大的生源输出地，主要原因在于中国传统文化的"精英情结"和改革开放政策催生的留学热潮。中国由于"学而优则仕"的传统观念和独生子女政策，大多数父母都有浓厚的精英情结，竭尽全力让子女接受良好的高等教育几乎是每一个中国式父母无悔的选择。加之中国改革开放三十多年来，"让一部分人先富起来"的政策导向，中国出现了较大的贫富差距，涌现出了大量"暴发户"。国外高额的学费对他们而言，只是区区小数。中国快速发展的经济、百姓对于优质高等教育的需求、英语成为全球化时代的国际通用语言，以及美国大学在国际上的良好声誉，都是中国成为美国大学跨境办学热土的先决条件，纽约州立大学奥本尼分校的霍尔校长（Kermit L. Hall）将中国比作当代高等教育的淘金地。他不仅看到了中国的父母为能让孩子受到良好教育倾其所有的愿望，也为美国大学在登上世界高等教育巅峰之后再次发现新的机遇而欣喜若狂。①

（三）跨境教育在中国的登场和名牌大学的缺席

中国人浓郁的精英情结催生了对西方高等教育浓厚的兴趣，毕竟遥远的国际旅途和高昂的学费并不适合中国的寻常百姓家，但人们望子成龙、望女成凤的热切愿望却是相同的，不出国门的留学既能免除旅途劳顿，又能降低成本，绝对是一种理想的选择。中国政府和教育投资方看到了大众对西方高等教育的热情，对一些西方大学在本土建立分校千呼万唤，但是那些顶尖级大学却始终稳如泰山。从十年来跨境办学的提供方来看，主要是西方的一般大学。对他们而言，跨出国门，就能招到更好的生源，而且只须投入相对于国内较低的成本，不仅能获得丰厚的经济回报，而且能赢得良好的国际声誉。这些名不见经传的一般大学在本国激烈的生源大战中早已疲惫不堪。因此，西方的一般大学将拓展海外

---

① 程星：《大学国际化的历程》，商务印书馆 2014 年版，第 139 页。

市场作为寻求发展的良机，纷纷踏出国门寻求扩大生源的机会，或是与中国的大学签署国际合作协议，或是与中国的大学合作在中国境内建立分校。

（四）跨境教育发展对质量保障带来新的挑战

跨境教育的质量问题犹如跨境教育的形式一样繁多。关于跨国办学的质量问题，程星教授认为：

> 我国政府多年来在是否开放合作办学、如何制定合作规则等方面一直谨言慎行、严格把关，有其难言之隐。世界各国虽然对自己的大学都有一定的质量监控机制，但对大学到境外所开办的项目及其质量却无法掌控。目前，国际上对这些跨境项目连一个权威的统计都没有。2007年美国著名国际教育家阿特巴赫教授做过一个估计，说当时世界上大约有500个大学的境外分校，数千个包括双学位之类的合作办学项目。[①] 但他的数字却难以得到第三方的证实。由此看来，跨境办学项目对于提供方和接收方而言都处在"摸着石头过河"的探索阶段。[②]

总之，中国高等教育经过大众化阶段之后，目前已经成为高等教育大国，而且，在高等教育国际化进程中也成为全球跨境教育资源大国。高等教育规模增长和跨境教育资源增加，是我国高等教育质量保障面临的挑战，也是难得的机遇。高等教育的环境变迁挑战了我国高等教育质量保障体系的能力极限，穷则变，变则通。高等教育质量保障体系只有主动应对环境变迁，积极寻求有效的策略，才能赢得社会公信力。2016年恰逢"十三五"的开局之年，"十三五"期间是我国高等教育质量保障定位和发展的关键时期，我们应基于本国高等教育发展的现状，借鉴国际高等教育质量保障体系发展的经验和教训，建立专业的质量保障组织，建立符合中国国情的"管办评"分离的高等教育质量保障体系和专业的

---

① Philip Altbach, "Twinning and Branch Campuses: The Professorial Obstacle". *International higher Education*, No. 48, 2007, p. 2.

② 程星:《大学国际化的历程》，商务印书馆2014年版，第137页。

质量保障组织，通过组织建设促进我国高等教育质量保障的能力建设。分析国际化背景下高等教育质量保障面临的挑战和国际高等教育质量保障发展的趋势，在批判反思的基础上学习国际经验，成为加强我国高等教育质量保障国际化能力建设的现实选择。

第二节　高等教育质量保障发展的国际背景

20 世纪 80 年代以来，各国为了应答社会问责，逐渐完善高等教育质量保障体系和质量保障组织，保障本国高等教育规范发展和持续提高。虽然经过三十多年的发展，各国质量保障机构的效力都在持续提高，但是面对环境的变迁，负责监控院校质量和专业质量的质量保证机构，无论是新机构还是老机构，都面临来自各个行业越来越复杂的期待和压力。质量问题是全球性的问题，不同的国家和地区用不同的方式追求质量。时代在变化，高等教育的主体和内容也逐渐多元化，原有的质量保障体系能否满足国际化进程中高等教育质量保障的要求呢？

一　高等教育国际化成为不可逆转的时代潮流

高等教育国际交流从 12 世纪高等教育诞生之日起就存在，到 16 世纪，欧洲作为当时全球高等教育的典范，也吸引了大批美国学子越过大西洋，来到欧洲大陆，寻求卓越的高等教育。后来美国高等教育在移植的基础上创新，经过规范与发展，逐渐成为全球高等教育的新标准，从 20 世纪 80 年代以来，以卓越的质量和丰厚的奖学金吸引着全球各地的优秀学生。高等教育国际交流带来的辉煌成就和多元文化交流产生的积极影响使高等教育的不同利益相关者都从中受益：为生源输出国学生提供了更多的求学机会和发展的空间，使培养学生国际视野，接触国际前沿成为可能；为留学目的地国带来了多元文化的交融，以及良好的经济利益和丰富的人力资源储备。在高等教育国际化双重利益驱动下，跨国流动的学生数量一再飙升。在中国，民国初年，出国留学是贵族的象征；在 20 世纪 80 年代，出国留学是精英的标志；2000 年以来，出国留学成为更多中国学生可以实现的梦想。尽管许多留学目的地国已经改变了当年以高额奖学金吸引留学生的政策，有的国家甚至将培养留学生看成一项贸易产业，但高等教育国际学生的流动似乎成为惯性，各国留学生数量以几何数字增加。20 世纪 80 年代以来，国际流动的学生从精英阶段逐渐走向大众化阶段，随着奖学金的减少甚至消失，招生标准也逐渐下降，从最初对顶尖人才的吸引到对所有学生都敞开了大门。留学这一"昔日王谢堂前燕"，如今已"落入寻常百姓家"，在世界各地，遍地开花。"全球范围内的人口流动和迁徙已经成为现代人类的一种普遍的生存状态。"①高等教育国际化正以不可逆转的趋势改变着学生的生涯规划、大学的经营方式、全球的经济发展，也挑战着在这一复杂环境变迁中试图保证其质量的高等教育质量保障体系。

二　高等教育面临的环境变迁挑战传统质量机构的极限

长期以来，各国的高等教育主要通过地区或国家管理部门制定规则进行监督管理。而这些机构在对跨国高等教育的监督和管理方面，其能力和权限都受到限制。负责监控院校质量和项目质量的质量保证机构，无论是新机构还是老机构，都面临来自各个行业越来越复杂的期待和压力。最常见的问题是，无论是项目的来源国还是项目实施的东道国都不能监控其所提供的教育质量，办学过程中坚持的道德准则或者办学的资格准入条件等。这些情况都增加了在高等教育领域建立一套国际标准和质量监控框架的紧迫性，因为质量问题已经成为全球性的问题。许多国家和地区虽然已经启动了质量保证运动，但是，不同的国家和地区却用不同的方式追求质量。国际高等教育质量保障组织虽然为保障国际高等教育质量付出了不同程度的努力，但是这些机构所采取的国际高等教育质量保障手段从诞生之日起，就面对公众不绝于耳的批判声音，各国现有的质量保障体系对跨境教育的控制显得苍白无力。不管跨境高等教育质量保障是否有效，跨境教育的发展势不可挡，如果任其自然发展，低质量的跨境教育将会不断蔓延。

三　消费者对跨境高等教育质量信息的诉求

市场利益驱动的高等教育国际化表现出明显的质量差异，在质量参

---

① 程星：《大学国际化的历程》，商务印书馆 2014 年版，第 309 页。

差不齐的全球高等教育系统中，消费者需要依据可靠的全球大学质量排名选择适合自己的学校和专业。正如高等教育国际化研究专家简·奈特所言：

> 从全球化的角度来看，"高等教育的商业化"、"外国学位工厂"和"人才流失"已经成为国际化的更重要风险，尤其是对跨国教育显示出一种特别的威胁，包括：低质量和欺骗性的教育提供者越来越多。①

美、英、澳等国家招收国际学生的动机与 20 世纪 80 年代相比发生了很大变化，他们不再为国际学生提供大量奖学金以吸引优秀学生和人力资源，他们招收国际学生的主要目的是为了盈利，弥补本国高等教育投资的不足，教育出口贸易成为这些国家的一大产业。据联合国教科文组织统计：2007 年有超过 280 万的国际留学生，比 2000 年估计的 180 万人增长了 53%。据澳大利亚教育国际开发局估计，到 2025 年全球将有 720 万左右的高等教育国际学生。国际学生的学费和其他花费为他们所就读的大学带来了可观的收入。即使跨境教育活动不以商业盈利为目的，学生和教师在境外的生活消费也刺激了目的地国的经济发展。英国、澳大利亚和加拿大等国家正通过调整他们的签证和移民政策来吸引外国留学生，这些国家的动机主要是获得经济效益。据估算，全球的国际留学生代表着一个 450 亿美元的产业。② 市场化已经成为高等教育国际化最明显的特征。发展中国家的家长作为高等教育国际化主要的投资者，为了提高其教育投入与产出的比率，他们需要认真地在全球众多经过排名认证的大学之间进行选择。正是这一信息选择的迫切需求，使近十年来国际高等教育排名蓬勃发展，大学在世界舞台上运作。市场驱动的高等教育国际化迫切需要可靠的大学排名体系向世界证明优秀大学的质量，同时

---

① Jane Knight, Internationalization Remodelled: Responding to New Realities and Challenges. 2006, 63.

② C. Barrow Globalization, Trade Liberation, and the Transnationalization of Higher Education. 2008. 11.

为"国际市场"优质高等教育的购买者提供可靠的信息选择依据。

四　学位证书质量国际认证成为利益相关者共同的诉求

基于教育高投入高回报的设想，许多发展中国家家长选择以较高的经济投入使子女在国外接受良好的高等教育，培养国际视野和批判思维，适应全球化进程中对国际型人才的要求标准。获得的毕业证得到全球共同认可，是学生和家长最基本的需求。但是，质量参差不齐的国际高等教育市场和水平各异的国际留学生使许多国外的文凭和证书不能获得本国雇主或者教育机构的认可。[1] 学生在国外获得学位之后，他们的学位需要在值得信赖的质量保障机构得到认证。[2] 同时，雇主需要在众多的学位获得者之间选择，他们又难以对不同学校学位的质量进行评价。雇主对毕业证书质量的判断和学生对其学习经历质量的证明使学位证书国际认证成为全球化进程中高等教育质量保障的核心任务。用统一的国际标准对不同国家的高等教育进行质量判断成为全球化进程中高等教育质量保障必须面对的问题。对国外学习经历的认证成为质量保障机构面临的紧迫任务。

五　国际标准的统一要求与多元教育背景的冲突

全球追求高等教育卓越的共同信念使高等教育质量保障成为学界关注的热点问题。国际化进程中对高等教育质量的规范化要求已使人们对制定国际公认质量保障标准达成共识。然而，质量保障本身并不是目的，而是促进质量提升的手段。质量保障机构只有在进行可靠评价时才能得到认可。质量保障的有效性与质量保障机构采用的质量标准密切相关。中国、印度等大多数发展中国家建立了以输入为主的质量指标，因为这些国家缺乏基本教育资源，同时他们的评估水平也处于初级阶段，初级阶段的评估主要采用简单、易收集的资源输入性可量化的指标。然而，

---

[1]　Jane Knight, Higher Education Crossing Borders: A Guide to the Implications of the General Agreement on Trade in Services (GATS) for Cross-border Education. Vancouver, BC, Commonwealth of Learning. 2006a, p. 65.

[2]　Larsen, K, Vincent, L. S. "International Trade in Education Services: Good or Bad?" *Higher Education and Management Policy*, 2002 (14) (3).

在美国等发达国家，以输入为主的质量指标在 20 世纪 50 年代比较流行，随着这些国家教育资源投入不断增加和评估专业化，他们逐渐采用了与教育质量密切相关的学习过程和学生成果产出指标。发展中国家与发达国家教育投入的不同和评估专业化水平的差异决定了各自在评估指标选择中的偏好，但是对质量和评估指标的不同理解却会导致评估结果的混乱。在各国教育发展水平不同，评估专业化差距较大的情况下，该用什么样的标准来判断不同国家的高等教育质量？各国原有的质量保障判断能否满足这一国际化的要求呢？整合不同国家高等教育质量保障的传统优势，建立国际评估标准成为高等教育国际化发展的一种现实需要。国与国之间评估标准的接轨在推动高等教育国际化进程中非常有用，但是"衔接"也带来了风险和挑战。各个国家经常努力设计既能反映国际惯例又能考虑本土独特需要和限度的质量保障方案。尽管对高等教育质量的国际认证已经达成共识，但是院校自治、文化的多样化和国情的不同使得这一问题非常复杂，在复杂的国际化背景下准确地确定质量成为一个非常棘手的问题。

六　评估国际化对评估人员专业素质和国际视野的挑战

评估专家是评估的灵魂，是评估顺利进行的核心要素，他们负责设计评估方案，建立质量指标，实施评估过程。评估专家的伦理道德和专业水平与评估的效力密切相关。在全球化背景下，建立国际质量保障机构和全球性的质量框架挑战了不同国家评估专家的能力极限，尤其是发展中国家。在全球化时代，评估者需要了解不同国家教育发展水平，懂得国际评估标准，掌握现代评估技术手段。全球化已经使评估专家处在国际高等教育系统内部，不具备国际视野，如何评价国际化程度不断提高的高等教育？近年来国际国内质量保障活动的不断增加迫切需要一个新的专业领域——教育评估专业，致力于评估专家的培养，促进评估领域的研究，发起新的评估行动计划。但是，在高等教育众多的专业门类中，致力于教育质量保障专门人才培养的教育评估专业却为数不多。美国威斯康辛大学麦迪逊分校等学校仅有的几个评估专业和中国一些学校在管理学院或教育学院培养的对评估进行研究的硕士或博士生，更多只是关注不同国家评估的发展动态，而很少设有评估专业对研究生进行评估技术、评估伦理、评估发展动态等方面系统的培训。评估专家专业化培训的缺失使评估这种与利益相关者密切相关的专业活动缺乏应有的严肃性。来自不同文化背景的评估专家没有接受评估国际化的培训，如何面对名目繁多的跨国高等教育进行评估。

第三节　国际高等教育质量保障的发展变化

国际化进程中利益相关者的质量诉求推动了质量保障国际化。正如著名高等教育国际化专家简·奈特所言："如果国际化没有对目标和配套政策、计划、监测、评估进行系统化的话，它将是对数量巨大、情况驳杂的各种国际性机会的碎片式、临时性的简单回应。"[①] 质量保障国际化主要表现为质量保障组织国际化、标准国际化、专家国际化等。各国在高等教育质量保障过程中，越来越注重质量保障的国际化发展。

一　组织国际化：国际质量保障机构的生成和发展

20 世纪 80 年代以来，随着高等教育国际化进程中跨境高等教育质量保障现实需求的增加，一些国际性质量保障组织相继诞生，国家高等教育质量保障机构也出现了国际化的倾向。世界各国和地区就怎样找到新的能够保证高等教育利益相关者的高等教育质量评估和监控方法展开了深入和持久的讨论，也相继成立了进行国际高等教育质量保障的组织机构，主要有 1991 年成立的国际质量保障协会、2000 年成立的欧洲高等教育质量保障协会、2010 年成立的亚太地区质量保障协会等。其他在 20 世纪 80 年代以前成立的组织机构也为全球高等教育质量保障效力的提升做出了积极的努力，比如，联合国教科文组织在跨境高等教育质量保障方面的持续努力，美国高等教育认证理事会在对评估机构认证规范方面的实践经验，美国评估协会在促进评估专家国际化方面的努力等，都在促进全球高等教育质量保障效力提升方面发挥了积极的作用，对高等教育规范发展产生了深刻的影响力。同时，许多国家级质量保障机构内部国

① Jane Knight, Internationalization of Higher Education: New Directions, New Challenges. Paris: International Association of Universities. 2006. pp. 16 – 20.

际化程度也不断提高。比如，中国高等教育评估中心、上海教育评估院、西部高等教育评估中心等，积极参与国际质量保障活动，参加国际学术会议，聘请国际评估专家，提供跨境高等教育质量保障服务等。

（一）国际质量保障协会

国际质量保障协会（the International Network of Quality Assurance Agencies，INQAAHE）在推动高等教育质量保障国际化和专业化进程中发挥了积极的作用。该机构是世界范围的高等教育质量保障机构联盟，1991 年成立于中国香港，旨在全球范围内收集、宣传高等教育质量评估的理论和实践经验，分享研究成果，帮助其成员开展国际合作，以期在高等教育评估上建立国际公认的统一标准和评估机构的行为规范。联盟成立至今，其首要使命就是促进世界各地高教评估机构的交流与合作，推动高等教育评估国际化。INQAAHE 的主要工作除了不断发展新成员，定期出版高等教育质量保障的学术刊物以外，还召开高等教育评估学术研讨会，推动以国际标准对评估机构进行评估以及帮助经济欠发达地区开展高等教育质量保证工作也是其重要任务。[1] INQAAHE 也为促进全球质量保障人员专业发展创立了综合的培训项目，是全球最有影响的国际质量保障组织。

（二）欧洲高等教育质量保障协会

为了实现重塑欧洲高等教育辉煌的梦想，加强欧洲各成员国之间高等教育的可比性和兼容性，增强欧洲高等教育的吸引力和竞争力，提高欧洲高等教育质量，1999 年 6 月，欧洲 29 国教育部长共同签署《博洛尼亚宣言》，提出建设欧洲高等教育区的具体构想、行动纲领和工作计划。其后，经过历次会议特别是 5 次部长峰会的评估和改革，逐步形成"学位体系建设、质量保证、学位互认、促进流动、联合学位、终身学习、社会维度和机会均等、提升就业力、全球化背景下的欧洲高等教育"等新的行动目标，并在学制改革、质量保证、学分互换、学位互认等方面取得明显进展。2000 年成立了欧洲高等教育质量保障协会（European Network for Quality Assurance，ENQA），以促进欧洲地区在质量保障方面

---

① 李利群：《高等教育评估的"全球化进程"及对中国的启示》，《中国大学教学》2007 年第 12 期，第 85—87 页。

的合作，在成员国之间信息共享，互派专家，以促进形成最好的评估实践，形成欧洲质量保障的特点。这一协会致力于保持欧洲高等教育的高水平，成为促进博洛尼亚协议国质量保障的主要推动力。主要目的在于使学生能获得欧洲大学有价值的信息并对其进行比较。① 一些专业认证机构也紧跟行业内国际化的趋势，随之国际高等教育互相认证成为保障国际流动的主要手段，为许多学术机构和专业提供认证，尤其是在工程教育和商业研究领域，有比较成熟的实践经验。②

二　评估标准国际化：对国际评估质量分析框架的探索

20 世纪末，扩招以及随之而来的学生与院校的多元化又为质量保障的实现增加了难度。此外，全球化、区域一体化以及学生和学者流动的增加也成为高等教育质量国际保障诉求的直接推动力，使用国际公认的标准或基准帮助进行学术及专业文凭和证书的对比、评估成为国际化进程中一种现实的需求。评估标准是评估的主要工具，无论是大学排名体系发展还是评估机构运行，评估标准都是其核心要素。近十年来，许多学者及国家或地区在建立统一质量标准，促成高等教育评估的国际合作和衔接方面分别进行了理论和实践上的努力：有学者提出应该促使不同的国家质量保障计划和标准框架之间更具有可比性或者更加互补；同时越来越多的国家使用其他国家的质量标准作为自己进行质量评价的方法，一方面可以帮助认证国内的高等教育体系，另一方面可以对各种跨国行动——学生的流动、联合培养项目、专业文凭和证书进行认证。各国对评估标准国际化的关注在联合国教科文组织的全球论坛中得到广泛关注。与会代表为建立国家、地区、全球的质量标准提出了不同的方案。③ 在国际教育质量保障领域，联合国教科文组织和欧洲委员会迈出了巨大的一步，为跨国高等教育确立了理想的实践标准，建立了质量分析框架，也

---

① ENQA: "about-enqa". 2014. 08. 02 (http: //www. enqa. eu/index. php/about-enqa/).

② Campbell, C. & Van Der Wender M. , International Initiatives and Trends in Quality Assurance for European Higher Education, Exploratory Trend Report. European Network of Quality Assurance Agencies. 2000.

③ Vand D. , Trends and Models in International Quality Assurance in Higher Education in Relation to Trade in Education, *Higher Education Management and Policy*. Vol. 14, No. 3. 2002. 6.

为引导质量评价提出了指导原则。提出这些原则的目的在于使跨国高等教育达到输出国和输入国的预期目标，为与国际教育质量保障相关的问题提供了参照，保护了消费者，促进了国际教育资格认证的发展。

三　专家国际化：美国评估协会对国际评估专家的培养

美国评估协会（American Evaluation Association，AEA）长期致力于评估效力的提升及促进评估专家的发展。该协会成立于 20 世纪 80 年代，是评估的国际性专业组织，致力于不同形式评估的实践和理论探索，包括评估专业、政策、人力资源、产品、组织机构的优势和劣势以提高其效力。成立 30 多年来，已经拥有来自 60 多个国家的 7700 多名成员。其使命在于改进评估实践和方法，促进评估结果交流和使用，促进评估专业化，支持评估为提高人们行动效力生成的理论和方法。AEA 通过组织提升评估效力的不同主题年会来实现自身使命，也提供最佳评估实践培训，制订评估者实践指导手册。比如，评估协会提出的评估指南围绕评估专家专业素质和伦理道德，提出具体要求，对世界各地的评估者都非常有用。具体见表1 - 1。

表1 - 1　　　　　　　　　美国评估协会评估指南评估专家标准

项目	具体要求
系统	评估者对所进行的评估进行系统的数据收集
能力	评估者为利益相关者提供能力绩效证明
诚实	评估者确保整个评估过程的诚实
尊重	评估者尊重所有参与者的尊严
责任	促进公共利益的责任心，考虑到不同利益群体及其多样化需求

美国评估协会负责出版《美国评估期刊》《评估新方向》《高等教育评估》等期刊，这些评估期刊集中讨论评估前沿信息、最佳实践、评估方法以及评估者在实践中遇到的不同问题。[①]

国际高等教育质量保障运动蓬勃发展，各国从国情出发构建外部质

---

① AEA："About AEA". 2014 - 07 - 01 (http：//www. eval. org/p/cm/ld/fid = 4)．

量保障组织体系，并作为政府展示高水平业绩的一种公共责任。在国际视野下，结合中国现代高等教育体系的特点，把握高等教育管理改革大方向，顶层设计中国特色高等教育外部质量保障组织体系，是全面落实《教育规划纲要》的紧迫任务。

第 二 章

高等教育质量保障相关概念
及研究动态

高等教育质量保障与高等教育质量、高等教育质量观、高等教育质量保障的路径、高等教育质量保障体系密切相关。因此，本章将对这些核心概念和主流观点进行分析和梳理。

第一节　多维动态的高等教育质量观

高等教育质量保障的关键问题是对"质量"的界定，因为保障的核心内容是高等教育的质量。观念决定行动，高等教育质量观是人们对高等教育质量所持的观点或评价高等教育的维度。持有什么样的质量观，就会选择什么样的质量保障方式。认为教育质量是投入水平，在质量评价中就会重点考察教育基础设施；认为教育质量是学生发展水平，在考察的过程中就会重点关注学生的学术绩效和职业发展。质量观对质量保障的内容和方式会产生重要的影响。为此，高等教育质量观近三十年来一直是国内外学术界讨论的热点问题。到底应该持有什么样的质量观呢？

随着社会环境的变迁和高等教育发展的复杂化和多样化，有效地确定和衡量质量也变得日益困难。随着高等教育概念变得越来越复杂，社会对各个高等教育机构的期望变得更加复杂。除了教育之外，大学阶段的教育已经承担了更广泛的社会角色——解决社会不平等、提供培训好的劳动力、为地区和国际经济成长做贡献以及做有市场价值的研究。高等教育发展环境和社会对教育期待的多元化，也促成了高等教育质量观的多元化。

关于教育质量，《教育大辞典》的解释是："教育质量是对教育水平高低和效果优劣的评价"，"最终体现在培养对象的质量上"，"衡量标准是教育目的和各级各类学校的培养目标。前者规定受培养者的一般质量要求，亦是教育的根本质量要求，后者规定受培养者的具体质量要求，衡量人才是否合格的质量规格"。①

教育质量有宏观与微观之分。从宏观层面看，教育质量即整个教育系统的质量，也可称之为"系统质量"。所谓系统质量实质上是指其与系统规模、结构和效益等之间的协调问题。也就是说，它以系统内部各要素之间是否协调一致为标准。什么时候系统各要素之间协调一致，什么时候就表现出较高的系统质量。微观教育质量"最终体现在培养对象的质量上"，是指"教育水平高低和效果优劣的程度"，其"衡量标准是教育目的和各级各类学校的培养目标。前者规定受教育者一般的质量要求，亦是教育的根本要求；后者规定受培养者的具体质量要求，是衡量人才是否合格的质量标准"。

面对各种各样不断变化的期待，不同的地区用不同的方式判断高等教育的质量。过去的每一个十年里，人们对质量的理解都发生着变化，并适应着不断变化的社会环境和现实。质量具有多重维度，它应该包括所有的功能和活动：教学与学术项目、研究和学术、教师、学生、仪器和设备、社区服务以及学术环境。高等教育质量是一个多维度、多层次和动态的概念，它涉及一种教育模式所处的背景，机构的使命和目标以及存在于一个系统、机构、项目或领域的特别的标准。

管理者用来评判一个机构质量的框架可能反映了下列条件中的一个或几个：作为卓越的质量，作为目的达成情况的质量，作为目标适切程度的质量，以及作为提高和改善的质量。高等教育质量观不是唯一或静止的，高等教育质量观具有多元性和动态性。不同的学者在不同时期对高等教育质量有不同的解释。刘振天认为：高等教育质量包含学生的学业成绩水平、产品质量或服务质量、目标的实现程度、满足不同主体（用户）的需求程度、教育教学活动质量或学校工作质量等涵义，并指出

---

① 顾明远：《教育大辞典》，上海教育出版社 1998 年版。

"对于高等教育质量，不同时代、不同社会、不同国家以至不同个体都有着自己的思考、看法或观点"，而随着高等教育实践的发展，高等教育质量观也会随之更新变化。①

1998 年首届世界高等教育会议通过的"21 世纪高等教育宣言展望和行动"指出：

> 高等教育质量是一个多维的概念，要考虑多样性，避免用统一的尺度衡量世界各国质量保障机构，以探索多样化的评估方法为发展方向，并在实践中不断改进与完善。②

国际上对高等教育质量的认识主要包括以下五种观点：质量即卓越（excellence），质量就是达成标准（consistency），质量就是满足期望（fitness for purpose），质量应是物有所值（value for money），质量是学生改造的过程（transformative process）。③

本书认为，高等教育质量指高等教育促进学生成才和发展的程度。具体表现为学生综合能力的提升、学术成果和学生的就业质量、学生职业发展程度，与高等教育输入水平、教学管理过程等要素密切相关。因此，通过科学的评估方法，开展基于证据的学生发展成果评估更能接近高等教育质量保障，实现促进教育质量提升的目标。

第二节　高等教育质量保障

一　高等教育质量保障

沈玉顺（1998）针对学术界"质量保障"与"质量保证"混用现象，从教育管理方法论上对它们进行了辨析，认为"保证仅起负责、担

---

① 参见刘振天《论"过程主导"的高等教育质量观》，《北京大学教育评论》2013 年第 3 期，第 171—180 页。

② UNESCO: World Declaration on Higher Education for the Twenty-first Century: Vision and Action. Paris: UNESCO, 1998: pp. 7 – 8.

③ Green, Diana, "What is Quality in Higher Education?" *Society for Research into Higher Education*, Open University Press, 1994.

保的作用；而保障作为卫护的力量，起着维护、支撑的作用"。进而提出"质量保证是质量保障的一种模式。质量保障是传统的高等教育质量管理、质量保证和全面质量管理三种质量管理思想方法，是高等教育领域的认识与实践相结合的产物"。① 其实，质量保障是对质量的维持与提升，包括审核、评估和认证等多种形式。高等教育质量保障（quality assurance）包括国家机构、自我评估、同行评价和评估报告四个要素。以高等教育机构为边界，高等教育质量保障体系可以划分为内部质量保障体系和外部质量保障体系两个部分。关于二者的关系，美国等发达国家的实践经验和国内学术界已逐渐形成一种共识：以内为主，以外促内，内外结合。但是从多年的曲折实践来看，要做到这几点并非易事。制度的建立是相对容易的，而理念上的认同则较为困难。关于高等教育质量保障的解释也不断准确。

陈玉琨（2004）从高校内部自我质量保障的视角提出："高等教育质量保障是根据预先制定的一系列质量标准与工作流程，要求高校全体员工发挥每个人的最大潜力与自觉性，认真地实施并不断改进教育教学计划，从而达到或超过预定的教育质量目标，一步步地达到学校总体目标的过程。"②

尹守香（2007）指出高等教育质量保障的核心是过程性评价："高校将社会宏观质量需要转化成教育目标或质量要求，并根据本地区的特点和本校办学实力合理定位质量水准，应用先进的教育思想制定切合实际的培养方案；以过程评价或形成性评价不断监控教育质量，及时纠正偏差为目的；以总结性评价和成果评价为依托，达到输出保证的效果。"③

刘献君（2008）研究发现高等教育质量保障的重心是对学生学习的评价。高等教育质量保障必须注重过程要素，尤其应该重视教育过程中起决定作用的人的因素，即教师的"教"与学生的"学"。高等教育质量的核心是人才培养质量，所以，教育质量最终是落在学生的"学"上面，

---

① 沈玉顺：《探求教育质量的全面管理与保障体系》，《上海高教研究》1998 年第 8 期，第 17—22 页。

② 陈玉琨：《高等教育质量保障体系概论》，北京师范大学出版社 2004 年版，第 8 页。

③ 尹守香：《关于构建高等教育质量保证机制的探讨》，《高等教育研究》2007 年第 3 期，第 20—22 页。

即高校学生具有和高校目标相一致的知识、技能和能力的程度以及学生的就业情况等。因此，对学生学习的评价应成为高等教育质量保障的重中之重。①

从高等教育质量产生的过程来分，可以分为事前评估、过程评估和结果评估。质量保证被视为一种进程，在这种进程中，高等教育的各个关键要素都得到评估。也是在这种进程中，行动的观念、标准、规则、认证、基准结果和责任等叠加在一起成为世界各地高等教育中兴起的质量文化的基础。不同之处在于评估了什么，以及怎样反映不同的国家与文化对质量的理解。三十年来，高等教育质量保障经历了从事前管制到事后评估的变化。事后评估通常由新的半官方的机构根据院校机构的实际状况进行。

政府对高等教育质量保障的宏观调控，主要体现在以下方面：（1）通过立法规范保障行为、制定质量标准和办学标准；（2）负责高校的设置、认可及鉴定；（3）指导、统筹、协调、检查高等教育质量保障活动，实施对高校教育工作的评价和监督；（4）建立高等教育质量保障信息网络；（5）推动高等教育质量保障研究，促进学术、经验交流，组织人员培训。

高等教育质量保障体系作为一种制度性安排，是对高等教育质量进行外部监督和自我规制的过程。这个过程不仅包括制度的建设和组织的完善，也包括观念的更新和价值的认同。制度建设方面或许有"一般模式"或"共同要素"。而在价值选择上则要复杂得多。高等教育质量保障以问责为导向还是以改进为导向，不仅取决于内外部力量的对比，也取决于人们对教育质量内涵、质量保障功能的基本认知，研究一个国家的高等教育质量保障体系，不仅要重视制度体系的研究，包括组织、政策、标准、程序等方面的研究，也要重视质量文化的研究，包括评估理念、质量观等问题的研究。

---

① 刘献君：《关于建设我国高等教育质量保证体系的若干思考》，《高等教育研究》2008 年第 7 期，第 1—5 页。

二 质量保障体系

质量保障体系（Quality Assurance System，QAS）。国内外学者普遍认为，质量保障体系由内部质量保障和外部质量保障共同组成。联合国教科文组织国际教育规划所（IIEP）认为："质量保障体系是由多个利益相关主体和中介机构共同组织，围绕质量保障活动形成的多个机制，互为基础的这些机制组成一定的系统，涉及各机构和项目，它们各自发挥不同的作用。其中任何一项功能的改变，都会对其他功能产生影响。"[①]

季平（2010）认为："高等教育质量保障体系建设，就是有效协调高等教育质量保障系统各要素的整体行动方案。这个行动方案，最主要的是由质量目标与标准、投入保障、组织运行和质量监控等一系列环节组成。"[②]

评估是质量保障的主要手段，根据评估实施的主体，高等教育质量保障可以分为外部质量保障和内部质量保障。就质量保障的本质属性而言，戚业国（2006）认为："质量保障是一种新的高等教育质量管理范式，高等教育质量保障体系在不同国家具体表现形式不同，通常的高等教育保障体系可以分为外部质量保障体系和内部质量保障体系。"[③]

外部质量保障（External Quality Assurance，EQA）有三个基本路径：审核、评价、认证（audit，assessment and accreditation）。质量保障方法不同取决于各国质量保障的专业化程度和教育发展的背景不同。在有些国家，外部质量保障相当于国家部委对学术机构的认证，这相当于国家对学术机构的认可，被视为监督管理的方法。在其他环境下，质量保障是一个在监督管理机制之上的方法。如果有人试图将质量审核（quality audit）和同行评价与其他质量保障形式进行区别，就会有更多的解释。审核（audit）等

---

① IIEP，"External quality assurance：options for higher education managers-Module1：Making Basic Choices for external Quality assurance system"（http：//www. iiep. unesco. org/fileadmin/ht-tp：//www. iiep. unesco. org/fileadmin/user-upload/Cap_ Dev-Training/Training_ Materials/HigherEd/EQA_ HE-1. pdf p. 13）.

② 季平：《求真务实，努力构建高等教育质量保障体系》，《中国高等教育》2010 年第 10期，第 11—13 页。

③ 戚业国：《质量保障：一种新的高等教育质量管理范式》，《高等教育研究与实践》2006年第 2 期，第 19—25 页。

同于高标准、质量改进和自治，认证（accreditation）相当于最低标准、规范性标准，不需要费力的质量控制。美国政府将所有的外部质量保障都视为"accreditation"（认证），是按照公布的标准对学术机构绩效进行外部评价和资格认证的过程。学术机构和院系本身就是评价者。美国鉴定的标准并不是质量控制的标准，评价和改进是外部质量保障机构的"元框架"（meta-framework）。

审核主要是基于组织对自身质量清晰或模糊的评价。质量审核主要检查组织目标实现的程度。当组织发布财务报告的时候，一般会对组织目标进行清晰的描述。财务审计确定这些机构目标实现的信度。组织提供了详细的声明报告，审计负责对其声明证实或证伪。

评价是综合评估的一部分。通常集中于具体的目标、功能或问题。比如，对学生学习进步的评价，对学生毕业率的评价或雇主满意度的评价。为了激励正确的行动，评价经常会根据质量进行排名，或做出优秀、良好、满意、不满意（excellent，good，satisfactory，unsatisfactory）这样的判断。但并不做出合格与否的判断。评价会问"产品到底有多好？"对于"什么是好的"定义又有很多种。于是我们就会问"谁有责任和权威判断好坏"，哪些因素会影响到他们对好坏的判断？评价有时也被称为评估，但是评估比评价的含义要宽泛。教育质量评估具有一定的工具价值，但评估的真正意义并不在于工具价值，而在于注重评估的有效性，其目的是把脉诊断，是开药方，而不是鉴定，重在发展变化，看办学特色的环境差异、个性差异、目标差异。

元评估是对高等教育质量保障活动进行调控反馈的一种有效方式。元评估是指在评估实施前、实施中和实施后对评估设计、评估过程和评估效果的监控与分析，以随时向各质量保障主体提供信息，完善质量保障活动的各个环节，提高高等教育质量。元评估是"按照高等教育质量保障的标准，运用可行的评价方法，对整个高等教育质量保障活动进行分析，从而做出价值判断，对高等教育质量保障活动进行调控反馈，使它经常处于优化运行状态的活动"。[1]

---

[1]　侯威、许明：《高等教育质量保证机制的国际比较》，《外国教育研究》2002 年第 10 期，第 43—47 页。

高等教育增值评价（Value-added evaluation）。在高等教育情境下，所谓"增值"是指大学教育对学生学业成就以及毕业后的工作、生活所带来的积极影响，而增值评价即是对这种影响程度的测量。由于大学生毕业后工作、生活等方面的数据难以获得，目前增值评价主要运用于大学生在校期间学习成果评估及其各方面发展状况的监测。

认证是对学术机构是否达到了一定标准的评价。认证的结果对学术机构是否能正常运行，学生是否能申请基金，毕业生是否能得到社会认可都会产生深刻的影响。认证经常会问这样的问题，你是否能达到要求的标准？比如获得政府拨款的标准，学生获得工程师资格标准等。在一些国家，学术机构认证也有审计的因素。比如，当美国地区认证机构要求提供内部质量保障体系信息时，许多指标要求达到一系列标准或这些标准被学术机构采纳，并用于指导日常工作，而不仅仅是一个量化的目标。

质量保障机构对许多利益相关者负责，不仅仅是本国政府或学术机构。他们必须向利益相关者证明他们实施的外部质量保障是可靠的、客观的，结果是可信的。这就需要质量保障机构始终保持其信度并且用不同的方法证明机构实现了目标。尽管高等教育质量保障的目的在于质量评价，但是在实践中却在追求不同的目标。这些会影响到质量保障机制的设计和整体效果以及系统运行的效果。这些目的可以分为：质量控制（颁发证书）、问责（鉴定）或改进（学术审核）。质量控制的目的在于保证国家高等教育系统达到基本的质量标准，是教育质量的门槛。鉴定是基于质量标准对学术机构或专业绩效的周期性评价，通过提出明确的预期目标，引导高等教育向理想的水平发展。质量改进的方法承认高等院校是质量的责任主体，认为高等院校有能力建立和采用有效的内部管理制度，持续提高质量水平。

内部质量保障是学术进行机构内部评价，保障培养质量的手段和措施，主要包括学术机构内部自评、学生评教、形成性评价等，通过评估促进质量提升。目前高等教育质量保障的重心正在不断下移，强调高校的自我评估和自我改进，关键是引导高校将评估的关注点集中到发现自身存在的影响教学质量的问题并加以改进，而不是为了迎接外部检查。王战军（2014）指出，自我评估与自我改进的三个重要任务是建设质量保障机制、提高质量保障能力和形成质量保障文化。[①]

经过十余年的努力，中国高校自我评估与改进的机制已经初步建立，当前的重点是如何提高这些机制的有效性，提升质量保障能力，但更深层次的挑战是建立起一种自我规制的文化。使追求质量卓越成为管理者、教师和学生共同信奉的价值观和内在追求，这必然是一个长期的过程。

本书认为，高等教育质量保障体系包括外部质量保障体系和内部质量保障体系。外部质量保障体系主要指由外部质量保障机构组织的对学术机构质量的评价和鉴定。外部质量保障的主要目的在于促进学术机构规范发展。内部质量保障体系主要指学术机构内部自评、评估文化、评估制度等，其主要目的在于通过日常管理促进教育管理过程的反思和提高。根据高等教育发展的现实需求和国际发展趋势，质量保障体系的重心应该不断下移。内部质量保障体系是质量保障体系的基石，外部质量保障体系的主要责任在于对内部质量保障体系的规范和指导。通过外部质量保障对内部质量保障体系的有效指导，促成学术机构内部建立持续进行的、专业化的、科学规范的内部评估制度，建立持久的内部质量文化，才是高等教育质量保障体系效力提升的重点。国际背景下高等教育质量保障是在国际化进程中对国内或跨境高等教育的绩效、质量和效力的审核和评价。通过质量保障，学生和社会可以知道哪些高等教育机构是合法的，可以免受不合格教育侵害。

第三节　高等教育质量保障组织发展

组织是高等教育质量保障活动顺利进行的基本保证。只有机构健全的专业化组织，才能有效地实施质量保障活动；质量保障组织只有随着高等教育的环境变迁而发展，才能适应时代的要求。因此，从组织发展的角度动态地考察质量保障机构的实践活动有利于理清质量保障活动发展的历史脉络和未来走势。

---

① 王战军、乔伟峰：《中国高等教育质量保障的新理念和新制度》，《清华大学教育研究》2014 年第 6 期，第 29—34 页。

一　组织发展

组织是由相互影响和相互作用的若干人，为实现共同的目标，通过职能分工以及权力、职责的分层而构成的整体。同时，组织也是一个相对的概念，遵循法定程序组成的群体，可以按照一定的结构和机制成为更大的组织体系。组织结构是组织内部纵向各层次工作群体、横向各个活动单位的设置及其关系的总和，而运行机制则是组织体系内部及内部与外部之间相互作用的过程和方式。[①]

组织发展（Organizational Development，OD）是通过利用行为科学的技术和理论，在组织中进行有计划的变革过程，为提高组织解决问题的能力及其外部环境中的变革能力而作的长期努力。也指有计划地、涵盖整个组织范围的，同时有高层管理者控制的努力过程，它以提高组织效率和活力为目的，该过程利用行为科学知识，通过在组织的"进程"中实施有计划的干预而进行。

组织发展活动既有一定的目标，又是一个连贯的不断变化的动态过程。组织发展的重要基础与特点，是强调各部分的相互联系和相互依存。组织发展具有明确的目标性与计划性。组织发展活动就是制定和实施发展目标与计划的过程，并且，需要设计各种培训学习活动来提高目标设置和战略规划的能力。因此，组织发展的一个重要方面就是设立长远学习目标和掌握工作计划技能，包括制定指标和计划，按照预定目标确定具体的工作程序，以及决策技能等。

二　组织发展理论

组织发展理论是运用生物科学方法研究组织内部因不断自我更新而变化发展的理论。20 世纪 40 年代人际关系研究发展后，A. H. 马斯洛在需要层次论中提出了"自我完善"的概念。F. 赫茨伯格在双因素理论的基础上又提出"工作满足"的概念。F. K. 吉布森把这种满足称为"行为模式的组织激励"，逐步形成了组织发展理论的基本内涵。其后，R. 贝

①　李亚东：《我国高等教育质量保障的顶层设计》，博士学位论文，华东师范大学，2013年，第 15 页。

克哈德等人为之补充，使其成为一种完备的组织理论。

组织发展理论认为，组织发展是组织自我更新的持续过程，组织成员在信任和坦率环境中，通过分析组织偏差和找出解决办法，促使组织更新发展。组织成员对组织偏差都有洞察力，并能对组织困境提出可行的解救方案，但组织内部环境必须有利于引导成员提出建议和意见。参与分析的成员必须主动推行组织变革。组织发展要求管理部门重视团体协作和人际关系的协调，以便组织加速更新过程。

组织效能是指组织实现预定目标的实际结果，主要包括群体生产的产量（数量、质量、速度、顾客满意度等），群体对其成员的影响（结果），提高组织工作能力三方面。进行组织效能分析，必须首先明确评估组织效能的一般标准。良好的组织应符合以下基本标准：目标明确、组织有效、统一指挥、责权对等、分工合理、协作准确、信息畅通、沟通有效等。

三　组织结构

组织结构（Organizational Structure，OS）是指一个组织整体的结构，如对于工作任务如何进行分工、分组和协调合作。是表明组织各部分排列顺序、空间位置、聚散状态、联系方式以及各要素之间相互关系的一种模式，即整个管理系统的"框架"；是组织的全体成员为实现组织目标，在管理工作中进行分工协作，在职务范围、责任、权利方面所形成的结构体系；是组织在职、责、权方面的动态结构体系，其本质是为实现组织战略目标而采取的一种分工协作体系。组织结构必须随着组织的重大战略调整而调整。

组织结构一般分为职能结构、层次结构、部门结构、职权结构四个方面。

本书主要对高等教育质量保障组织在生成和发展中的运行方式和实践活动进行描述。通过对高等教育质量保障组织进行历史和结构分析，总结国际高等教育质量保障发展的趋势和组织发展的特征。

四　高等教育质量保障组织

高等教育质量保障组织指以质量保障为主要活动的各级各类评估或

质量保障机构。主要包括国际高等教育质量保障机构、地区高等教育质量保障机构、国家质量保障机构、省级质量保障机构和学术机构内部质量保障机构。

评估机构（Assessment Agency）与质量保障机构（Quality Assurance Agency）。在我国，人们往往把评估机构当成质量保障机构的同义语。因此，忽视了担负质量保障任务的其他行业组织、社会团体、私人组织等。康宏（2007）认为："高等教育评估组织是介于政府、社会和高校之间，以开展高等教育评估为主要形式，对高等学校教育质量进行客观评判的专业性社会组织。"① 还有学者从中介组织的视角，将其定义为"独立于政府和高校的法人实体，接受政府、高校或者其他组织及个人的委托，对高校进行鉴定、评估、学术审查的一种专业性评估组织"。②

组织是质量保障活动有效进行的主要依托。本书将以国际高等教育质量保障组织为研究对象，通过对具有国际影响力的高等教育质量保障组织生成、发展及其实践活动的分析，总结国际高等教育质量保障组织发展的特征和高等教育质量保障发展的趋势，并基于对我国高等教育质量保障组织及其活动的现实考察和批判反思，为加强我国高等教育质量保障组织建设，提高质量保障能力，规范高等教育质量保障活动提出具有操作性的建议。

第四节　高等教育质量保障的研究动态

我国对高等教育质量保障的研究始于20世纪90年代，2006年以后对高等教育质量保障的相关研究逐渐增多。研究主要集中在三个方面，一是对高等教育质量保障基本内涵的概括；二是对高等教育质量保障问题和改进策略的分析；三是对高等教育质量保障发展趋势和前景的探索。目前国内对高等教育质量保障体系的研究主要集中在对质量保障体系本

---

① 康宏：《我国高等教育评估中介组织发展研究》，《高教探索》2007年第3期，第36—38页。

② 陈能浩：《社会转型期高等教育评估中介机构的培育》，博士学位论文，华南师范大学，2004年，第8页。

身的研究上，具体体现在高等教育质量保障体系的结构形态和组织体系、高等教育质量保障体系建构的原则和方法、高等教育质量保障的实施模式和高等教育质量保障体系发展研究等方面，对高等教育质量保障组织的研究相对较少。

一　高等教育质量保障的研究历程

20 世纪 90 年代初，我国受高等教育体制改革、经济全球化与经济体制转轨以及国际高等教育质量保障运动的影响，开始关注高等教育质量问题，至 90 年代中期，积累了一定的研究成果，并在进入新世纪后有较快的增长。国内学者在此领域研究的具体情况如下：

1995 年，我国著名教育评价专家陈玉琨教授在长春会议上首次提出了"建立教育质量保障体系，加快教育改革步伐"的建议，引起了广大学者和高校代表的兴趣与关注。1997 年 3 月，以陈玉琨教授为组长申报的全国教育科学规划国家教委"九五"重点课题"高校教学质量保障体系的理论与实践研究"获准立项。

伴随 1999 年以来我国高等教育大众化进程的推进，对高等教育质量保障体系的研究迅速活跃起来，同时一些高校也开始了实践探索。如原北京工业学院、清华大学、原上海海运学院等开始引入 ISO9000 质量体系建立教学质量保障体系，这是质量保障体系实践的雏形。陈玉琨在充分吸收国外经验的基础上，开发了发展性教育质量保障体系。[1] 陈玉琨、代蕊华等人在充分吸收国际高等教育质量保障理论研究与实践活动最新成果的基础上，对我国建立高等教育质量保障体系的必要性与可行性，我国高等教育质量保障模式选择的出发点与基本思路，认证性与发展性高等教育质量保障等相关问题进行了探讨。[2]

张正义、贾晓娟（2007）在《高等教育质量保障体系的完整性略论》中提出，高等教育质量保障体系是指与高等教育质量保障有关的基本要

---

[1]　陈玉琨：《论发展性高等教育的质量保障》，《国家高级教育行政学院学报》2001 年第 5 期，第 13—22 页。

[2]　陈玉琨、代蕊华、杨晓江、田圣炳：《高等教育质量保障体系概论》，北京师范大学出版社 2004 年版。

素相互联系和相互制约而形成的有机整体。包括质量保障组织系统、质量信息的收集处理系统、评估诊断系统和激励反馈系统等四部分。① 余小波、王志芳（2006）在《高等教育质量的社会保障：特点、途径和实现条件》中指出，政府在高等教育质量保障过程中，主要依靠法律法规和行政权力对宏观质量进行调控，带有一定的强制性。高校的质量管理直接面向教育教学过程，强调效率效益，注重以人为本。②

二　高等教育外部质量保障体系建设

高等教育质量保障思想的形成有两个基本背景，一是在高等教育实现大众化后，欧洲各国政府和高等教育投资人开始关注高等教育质量和效率问题，政府和社会资助人要求高等教育对消耗了公共财政资源后的社会效益问题作出说明。二是随着高等教育规模的迅速扩大，高等教育质量出现滑坡现象，引起社会各界的批评和指责，高等教育信誉开始出现危机，高等教育内部人士不仅担心高等教育质量下降导致的社会信任的危机，也担心高等教育质量下降会引起政府和社会利益群体的干预，影响学术自由。到了 20 世纪 90 年代，高等教育质量保障体系的建立成为世界各国高等教育质量管理的新范式；赵炬明在借鉴欧美经验、联系中国实际的基础上，提出了构建中国高等教育质量保障体系的设想。③

三　对高校内部教学质量保障体系的研究

我国学者从 2006 年开始，逐渐将研究重点从外部质量保障体系转向高校内部教学质量保障体系。学者们在研究初期主要是对高校内部教学质量保障体系必要性和重要性进行探讨，北京师范大学魏红等人对我国 96 所本科普通高等学校的内部质量保障体系文本进行了内容分析，认为我国内部质量保障体系已经初具雏形，但在要素结构和建设内容上还不

---

① 张正义、贾晓娟：《高等教育质量保障体系的完整性略论》，《山西师范大学学报》2007 年第 5 期，第 25—31 页。

② 余小波、王志芳：《高等教育质量的社会保障：特点、途径和实现条件》，《高等教育研究》2006 年第 3 期，第 14—18 页。

③ 赵炬明：《超越评估——中国高等教育质量保障体系建设之设想》，《高等工程教育》2009 年第 1 期，第 50—57 页。

完善。[1]

目前对高校内部教学质量保障体系的研究主要涉及教学质量的目标定位与实现、组织体系及其功能、教学质量的诊断与评价、内部评估信息的利用及全面质量管理在高校质量保障体系中的运用等方面。多数学者的研究思路主要通过引入控制论思想,借助闭环系统控制,加强质量监控。威业国(2009)指出,高校内部质量保障体系建设需要通过对质量生成过程的分析,寻找质量的关键控制点,建立质量标准,收集关键控制点的质量信息,实施关键控制点质量评价,反馈并应用于质量管理调控,促进质量持续改进提高。[2] 阎为民等(2011)研究发现,内部质量保障机制是核心,外部质量保障机制要通过内部质量保障起作用。外部评审不是直接评估高等学校的教育质量而是评估高等学校内部质量保障机制的效力。[3]

张建新、董云川(2011)指出,内部质量保障体系和外部质量保障体系是阴阳依存、互为共生的整体。外部质量保障包括质量审计、质量评估、社会评价;内部质量保障包括质量管理、质量控制、自我评估。应建立内部质量保障与外部质量保障"以内为主、以外促内、内外并举"的有机融合的格局。[4]

四　我国高等教育质量保障存在的问题及对策建议

随着高等教育发展的国际化和复杂化,高等教育机构的类型与提供者的多元化已经使传统质量保障机构对跨国高等教育的质量保障显得无能为力,公众对其在质量保障过程中发挥的效力也产生了质疑。从 2010 年以来,我国对高等教育质量保障进行效力质疑和批判反思的文章逐渐增多。苏永建(2013)在《高等教育质量保障中的价值冲突与整合》中

---

①　魏红、钟秉林:《我国高校内部质量保障体系的现状分析与未来展望——基于 96 所高校内部质量保障体系文本的研究》,《高等工程教育研究》2009 年第 6 期,第 64—70 页。

②　威业国:《高校内部本科教学质量保障体系建设的理论框架》,《江苏高教》2009 年第 2 期,第 30—33 页。

③　阎为民、栾忠权、杨菁:《研究生教育和谐的内外部质量保障机制的构建》,《研究生教育研究》2011 年第 2 期,第 33—37 页。

④　张建新、董云川:《论高等教育的内部质量保障与外部质量保障》,《昆明理工大学学报》2011 年第 2 期,第 85—90 页。

指出，作为一种意识形态，高等教育质量保障所展示的外部控制、效率至上以及标准化和统一性等往往会侵蚀自治、公平和多样性等学术组织的传统价值理念。控制压倒自治、效率侵蚀公平、标准化取代多样化作为冲突的结果从根本上制约了高等教育质量保障的有效性，并最终无助于提高高等教育质量。① 张应强、苏永建（2014）通过对高等教育质量保障的批判反思，指出对于质量保障技术手段的迷思，产生了"技术即目的"的日常实践，使技术超越自身的边界而具有权力，成为外界控制高等教育的主要手段，影响了大学自治，应该从质量保障走向质量文化。目前，我国高等教育质量保障体系存在的主要问题包括：使用质量标准过于单一，且缺少国际性；保障主体单一，保障力过于集中在中央政府一级。自治与控制、公平与效率、多样化与标准化之间的冲突是现代高等教育质量保障中三种主要的价值冲突。② 马健生（2014）通过对国际高等教育质量保障的比较分析，指出我国应加强高校办学自主权、完善自评机制、建立中介机构、建设质量标准、完善法律保证体系。③ 郭丽君（2013）通过对中国跨境高等教育质量保障体系的研究，指出我国应该通过推进国际参与和合作提高跨境高等教育质量保障的能力。④ 马廷奇（2014）指出，在实践中，高等教育质量保障体系具有明显的运行机制缺陷，主要表现为保障体系的不同要素之间缺乏整合；不同利益主体不仅对质量目标的认知相异，更缺乏质量策略的一致性，进而导致不同主体之间角色与行为的矛盾与冲突，降低了作为整体的质量保障体系的运行效率。还有学者认为，现行高等教育质量保障体系存在的问题主要表现在高等教育质量保障体系的官方性、高等教育质量保障体系的外部保障性、高等教育质量保障体系的单一性和高等教育质量保障体系未与财政投入挂钩等方面。而对这些问题的化解，有待建构以社会中介组织为主

---

　① 苏永建：《高等教育质量保障中的价值冲突与整合》，《中国高教研究》2013 年第 11 期，第 198—24 页。

　② 张应强、苏永建：《高等教育质量保障：反思、批判与变革》，《教育研究》2014 年第 5 期，第 19—27 页。

　③ 马健生：《高等教育质量保证体系的国际比较研究》，北京师范大学出版社 2014 年版，第 499—501 页。

　④ 郭丽君：《中国跨境高等教育质量保障体系研究》，社会科学文献出版社 2014 年版，第 166—167 页。

体、以多样性和差异性质量标准为评价尺度、与财政拨款衔接的高等教育系统内外相互统一的高等教育质量保障体系。赵立莹（2015）在《S省巡视诊断评估的元评估》一文中指出，我国由于受到评估专业化程度的限制，评估的组织机构建设和评估能力还有待加强。省级层面教育评估中心建设还没有全面展开，大部分省的评估暂时由临时组成的评估专家组完成，没有建立周期性的评估制度，评估政策执行缺乏持久性。同时，缺乏专业的评估机构，对评估的研究大多集中于对评估活动的事实描述和功过评论，评估活动经常随着评估考察和评估报告的提交而结束，对评估实践的系统分析和评估影响力的追踪研究相对较少，元评估还没有成为评估流程中的必要环节。如果能建立省级高等教育评估中心，组成具有专业评估水平的研究团队和评估专家，主动学习国际高等教育评估的方法和理念，将国际经验本土化，建立具有本省特点的元评估标准，对评估实践进行自主反思和改进，不但能提高评估的效力，而且能促进高等教育质量的全面提升。[①]

王战军、乔伟峰（2014）指出：中国的高等教育质量保障体系仍然面临诸多挑战，一是如何提高外部质量保障的有效性，二是如何内外结合促进高校的多样化发展。高等教育质量保障的三个新理念为：以高校为主体，以学生为根本，以常态监控为手段。首先，以高校为主体，强调高校对教育质量最终负责；其次，以学生为根本，将学生的学习成果作为高校教育质量的重要证据之一；第三，以常态监测为手段。[②]

彼得·J. 威尔斯（2014）研究发现，各地区的共性是：需要有效的内部质量保障流程；推进整个机构质量文化的政策，并在未来各类活动中得到加强与发展；信息的透明度与准确性，该院校的奖项、学科、研究和设施向公众开放；院校质量保障的过程、政策和程序都在规定范围和时限内明确界定，向公众开放，增加资源；内部质量保障过程中应有涉及各层面利益的相关者多元参与；保证充足的优质资源，使教学、学

---

① 赵立莹、黄婷婷：《S省巡视诊断评估的元评估》，《西安电子科技大学学报》2016 年第 4 期，第 54—59 页。

② 王战军、乔伟峰：《中国高等教育质量保障的新理念和新制度》，《清华大学教育研究》2014 年第 3 期，第 29—34 页。

习和研究（包括教师资格、学习资源和体育设施）保持较高水平。各区域外部质量保障主要领域聚焦于五个方面：与所有利益相关者联合建立外部质量保障的目的、目标、方法和时间周期；确保外部评估员得到认可与授权在独立执行其评估职责时持有公正的态度；提供外部质量保障评估报告、结论和建议等信息，确保对公众开放；提出外部质量保障关于期限、程序等有效的后续建议并确保建立有效的申诉制度。①

赵立莹、司晓宏（2015）通过对国际高等教育质量保障组织发展及项目计划的分析，指出高等教育质量保障呈现国际化、专业化、规范化的趋势。同时，高等教育质量保障体系的重心正在不断下移，外部质量保障体系的主要责任在于规范内部质量保障体系。高等教育质量保障的主体出现多元化的趋势。同时，在大数据背景下，建立科学的高等教育信息数据系统，也是高等教育质量保障体系发展的必然趋势。②

我国高等教育质量保障的研究趋势表明了四个基本问题：第一，提高高等教育质量是国家和社会关注的焦点，也是我国目前高等教育改革的重点和关键，加强高等教育质量保障是提高我国高等教育质量的现实选择。第二，加强高等教育质量保障专业组织建设是落实高等教育质量保障的必然选择。专业质量保障组织作为独立的社会保障机构，将通过制订科学的质量保障标准，规范学术机构内部质量保障，并以市场化的形式运作，通过评价服务的质量和效果获得社会公信力。专业质量保障组织是规范质量保障活动的主要力量。第三，高等教育质量保障体系重心不断下移，高等教育管理权力正在不断分散，省级、学术机构内部质量保障体系将成为高等教育质量保障的基石，因此应引导和支持学校切实发挥教育质量保障主体的作用，不断完善内部质量保障体系和机制，认真开展自评，形成和强化办学特色。第四，教育质量保障的质量将得到社会的关注。我国目前高等教育质量保障工作的重心是提高高等教育

---

① 彼得·J. 威尔斯：《多元一体基因：高等教育质量保障的区域发展途径》，《北京大学教育评论》2014 年第 4 期，第 101—115 页。

② 赵立莹、司晓宏：《国际化背景下高等教育质量保障发展趋势及中国选择》，《高等教育研究》2015 年第 6 期，第 42—48 页。

质量保障的质量，促进高等教育质量保障的专业化。对教育质量保障质量的关注要求通过建立专业的质量保障组织，提高质量保障的问责和元评估质量，不断反思和提高。

第 三 章

国际高等教育质量保障协会

　　质量保障的最高境界是帮助学术机构内部形成全员参与、融于日常工作的创造性质量文化。

　　　　　　　　　　　——国际高等教育质量保障协会（2016）

　　国际高等教育质量保障协会（the International Network of Quality Assurance Agencies，INQAAHE）是教育领域非政府、专业性、全球性国际组织，是成立最早的国际性高等教育质量保障组织。国际高等教育质量保障协会在保障跨境高等教育质量，提升质量保障能力，推动质量保障专业化发展，促进教育评估国际化中发挥了积极的作用。国际高等教育质量保障协会自成立以来，积极开展质量保障信息交流、职员专业发展、规范引领和多方协作等方面的活动，有力地推动了全球教育质量保障能力提升，是全球最有影响的国际性质量保障机构。

第一节　国际高等教育质量保障协会概况

　　国际高等教育质量保障协会是全球范围的高等教育评估机构联盟，1991 年成立于中国香港，旨在全球范围内收集、宣传高等教育质量评估的理论和实践经验，分享研究成果，帮助其成员开展国际合作，以期在高等教育评估上建立国际公认的统一标准和评估机构的行为规范。

一　组织生成及发展

1991 年，香港学术评审局组织来自世界各地的 8 家教育质量保障机构在香港召开学术会议。会议结束时，参会代表认为有必要以组织形式延续质量保障信息交流。并强调，作为一个自愿性组织，核心价值在于信息分享，但没有权力强制会员执行任何行动。经过反复讨论，会议代表把组织名称确定为"国际高等教育质量保障协会"，以下简称 INQAA-HE。

1994 年，INQAAHE 制定了章程，并在 1995 年的乌德勒支学术会议暨会员大会上通过。此后，INQAAHE 会员以通讯方式选举产生了第一届理事会。1999 年，IQNAAHE 在新西兰惠灵顿注册成为非营利性组织。至此，INQAAHE 在形式和法律方面都成为正式的组织。2005 年 INQAAHE 成为联合国教科文组织认可的非政府组织（Non-Government Orgnazation，NGO），这标志着 INQAAHE 国际地位的确立。[①]

二　组织结构

（一）会员构成

INQAAHE 会员分为正式会员和副会员两大类。正式会员是长期对外进行质量保障的机构，包括认证和评估组织。副会员指那些对高等教育评估、认证和质量保障有兴趣，但并没有义务对外进行质量保障的机构，包括学术机构、高等院校、大学拨款委员会等。此外，那些对高等教育评估、认证和质量保障具有浓厚兴趣的学者可以申请成为个人会员。IN-QAAHE 于 1991 年成立时，仅有 8 家创始会员，到 2013 年已经有 282 家会员，会员增长情况见表 3－1：

表 3－1　　　国际高等教育质量保障协会会员增长情况一览表

时间	1991	1997	2001	2006	2008	2011	2013
会员数量	8	100	130	180	201	240	282

---

① INQAAHE："about inqaahe"．2015.1（http：//www.inqaahe.org/main/about-inqaahe）．

　　INQAAHE 会员不断增加的事实表明两个问题：一是全球对高等教育质量保障关注度不断增高，二是 INQAAHE 在全球高等教育质量保障方面的功能日益得到国际社会的认同。

　　（二）理事会及职责

　　INQAAHE 理事会负责组织决策管理。INQAAHE 理事会包括主席、经任命的秘书长、7 个当选理事、不超过 4 个的增选理事以及刚离任的主席。秘书长为秘书处所在单位的领导或其指定人员。所有理事都需要来自正式会员或副会员单位，其中至少 2/3 会员需要来自正式会员单位。同一家单位只能有 1 名当选或增选理事。理事会每两年进行一次换届选举，包括主席在内的当选理事不能连续当选超过三次。理事会可以在内部推举产生副主席。另外，INQAAHE《高等教育质量》杂志主编、财务总监以及年会或会员论坛组委会主席如果不是理事会成员，可以作为观察员参加 INQAAHE 理事会，但没有选举权。

　　INQAAHE 秘书处所在单位由正式会员通过竞标产生。2003 年 10 月，INQAAHE 在爱尔兰高等教育与培训评估理事会（HETAC）正式设立第一届秘书处。2008 年 5 月以后，INQAAHE 秘书处由荷兰与弗兰德斯教育认证机构（NVAO）承担。2013 年 7 月起，INQAAHE 秘书处由阿联酋学术认证委员会承担。秘书处主要承担以下职责：服务会员与理事会；组织会议与活动；编辑与发行出版物和宣传材料；开发与维护网站；进行财务管理和外部联系等。

　　三　组织使命及职责

　　INQAAHE 的使命是为了高等院校、学生以及整个社会的利益，促进教育质量保障机构相互分享信息与经验；引领行业理论与实践发展；开发与推广质量保障专业实践标准；鼓励与帮助会员机构持续进行专业发展和能力建设。INQAAHE 的组织使命包括以下 10 个方面，具体见表3－2：

表 3 - 2 国际高等教育质量保障协会组织使命①

项目	具体内容
信息传播	收集与传播高等教育质量保障理论与实践的有关信息
学术研究	自主开展或委托开展有关高等教育质量保障方面的研究
组织合作	通过与有关国际组织的联系或其他方式表达成员集体的声音
咨询建议	为新出现的质量保障机构提供咨询建议
国际合作	加强认证机构之间的联系，尤其是在跨境运行的情况下
确定标准	帮助成员机构制定院校跨境运行标准
信息共享	为国际资历认可提供更多信息
学分认证	推动开发和使用学分转换机制，从而促进学生跨院校和跨境流动
监控认证	使成员机构警惕可疑的认证实践和认证机构
机构评估	实施对评估机构的评估，接受成员机构申请，组织对质量保障机构的评审

第二节　国际高等教育质量保障协会的组织实践活动

围绕组织使命和核心目标，INQAAHE 自成立以来，通过以下实践活动积极促进信息分享，不断提高高等教育国际质量保障能力。

一　建立高质量的信息平台

INQAAHE 在 2000 年建立了网站（http：//inqaahe），网站从建成之日起，就成为了解高等教育质量保障发展动态的主要渠道，不但及时发布、更新会议信息、会议论文、年度报告、战略发展规划，还有由全球杰出质量保障人员共同编写的培训材料，组织的质量保障人员工作坊等。汇集一些成员机构有关质量保障政策、评估程序和认证标准等方面的材料，在 INQAAHE 网站上分享，并提供原始资料的链接方式。该项目旨在为教育质量保障机构，尤其是新成立机构查找和获取有关同行的资料提供便利，从而加强组织能力建设。由于网站提供了质量保障方面有用的信息和资源，网站访问率不断提高。这一组织基于信息共享的理念，不

---

① INQAAHE："about inqaahe". 2015. 1（http：//www. inqaahe. org/main/about-inqaahe）.

断丰富网站资源，并定期组织年会，发行质量保障相关资料。目前为止，INQAAHE 网站已经成为国际高等教育质量保障的重要信息来源。

二　定期发布简报和年报

为了实现信息传播的使命，INQAAHE 定期编写、发行简报和年报，1992 年 1 月，INQAAHE 发行了第一份由香港学术评审局负责编印的纸质季度信息简报。从 2004 年 2 月起，信息简报由纸质版改为电子版，并由 INQAAHE 秘书处负责编写，信息简报的内容主要包括：会议信息、质量保障国际动态、会员信息以及有关质量保障方面的最新书籍或研究报告简介等。2008 年起，简报增加了有关区域性质量保障机构的活动信息。另外，INQAAHE 自 2007 年以来还编撰了年度报告。这些年度报告不但介绍了该组织的活动情况，而且反映了国际高等教育质量保障的动态和发展趋势，成为世界各地高等教育质量保障组织发展重要的信息参考依据。

三　促进质量保障专业化发展

INQAAHE 促进高等教育质量保障专业化的途径主要有举办专业学术年会，创办质量保障专业学术期刊，开发组织质量保障专业培训项目等。

（一）定期组织专业学术年会

INQAAHE 自 1991 年成立以来，每两年举办一次年会暨学术会议。会议先后在加拿大蒙特利尔、荷兰乌德勒支、南非克鲁格、智利圣地亚哥、印度班加罗尔、爱尔兰都柏林、新西兰惠灵顿、加拿大多伦多、阿联酋阿布扎比、西班牙马德里、中国台北、美国芝加哥等地举办。2000 年起，INQAAHE 定期举办学术论坛。论坛先后在匈牙利布达佩斯、牙买加蒙特哥湾、阿曼马斯喀特、荷兰海牙、阿根廷布宜诺斯艾利斯、澳大利亚墨尔本、中国台湾等地举办。这些年会和会员论坛已经成为教育质量保障领域交流与研讨的国际盛会。比如，2007 年 4 月 2 日至 5 日，INQAAHE 在加拿大多伦多举行了主题为"质量保障：总结经验、展望未来"的第八届学术研讨暨双年会。关于会议具体内容，在此选择 2013 年和 2015 年年会为例进行说明。

1. 2013 年中国台北年会

2013 年年会于 4 月份在中国台北举行。会议由台湾高等教育评估与认证协会（the Higher Education Evaluation and Accreditation Council of Taiwan，HEEACT）承办，会议的主题为"管理多样化：持续发展的质量保障过程"（Managing Diversity：Sustainable quality assurance processes）。四个相关的主题分别为：

（1）跨境高等教育质量保障：从质量提供者到质量保障组织者（the QA of cross-border education：from quality providers to quality assured provision）；

（2）高等教育外部质量保障新方法：不只是追求卓越的方法（Innovative approaches to external QA in tertiary education：not a single approach towards excellence）；

（3）质量保障的影响以及内外部质量保障的效果：同一问题不同地区的视角（Impact of QA and the effects of external and internal QA：regional perspectives to a shared issue）；

（4）国家级质量框架以及与质量保障的关系：利益相关者的参与（National qualifications frameworks and their links to QA，including involvement of stakeholders）。

2. 2015 年美国芝加哥年会

2015 年双年会在美国芝加哥举行，会议主题为"高等教育概况：质量保障的新要求"。会前工作坊以"国际化，跨境高等教育质量保障及其挑战""如何使专业评估更有效"为主题，内容集中在三个方面。

（1）多样性及其要素。新要求、新应对：质量以及高等教育多样性；分析高等教育多样性：高等教育内部和高等教育外部多样性。

（2）质量保障。质量保障以及高等教育机构多样性增加带来的问题：质量保障如何适应多样化？适应多样性：建立院校层面的鉴定系统；对质量保障的要求：促进高等教育质量的必要评价方法；建立国家质量保障资格框架：英国质量框架案例分析；自评：促进东非高等教育变革的催化剂，英国质量标准对高等教育的影响，中国台湾新发起的自评系统及其对学术机构内部质量保障的影响；高等教育和质量保障范式的转换——高等院校使命和政策的中心从教到学。

（3）国际化的多面性。质量保障和国际化：趋势、变革和机会；满足高等院校国际认证和质量保障的需求；促进跨境高等教育的合作；跨境高等教育的质量保障，亚太地区视角，跨境高等教育质量保障的机遇和挑战；欧洲和亚洲地区质量资格的认可；评价国际化的质量（使对国际化的评审有操作依据：提供评估高等教育国际化质量的方法；为高等教育国际化质量的持续提升而努力；对高质量的国际化和好的实践奖励）。

最后商量建立欧洲高等教育鉴定联盟（European Consortium for Accreditation in Higher Education，ECA），其主要责任在于保持方法论的一致性；培训专家和协调员；发布报告，最佳实践的案例；颁发获奖证书、国际化质量资格证书。[①]

（二）定期发布出版物

INQAAHE 定期发布出版物，除一年三期的专业学术刊物外，还有三个月发布一次的电子公告，以及每次对质量保障机构评估之后发布的评估报告和年会中的学术论文等。为了促进全球质量保障专业化，INQAAHE 自 1995 年开始创办质量保障和评估类专业学术刊物《高等教育质量》（Quality in Higher Education），该刊一年出版三期，每个成员可以获得一本，以促进最新发表的研究成果在成员之间交流。期刊经常选编年会的会议论文以及关于 INQAAHE 有关重要议题的讨论文章等，每一期的主题相对比较集中，集中发表一组关于某个在高等教育质量保障实践领域遇到的现实问题。发行专业学术期刊是 INQAAHE 走向专业化的重要标志，说明该组织不但推动着国际高等教育质量保障的实践，而且正以学术力量推动着组织活动的专业化发展。此外，每三个月 INQAAHE 秘书处会向成员发布电子公告。每一次公告都包括会长的公告和最近即将发生的重要事情的概况。

（三）发展质量保障专业研究项目（QA Graduate Program，QAP）

随着外部质量保障和内部质量保障活动不断增加，质量保障逐渐成为一个新的职业，因此需要一个新的学科专业，培养质量保障的专业人

---

① INQAAHE：inqaahe-2015 – conference.（http：//www. inqaahe. org/main/events-and-proceedings/inqaahe – 2015 – conference）2015. 10.

员，推动相关研究的发展，提出新的研究计划。然而，对质量保障专业人才进行培训的学科专业却非常少。这一领域专业化的另一重要举措是提供了正常的学术资格标准。从 2008 年到 2009 年，一些专家建议建立关于质量保障学制一年的全日制研究生项目。这一项目 2009 年 11 月在哥本哈根欧洲质量保障论坛发起，在 INQAAHE 网站上发布。墨尔本大学将其作为质量保障资格要求。INQAAHE 建立了质量保障人才培养专业，填补了这一空白。INQAAHE 组织成员单位中的专家，编写相关培训资料发布在网站上供需要学习的人免费试用，作为全球质量保障能力建设的公共资源为人们提供帮助。INQAAHE 在世界银行和联合国教科文组织的支持下获得基金项目，编写质量保障人员培训资料，旨在通过国际合作建立质量保障新机构。①

（四）编写专业质量保障培训教材

为了促进全球质量保障能力均衡发展和专业水平共同提升，INQAA-HE 组织人员编写质量保障系列培训教材，进行专业质量保障专业培训，授予培训合格者研究生证书。比如，INQAAHE 于 2009 年组织有关专家编写了教育质量保障人员专业培训材料，并放在 INQAAHE 网站上供会员单位免费下载学习。教材内容分为四个主题：第一，质量保障的背景：全球范围内的高等教育；第二，外部质量保障：质量的内涵以及在不同国家的实践；第三，外部质量保障机构的运行：世界范围外部质量保障机构的结构和管理；第四，保障高等院校的质量学习评估、自评过程和数据使用。澳大利亚墨尔本大学与 INQAAHE 合作在这套教材的基础上推出了网络质量保障专业人员研究生证书项目。在此以其编著的关于质量保障机构信度的材料为例：

质量保障机构的信度

质量保障机构要对许多利益相关者负责，不仅要对政府和学术机构负责，而且要向利益相关者证明其外部质量保障活动可信、客观和可靠。"质量保障机构的信度"这一主题概述了质量保障机构建

---

① INQAAHE：（http://www.inqaahe.org/main/formulier/professional-development/qa-graduate-pro-gram-（qap）/166.2016.10）.

立和保持信度的方式，以及如何使用多样的问责措施证明它的客观性。

客观性：信度、问责以及利益相关者关系

为了保证客观性，质量保障机构应该确定利益相关者并解释他们的利益；解释那些有助于外部质量保障程序信度的因素；描述用于确保质量保障机构问责的机制。

1. 利益相关者的利益

质量保障机构的利益相关者由质量保障机构的目的决定。如果质量保障机构计划在高校内部建立质量保障机构以帮助他们提高，那么高校就很可能是最重要的利益相关者。如果质量保障机构的任务在本质上与政府的投资相关，或者是判断哪个机构达到了投资标准，那么政府就是主要的利益相关者。可能的利益群体包括：政府、高校、教师和员工；雇员、商业和企业；潜在的和当前的学生；校友；社会；专业机构。质量保障机构要认识到这些利益相关者之间的巨大差异。可以肯定地说，一个质量保障机构应该为他们计划的顺利实施寻求资助，在寻求资助的过程中充分征求利益相关者的意见，并邀请他们对质量保障机构的服务提出改进性建议。比如，学生群体经常抱怨有些质量保障机构提供的质量保障报告模糊、技术性强、专业术语多。总之，不断提高质量保障机构的信度和支持度，可以增加收入和影响力。

2. 质量保障过程的信度

学术机构参与外部质量保障非常耗时耗力，因此他们一般都不愿意参加这样的活动，除非他们认为这次外部质量保障过程是可信的。如果没有学术机构的参与，外部质量保障就没有意义。因此，质量保障机构建立信度，获得学术机构的信任是非常重要的。外部质量保障过程的信度取决于多种因素，包括：清晰的政策；客观的外部质量保障框架；机构参与制订规范和标准；全面和透明的过程；严格执行的程序；公平、有效、有用的决定和判断；质量保障机构工作人员和志愿者的能力和职业操守；达到高等教育系统所需的好的影响；维持职业保障机构的标准。外部质量保障的过程越严格，

信度就越高。

3. 积极的组织关系

质量保障机构必须理解机构的服务和工作的本质。如果被评的学术机构观察到质量保障不恰当的行为，可以反映给质量保障机构。因为信誉建立在平等之上，外部质量保障不仅在于实施，而且在于外部质量保障实施程序的信度和影响力。评估专家在学术机构进行实地考察并做出决策后，学术机构的相关人员就可以对质量保障机构的信度进行评价并提出改进建议。质量保障机构对学术机构进行评价，同时，学术机构也对质量保障机构的信度进行问责，质量保障机构和学术机构在合作与问责中建立积极的问责关系。

4. 建立稳定的质量保障框架

质量保障框架必须和方法保持一致，但是要适当地进行微调。微调是新成立的质量保障机构发展必不可少的环节，太多的改变往往会破坏学术机构对其的信任。该框架应该与本国高等教育发展密切相关，而它的核心要素要与国际发展保持相一致。如果该质量保障机构系统反映了其清晰的定位，明确指出五至七年的计划，就可以建立稳定的质量保障框架。

5. 参与人员必须保持廉正

一旦外部质量保障框架确定后，信度主要取决于谁来执行它，因此应该谨慎选择公认的正直的专家。而且，机构必须能够信任专家的知识和职业道德。评估小组成员的资格和才智是整个过程可信度的关键，质量保障机构工作人员专业的审查过程以及计划的顺利实施对于评估团队的成功也同等重要。质量保障机构遇到的比较常见的问题是提交不完整的报告或缺乏自我评估（SA）的报告。最糟糕的是评审小组收到自评报告太晚，甚至是在审查前一天才接到自评报告。当出现特殊情况时，就不能按照质量保障协议正常进行评估。在这种情况下，质量机构的工作人员应当与评审主席协商，暂停评审过程，直到收到可接受的自评报告。尽管评审人员可能被专家们认为是诚实的，但对评审人员要有一个明确的政策，并要求其书面确定目前并无任何因素可能影响他们如何对待一个特定的审查，这一点是非常重要的。其中机构工作人员的利益这一潜在的冲突也应得到解决。此外，评审人员被要求做一个对接收到的所有信息进行保密的书面或口头的承诺。

6. 清晰度和透明度

建立外部质量保障框架应基于国家背景，也要与有关的国际发展相一致。缺少明确的框架，可能导致该机构试图通过同样的程序完成不一致的目标。机构的目标应予以明确规定，并建成战略计划（可能为五到七年期间）。一个机构能够通过公平的申诉制度，明确、透明、严格实施程序以确保可信度。合适的培训计划和与学术机构的密切合作有助于质量保障在政策和程序实施上获得支持。

7. 问责制

问责处理资源的使用或输出，审查一个机构负责的职责和未尽的义务。因此，质量保障机构必须明确不同利益相关者的责任。参与者和资助者，在狭义上，质量保障机构对他们的所有者和资助者负责。大多数质量保障机构是独立的，获得一定的资助，由政府和质量保障机构共同运行。在全球范围内，因经费来源不同，质量保障机构呈现不同的形式：完全由政府资助的机构，部分被资助的机构和没有接受政府资助的机构。

8. 报告

质量保障机构证明责任的基本方式是对其所有者和资助者提交它的计划和年度报告。质量保障机构提交他们的计划和年度报告给其管理机构和政府是合适的。这些报告通常用于确保质量保障机构程序的公开透明，公开应答利益相关者的问答。①

（五）促进全球高等教育质量保障能力共同发展

全球高等教育质量保障能力建设计划。从 2005 年起，世界银行通过联合国教科文组织支持不同地区的质量保障机构，启动全球教育质量保障能力行动计划（GIQAC）。主要包括对发展中国家质量保障能力建设的

---

① INQAAHE, graduate-programme-materials. credibility-accountability-and-stakeholder-relations. （http：//www. inqaahe. org/main/capacity-building-39/giqac-50/）2016. 10.

支持和跨境高等教育质量保障的支持。INQAAHE 在 GIQAC 项目支持下，与欧洲质量保障组织合作举办"质量保障与国际化"工作坊，并为促进全球质量保障人员专业发展开发综合培训项目，在网站分享由全球杰出质量保障专家共同讨论形成的致力于质量保障能力提升的学习材料。

INQAAHE 每年会为发展中国家提供 5 个左右参加该项目的奖学金名额。2011 年，来自乌干达、纳米比亚、萨摩亚、博茨瓦纳、埃塞俄比亚和巴基斯坦的代表获得了该奖学金。[①] IQNAAHE 开展了弱小国家质量保障需求调研，并以此提出了具体行动计划。其中一项是组织弱小国家教育质量保障人员到相对成熟的教育质量保障机构进行实习培训。2011 年，来自斐济、萨摩亚和亚美尼亚教育质量保障机构的人员在该项目资助下，分别到印度国家教育评估与认证理事会、马来西亚资历管理局和中国台湾财团法人高等教育评鉴中心进行了实习培训。

INQAAHE 将"质量保障专业化"确定为 2011 年年会的四个分主题之一，集中讨论各国质量保障专业化的案例和促进质量保障专业化的行动计划。INQAAHE 2013—2017 年发展规划着重强调未来将致力于在全球发展质量保障的学术共同体，共同促进质量保障效力提升。[②] 提高跨境高等教育质量的使命，使国际质量保障组织通过为发展中国家培养质量保障专业人才，促进全球质量保障专业水平共同提升。

四 规范质量保障活动

(一) 发布质量保障指南，保障质量保障机构的质量

《质量保障机构最佳实践指南》是这一质量保障机构专业化程度的重要指标。在 1991 年至 2011 年之间，为保证质量保障机构的质量，IN-QAAHE 指南发挥了重要的作用。为了向外界证明认证机构的可靠性和合法性，防止"认证工厂"的出现，有专家提出非常有必要对认证机构进行统一注册。2002 年，INQAAHE 否定了全球注册的提议，认为 INQAA-HE 还需要扮演一个非常重要的角色，就是鼓励地区建立类似欧洲质量保

---

① INQAAHE: "President's Report. INQAAHE 2011 Annual Report", p. 3. A. Oct. 22, 2012. (www. inqaahe. org) Oct. 22, 2012.

② INQAAHE: 2013 - 2017 INQAAHE Strategic Plan (http://www. inqaahe).

障机构的注册机构，通过地区认证机构按照 INQAAHE 的指南要求对所有质量保障机构进行认证，能在地区层面做的尽量在地区层面做，而不是在全球范围内鉴定，尽量使质量保障重心下移，使区域性组织对本地区质量保障机构认证负责。INQAAHE 可以成立由利益相关者代表组成的质量保障机构认证的督导组——比如，高等教育机构、政府、学生等激励和协调地区性认证机构的发展。①

（二）建立质量保障最佳案例库，发挥榜样示范作用

2009 年，INQAAHE 联合 50 多个成员机构，建立质量保障信息交换中心（QAHEC）。2008 年建立了成员提问迅速回答的系统，2010 年发起相互认证合作项目。QAHEC 提供了获取质量保障不同主题的信息通道，也建立了最佳实践的案例库。质量保障最佳实践案例库于 2010 年建立，因为"好的实践是一种清晰一致的活动，形成文本，对质量保障机构及其利益相关者有重要的意义"。② 到 2010 年底，四个质量保障机构按照最佳实践的原则接受了审核：美国中部诸州高等教育委员会（Middle States Commission on Higher Education，MSCHE）；澳大利亚质量机构（Australian Universities Quality Agency，AUQA）；国家质量评价审核机构（National Agency for Quality Assessment and Accreditation，ANECA）；德国高等教育认证委员会（Sistema Nacional de Acreditacion de la Educacion Superior，SINAES）。好的实践活动需要经过 INQAAHE 通过认证程序的认证，需要质量保障机构提交成功、影响或目标实现的证据。这个证据需要通过外部评审团的推荐，关于其他外部质量保障机构使用该案例的证据需要质量保障机构提供内部质量保障措施，比如来自教育机构或评审团的反馈。验证需要评审小组进行，由 INQAAHE 委员会召集在外部质量保障机构中有实践经验的专家实施。质量保障有许多好的实践，成员机构之间的合作学习在质量保障机构质量的持续提升中会发挥积极、建设性的作用。成员提交案例需要遵循数据库建设的规定。③ INQAAHE 关于案例提交的规定如下：

---

① Drs Ton Vroeijenstijn，"The Guidelines of good practice：The Jewel in the INQAAHE Crown"．1997 – 2003（http：//www. inqaahe. org）．

② INQAAHE："Celebrating the 20th anniversary of the International Network for Quality Assurance Agencies in Higher Education（INQAAHE）"（http：//www. inqaahe. org/gpqa/about-gpqa）．

③ INQAAHE："about-gpqa"（http：//www. inqaahe. org/gpqa/about-gpqa）．

申请采取自愿原则，任何时候都可以提出终止参与申请。所有的最佳实践必须达到 INQAAHE 的具体规定，而且在进入数据库前都接受并通过验证。为了保证案例文稿的准确和完整，INQAAHE 对案例文稿具有最终的编辑修改权。投稿者可以随时撤销最佳实践案例数据。每一个最佳实践案例三年后都会得到评价并宣布失效，除非有可以继续使用的理由，这条规定保证最佳案例能保持时效性以适应不断变化的教育发展背景。同时，INQAAHE 和投稿者都会为数据库的建立付出努力，共同负责解决数据库的问题。包括：数据库的错误或遗漏或有用性；个人或机构对数据内容的使用情况；数据的遗失或破坏等。①

为了增加数据库的有用性和用户友好性，要求质量保障机构提供正确的网址。提交的申请附有联系人、照片、图表等，支持政策和程序文本。具体可以在数据库网址 www. auqa. edu. au/gp 查看已经进入数据库的案例。在按照模板要求提交资料和相关文档之后，需要得到专家评审。如果评审专家认为需要对文本进行修改，就会联系质量保障机构指定的联系人增加信息或作进一步的说明。最后在正式发布到网站以前需要得到机构联系人的确认。②

五　积极为质量机构提供咨询服务，促进质量保障能力提升

INQAAHE 在网站上开辟了问答专区，会员可以提交教育质量保障领域的困惑与问题，来自 INQAAHE 会员机构的 15 个资深专家将提供快速的解答服务。INQAAHE 与亚太地区教育质量保障组织（APQN）合作构建了评审与咨询专家库，入库专家需要经过会员单位推荐和专门委员会审核，并且有意愿和时间提供咨询服务。目前专家库由 APQN 秘书处管理，在库专家已达 122 位，涉及 46 个国家和地区。会员单位可以通过数据库的检索功能快速确定所需要的咨询服务专家。

---

① INQAAHE："groundrules-of-the-database"（http：//www. inqaahe. org/gpqa/about-gpqa/groundrules-of-the-database）.

② INQAAHE："send-request. php"（http：//www. inqaahe. org/gpqa/send-request. php）.

第三节　质量保障范例指南

国际高等教育质量保障协会自 1991 年成立以来，就致力于帮助新成立的机构规范质量保障活动，改进实践，帮助所有机构提升其能力，围绕目标实现提出指南。这些指南可以作为质量保障机构衡量自身进步和存在问题的标准。在实施评估的时候，对发展中的机构会强调改进的建议，对其他机构则会关心其遵守指南的状况。专家反复强调，对新成立的机构，应该用"发展的眼光"进行评价，评估者应该关注机构的发展方向，在提出建议时，应该考虑机构发展的限制条件。

一　《质量保障范例指南》出台背景及概况

（一）指南的修改及完善

2003 年国际高等教育质量保障协会（IQNAAHE）制定了《质量保障范例指南》。《质量保障范例指南》是世界上 65 个国家质量保障机构合作的成果，这些指南适用于不同层次的质量保障机构。2006 年修订颁布该指南。指南的修订反映了学术机构、专业以及评价者的经历，为了促进持续提高，IQNAAHE 鼓励会员随时向秘书处提出修改意见。董事会决定每五年对指南修订一次。在周期内，两年可以做一次微调，以保证质量保障机构在使用指南时的一致性与灵活性。①

（二）指南颁布的目的

颁布该指南的主要目的在于推广外部和内部质量保障的最佳实践案例，保证各国学生接受的高等教育能达到基本要求，确保世界各地的学生获取优质高等教育。具体目标包括：为指导成立新的质量保障机构提供理论框架和实践依据；为质量保障机构开展自评和外部评估提供标准；促进质量保障机构及其人员的专业发展；推进质量保障机构的公共问责等。越来越多的质量保障机构按照这一指南运行，也有利于采用同一标准的机构相互理解和合作。该指南本着寻求外部质量保障中具有普

---

① INQAAHE. "Guidelines of good practice inquality assurance，2007"（http：//www.inqaahe.org/main/professional-development/guidelines-of-good-practice）.

适性的基本原则，推广实践范例，促进质量保障机构提升专业水平；但指南并不希望造成某种形式的垄断，因为质量保障机构具有不同的发展背景，受不同历史文化因素的影响。外部质量保障有不同的方法和目的，并不局限于鉴定评价和审核，评估的范围也不尽相同。但是这些方法遵循相同的原则。评估包括外部评估和内部评估。指南不能指向一种单一的方法，但应该帮助促进最佳实践，并指出什么是不好的评估实践。

二　2006 年修订的《质量保障范例指南》的核心内容

该指南涵盖四部分：外部质量保障机构：问责、透明与资源；高等院校与外部质量保障机构：关系、标准与内部质量保障；对于高等院校的外部评审、评估、决策与上诉、外部活动：与其他机构的合作和跨国或跨境教育。该指南共 12 条，每一条都包括标准描述和证据来源说明。

（一）外部质量保障机构：问责、透明与资源

1. 对教育质量保障机构的治理

教育质量保障机构（Education Quality Assurance Agency，EQAA）有根据历史文化背景制定的目标及使命描述。外部质量保障是质量保障机构的主要活动，提出一系列实现目标的方法：治理结构、使命及目标、质量保障机构实现目标的策略、机构的管理及长期发展战略、愿景描述、立法等。

2. 资源

保证教育质量保障机构有足够的人力和财政资源，按照组织使命和方法有效地实施评估。具体包括：预算、资金使用、活动任务及工作、经费结构、外部评审专家的费用、外部评审的平均费用、人力资源构成、决策机构人员数量和资格、外部评估者和职员等。

3. 教育质量保障机构的质量保障

教育质量保障机构有一系列持续对自身进行质量保障的活动，包括对高等教育变化做出灵活的应对，质量保障实践的效力，对其目标实现的贡献等。对于外部质量保障机构的质量保障，具体标准为：

外部质量保障机构对自身活动具有持续的质量保障义务，侧重

于适应高等教育发展灵活性、运行有效性以及目标达成度；外部质量保障机构对自身活动进行自我内部评审，综合考虑效果和价值，评审活动需要有数据、有分析；外部质量保障机构定期接受外部评审；对质量保障机构存在的问题提出改进性意见。①

4. 向外界提供关于质量保障绩效的公开信息

教育质量保障机构需要对外界立法及文化背景的变化进行说明，包括政策文件、步骤及标准等。教育质量保障机构也需要报告关于高等教育学术机构和专业的决定。报告的内容随文化背景和其他要求的变化而变化。如果外部评估会影响学术机构或专业决策，评估使用的标准必须透明、公开，保证结果的公正性。具体包括：利用网站发布不同类型的信息，公开出版物，利用信用媒介，其他如电子邮件或简报等形式告知公众，向公众告知教育质量保障机构在外部评估中的绩效。

（二）高等院校与外部质量保障机构：关系、标准与内部质量保障

1. 高等院校与外部质量保障机构

质量保障机构承认学术机构和专业的质量及其质量保障是高等教育学术机构自身的责任；尊重学术机构和专业的学术独特性和完整性（identity and integrity）；利用相关标准对利益相关者提供咨询；致力于质量提升和学术机构质量问责。比如：政策目标；来自学术机构和其他利益相关者的反馈；教育质量保障机构外部评估报告；教育质量保障机构内部评估报告等。

2. 教育质量保障机构对学术机构和专业绩效的要求

教育质量保障机构的文件中对学术机构的期待进行了明确的表述，包括学术机构和专业核心活动的理想目标。标准应该包括学术机构活动的所有内容，比如教学、研究以及社会活动等。标准涉及具体的领域，成就水平，相关基准及评价的类型。包括具体的学习目标；教育质量保障机构考虑到的标准或要素，学术机构和专业的类型及水平，如学习、公共服务及研究等；评价的案例；专业评估或院校评估的结果；要求的

---

① 方乐：《国际高等教育质量保障组织（INQAAHE）介评》，《比较教育研究》2014年第2期，第88—94页。

学术和专业资源的类型；学术机构的战略规划等。

3. 教育质量保障机构对学术机构自评及报告的要求

对自评报告的要求包括学术机构自评的目的、步骤、过程、预期目标及自评过程。也包括对标准、决策标准及报告格式以及其他信息的描述。

（三）对于高等院校的外部评审、评估、决策与上诉

1. 建立外部质量保障范例指南

INQAAHE 的服务范围包括两年一次的年会，组织成员之间的论坛，建立和维护网站，提供信息数据库、最佳实践的案例库，到组织相关项目等。最有意义的项目是 INQAAHE 确定的质量保障范例指南。尽管使这些指南在实践中发挥作用需要长期的努力，但是却为全球外部质量保障机构实践提供了共同参照，支持了质量保障机构的有效运行。INQAAHE 要求 INQAAH 成员按照指南组织评价，为成员提供了评价其工作并得到同行反馈的机会。当然，这些指南会随着 INQAAHE 成员的发展而发展，继续成为全球范围内外部质量保障健全的、专业的指导原则。

2. 对会员单位的外部评审

INQAAHE 在《质量保障范例指南》中指出，在会员申请的情况下，INQAAHE 将为其提供外部评审服务。申请单位需要整体上达到指南要求才算通过，即符合绝大多数条目，尤其是必须完全符合以下条目：第二条（资源）、第三条（外部质量保障机构的质量保障）、第四条（公告信息）、第五条（外部质量保障机构与高等院校的关系）、第六条（外部质量保障机构对于院校或专业的绩效要求）以及第九条（外部质量保障机构的决定）。认证有效期一般为 5 年。截至 2012 年 12 月 3 日，有 10 家会员单位通过了 INQAAHE 的外部评审。到目前为止，已经有 50 多所会员单位经过 INQAAHE 组织的外部评审审核。

（四）外部活动：与其他机构的合作和跨国或跨境教育

1. 建立质量保障案例库

INQAAHE 成员机构有很多可以相互借鉴、学习的实践范例。INQAA-HE 设计了一套模板收集这些范例，并在网站上构建了可以检索的数据库，从而使得这些案例能够被所有机构获取。案例模板一般包括：案例名称、实施目的、实施背景、实施情况、实施条件要求、成功的证据、意义和影响等。在会员单位提交之后，INQAAHE 会组织专家委员会对这

些材料进行审核，重点看是否具有可借鉴性和可迁移性。INQAAHE 于 2011 年 10 月与亚太地区教育质量保障组织（APQN）合作组织召开了面向亚太地区的教育质量保障案例研讨会，并收集到 11 个案例。

2. 与区域性质量保障组织的合作

随着 INQAAHE 实践活动全面开展，世界各地教育质量保障意识随之增强，加强地缘相近或经济、文化相近区域质量保障方面交流与合作的呼声越来越高，因此 2000 年以来逐渐产生了区域性质量保障组织，如亚太地区教育质量保障组织（APQN）、欧洲教育质量保障组织（ENQA）、海湾地区阿拉伯国家教育质量保障组织（ANQAHE）、西班牙语国家或地区教育质量保障组织等。2003 年，INQAAHE 在年会上邀请有关区域性质量保障机构举行了对话会。此后 INQAAHE 在年会或会员论坛上安排时间与区域性质量保障机构进行交流。2007 年 10 月，INQAAHE 专门推出了《共同努力》的文件，全面阐述了 INQAAHE 与区域性质量保障组织的关系。该文件指出，INQAAHE 和区域性质量保障组织都具有不可替代的作用，并且两者具有一定的优势互补。因此，有必要建立一种机制以确保两者之间的良好交流和有效合作。①

2007 年以来，INQAAHE 有两位理事专门负责与区域性质量保障组织加强交流与合作，确立了 INQAAHE 与区域性质量保障组织代表的年度正式会议制度。由于各个区域性质量保障组织有不同诉求，INQAAHE 分别与亚太地区教育质量保障组织（APQN）、欧洲高等教育质量保障协会（ENQA）、海湾地区阿拉伯国家教育质量保障组织（ANQAHE）等 6 家区域性质量保障组织分别签订合作协议，并合作开展了高等教育质量保障的相关活动。

3. 与世界银行和联合国教科文组织合作

2008 年 4 月至 2012 年 7 月，INQAAHE 得到了由世界银行和联合国教科文组织共同发起的全球教育质量保障能力行动计划（GIQAC）项目资助。GIQAC 的资助使得 INQAAHE 的活动在深度和广度方面都得到了拓展。2011 年，INQAAHE 获得 GIQAC 资助的项目主要有：资助成员机构

---

① 方乐：《国际高等教育质量保障组织（INQAAHE）介评》，《比较教育研究》2014 年第 2 期，第 88—94 页。

代表参加马德里年会；与欧洲质量保障组织合作举办"质量保障与国际化"的工作坊；资助参加质量保障专业人员研究生证书项目；资助弱小国家人员交流实习项目；举办质量保障范例的研讨会。

三 2016 年国际质量保障协会外部质量保障机构最佳实践指南

2016 年发布的国际质量保障协会关于外部质量保障机构最佳实践指南主要包括六个方面内容，但整体描述相对简介，主要增加了对高等教育质量保障机构内部质量保障体系的认证标准，对质量保障机构接受外部机构认证的要求，以及国际化背景下跨境高等教育质量保障的相关规定。该指南反映了高等教育质量保障重心不断下移，质量主要是学术机构内部的责任，以及高等教育国际化进程中质量保障内容和方式国际化的趋势。具体内容见表 3-3：

表 3-3　　国际质量保障协会外部质量保障机构最佳实践指南①

指南	标准	细则
1. 性质结构 是经过认证，高等教育机构和公众信任的可靠组织。具有健全的机制防止决策时的利益冲突；机构具有帮助外部质量保障机构发挥功能需要的技术；有充足的资源实现组织使命	合法性	外部质量保障机构获得合法的地位并通过专业机构的认证。 外部质量保障机构在制定政策和实践方案时考虑国际准则。 外部质量保障机构有防止利益冲突的政策
	使命和目的	外部质量保障机构有使命书面描述和说明外部高等教育质量保障机构主要任务的目标体系，描述目标和活动范围，并转化为可验证的政策和可测量的目标体系
	治理和结构	外部质量保障机构拥有与使命和目标一致的治理结构以及通过指标和标准表达利益相关者充分参与的机制。 决策机构和规章制度共同保障其独立性和公正性。 外部质量保障机构的组织机构使其能有效实施外部评估。 外部质量保障机构有评价其进步和发展规划的战略规划
	资源	外部质量保障机构拥有能有效评估的专业职员。 外部质量保障机构拥有能实现目标和使命的资源。 外部质量保障机构能为职员提供系统的专业发展机会

① INQAAHE："GGP 2016 revised version Guidelines of Good Practice"（http://www.inqa-ahe. org/admin/files/assets/subsites/1/documenten/1469107360_ ggp2016. pdf）2016. 9. 6.

指南	标准	细则
2. 评估构架 　　主要关注的问题是促进教育质量提升和学生成才发展。通过质量保障活动，使学术机构通过制定一系列标准和程序表明质量是高等教育机构自身的责任。促进内部质量保障并为学术机构自评和外部评价提供清晰指南	机构关系	承认学术机构的专业质量及其质量保障是学术机构自身的事，尊重学术自由，尊重学术机构和专业的特殊性。 促进内部质量保障过程与学术机构和专业质量保障责任的一致性。 考虑到质量保障过程对学术机构可能带来的工作负担和成本，尽可能节约成本，争取有效
	评估标准	外部质量保障机构承认学术机构多样性的价值，并将这种价值转化为涉及高等教育机构的目标及其属性的标准和程序。 外部质量保障机构在与利益相关者充分交流的基础上建立指标体系，并能定期修改以适应系统的需求。 建立的标准能考虑到与不同教育模式相关的具体要求，比如跨境教育、远程在线课程或与教育背景相关的非传统方法。 标准和条件包括学术机构与外部质量保障机构相关的活动。 标准和条件还包括内部配套机制，提供有效的内部评估产出机制。 详细列出能应用于收集不同证据证明质量的标准和条件
	外部评估过程	外部质量保障机构根据标准执行外部评估，遵循自评、外部评估、现场考察程序，并对外部评估中提出的建议进行再评估等。 有发表的文件，能通过自评和外部评估的质量保障标准清楚地表达对高等教育机构的期望。 外部评估过程由与机构特征一致的专家团队执行。专家可以通过多种视角进行评价，如学术机构、学生、雇主和专业实践者等。 有对外部评估专家选择的明确规定，专家应该受过合适的培训或获得指南手册等良好的材料支持。 外部评估过程应具有防止利益冲突的有效机制，确保外部评估的判断都是基于清楚的标准。 确保每个机构或专业能以一致的方式评估，即使外部评审团、小组或委员会是不同的。 提出自评报告合理的时间表，确保信息更新。 为学术机构提供修改自评报告错误的机会

续表

指南	标准	细则
	自评要求	外部质量保障机构为自评、评估，收集公众、学生和其他机构评价，或对外部评估的准备提出清楚的指导
3. 决策 　　EQAA 有适当的政策和步骤确保在最终评价过程中有公平、独立的决策，并能提供合理的申诉程序	决策过程	在决策的过程中考虑到学术机构自评过程和外部评估的产出，以及与学术机构沟通等因素。 决策公平、严格，即使让其他质量保障机构评价，结果也一致。 基于既定标准和程序决策，只有参照这些标准才能客观评价。 决策稳定性指对后续行动建议过程、行动一致性和透明性的评价。 外部质量保障机构发布的决策是清楚的严格的
	申诉程序	有一致的处理学术机构申诉的程序。 有清楚的、成文的处理外部评估和决策过程的程序。 申诉由与初始决策不相关、没有利益冲突的专家团队进行；申诉没有必要回避外部质量保障机构
4. 公众关系 　　向外界发布学术机构和专业的决策报告、机构绩效、质量保障过程的效果	政策决策 公开报告	外部质量保障机构提供政策、程序和标准等相关文件。 发布关于高等教育机构和专业的决策报告。报告的内容和范围因文化背景和适用的法律要求而不同。 外部质量保障机构有促进公众理解、支持决策的机制
	其他报告	向公众发布其接受外部绩效评估的结果和决定。 周期性地准备和发布质量保障过程以及其他开展相关活动所做的整体绩效报告
5. 问责 　　有合适的内部质量保障机制。能证明为促进和提高质量及相关活动的持续努力，对外界环境变化做出的反应，以及与国际质量共同体建立的联系	外部质量 保障机构 质量保障	根据伦理准则进行公开透明、真实诚信和专业的评估。 具有能评价自身活动以应对高等教育变化、运行的有效性，以及评价目标成就贡献的机制。 能周期性地对自身活动进行自评，包括考虑自己的效果和价值。评价包括数据收集和分析，促进决策和改进。 能定期接受外部评估，周期不超过五年。能提供所有要求的活动都被实施的证据

续表

指南	标准	细则
	与共同体的关系	在质量保障活动中能主动参与国际发展，具有保证其学习和分析本领域主要国际趋势的机制。 在可能的情况下与其他质量保障机构合作，包括在实践范例交流、能力提升、决策评价、项目合作和成员交流等方面
6. 跨境高等教育质量保障 　有关于高等教育输入和输出的政策。这些政策能考虑到跨境高等教育提供者和接收者的类型特征	跨境高等教育标准	跨境教育输出国的外部质量保障机构能清楚地说明对其提供的教育质量负责，学术机构能理解接收国的规章制度，学术机构能提供关于所提供的专业及其特征的清晰信息。 学生和其他利益相关者能接收到教育提供方清晰完整的信息。 对跨境教育的参与团体有清晰的权利义务规定
	机构合作	与当地教育提供者和接收者建立良好的国际网络。这项合作致力于促进相互理解，关于实践范例分享有清楚的规章制度。 寻求与跨境教育提供者在外部质量保障中合作的机会

　　根据教育发展背景和环境的变化，不断修改和完善高等教育质量保障机构指南，是 INQAAHE 批判反思，与时俱进，追求质量，保障质量提升的体现，也是高等教育质量保障规范化、专业化发展的现实需求。

第四节　国际高等教育质量保障协会组织发展规划

　　发展规划是组织前进的方向和灯塔，也是组织发展的动力传导机制。国际高等教育质量保障协会（INQAAHE）的专业化和规范化发展，正是由于有效地制定并实施了发展规划。INQAAHE 历次发展规划都是在对上次发展规划批判反思的基础上进行的，在传承的基础上创新，既有历史的继承性，又有面向未来的前瞻性。

　　INQAAHE 的中心目标就是通过支持国际质量保障机构，促进高等教育的卓越发展。为了实现目标，INQAAHE 致力于促进质量保障理论和实

践的发展，促进成员机构政策的理解和交流，推动质量保障服务于与高
等教育学术机构、学生、社会群体和其他利益相关者。① INQAAHE 用五
年一次的战略规划引领组织的专业发展，促进组织的目标实现。INQAA-
HE 每五年制定一次战略规划，在规划的指导下，不断提高质量保障的专
业水平，并根据环境的变化，不断修改完善发展规划。现分别以 2008—
2012 年规划和 2013—2017 年规划为例说明。

一　国际高等教育质量保障协会 2008—2012 年的战略规划

（一）组织发展的背景和目的

2008—2012 年规划分析了组织发展的背景和目标，指出 INQAAHE 是
全球性的高等教育质量保证联络机构。2007 年，大约有来自 74 个国家的
136 个机构成为 INQAAHE 的正式会员。21 世纪高等教育全球化特征日益
明显。同时，高等教育质量保障成为全球性问题，目前被广泛认可的国
家管理高等教育质量的条款和资格标准需要在全球范围内获得认同。无
论在发达国家还是发展中国家，高等教育都是经济和社会发展的主要驱
动力。高等教育质量保障和标准是发展高等教育国际化的前提条件，如
果目标明确，高等教育对个人、经济和社会的巨大潜在利益就可能实现。
所有质量保障机构都可以在质量和标准管理的国际交流专业知识和经验
中获益。

此外，高等教育市场日益全球化。全球性的大学生流动需求增强，
学生在国家之间流动。无国界提供信息技术学习的增长和机构通过在其
他国家设立分公司或与当地供应商合作的增长，使高等教育供应方呈现
新的变化。

缺乏有效的、透明的和在国际上备受推崇的质量保障协议将会成为
学生国际流动的主要制约因素。因此，INQAAHE 提供了良好的质量保障
实践案例，并为推动质量保障提供以下支持：提供质量保障的相关知识，
促进对质量保障的认识和实践；提供质量保障的相关信息，不断完善信

---

① INQAAHE： "strategic-plan2008 - 2012"（http：//www. inqaahe. org/admin/files/assets/
subsi-tes/1/documenten/1246520632_ inqaahe-strategic-plan - 2008 - 2012 - rev - 2009. pdf）.
2015. 12.

息，为新成立的质量保障机构提供支持和指导；提供高等教育质量认证的国际标准；为高等教育学历在全球得到承认提供认证；促进学生国际流动和终身学习。

（二）组织在现阶段的使命

INQAAH 旨在为全球高等教育提供质量保障，使质量保证机构共享信息和经验；引领行业的理论和实践发展；建立和推广质量保证专业实践标准；积极发展会员机构，推动质量保障的专业发展和能力建设；为高等学校提供咨询，保障学生和他们的利益。

（三）价值观

明确承认质量保障机构在国际社会中的多样性，强调质量保障在国家和社会中的地位和作用。高等教育体系植根于教育和培训机构，也植根于更广泛的社会之中。保证质量的政策和做法必须符合目标，并在特定的范围内活动。此外，INQAAHE 的战略计划也体现了其学术自由和外部质量保证重要性的信念，以这样的方式进行，可促进学术自由和思想制度的完整性。INQAAHE 承认，外部质量保障活动应该尊重机构的完整性，且所有机构应确保独立和方法的有效性。与其他机构建立合作伙伴关系，也是 INQAAHE 的基础。除了与各机构的合作伙伴关系，该机构将继续与一系列活跃于高等教育质量保障方面的机构密切合作。

（四）主要任务

INQAAHE 于 2008 年提出的发展战略为：

（1）加强外部联系，营造良好的发展环境，争取经费和项目支持，主要包括与全球性、区域性国际组织以及各国政府的联系；

（2）借助全球智慧开展教育质量保障理论与实践研究，加强研究成果的推广与应用；

（3）推动质量保障事务发展，包括协助新机构建设，推广实践范例，进行专业人员培训等；

（4）加强信息汇聚与传播方面的工作。①

———————

① 方乐：《国际高等教育质量保障组织（INQAAHE）介评》，《比较教育研究》2014 年第 2 期，第 88—94 页。

在规划实施期间特别重要的是建立与联合国教科文组织（UNESCO）的合作关系，UNESCO 的质量保障机构和其他国际组织继续保持密切的关系，增强相互理解和支持。国际质量保障组织为成员提供支持、指导和信息变得越来越重要。INQAAHE 将继续通过提供全球性支持和增加更多的地方性活动以提高自身的价值。在这一过程中，与世界银行的合作将是非常重要的一项。

2008—2012 年战略规划的目的在于确定该阶段的战略重点，说明这些优先事项将如何实施。该计划每年评估一次，详细安排如何推进 IN-QAAHE 将要进行的工作，通常工作组在特定主题或领域的范围内，通过财政拨款支持这些业务活动。

2008—2012 年的战略规划为质量保障高层决策提供了战略方向。INQAAHE 的战略有四个关联的维度：政治、理论、发展和信息。IN-QAAHE 与全球政府机构和非政府机构保持联系，如联合国教科文组织、经济合作与发展组织、世界银行、世界贸易组织；INQAAHE 将开发和加强与其他社区链接的质量保证机构，包括区域网络和类似的机构，关注其他部门的教育；INQAAHE 将促进和宣传教育质量保证的成果；根据成员要求，INQAAHE 支持会员发展与政府或其他机构的关系。

二　国际高等教育质量保障协会 2013—2017 年战略规划

2013—2017 年规划深入分析了 2008—2012 年之间 INQAAHE 的功能和成就，制定了 2013—2017 年的目标，描述了每一个具体目标。指出 INQAAHE 将对这些战略规划定期评估。INQAAHE 的中心目标是通过支持国际质量保障组织以促进高等教育追求卓越。为了实现这一目标，INQAAHE 集中于对质量保障理论和实践的研究，会员对政策和行为的理解，将推动质量保障更好地服务于高等教育、学术机构、学生以及社会各界。

（一）国际高等教育质量保障协会的使命

INQAAHE 的中心目标是通过积极支持国际质量保障机构的活动促进高等教育的卓越发展。为了实现这一目标，INQAAHE 将致力于发展质量保障的理论和实践，促进成员对质量保障政策的理解和交流，促进质量保障更好地服务于高等教育、学术机构、学生以及社会各界。

（二）国际高等教育质量保障协会的价值观：支持质量保障政策和实践

突出三个关键词：多样、学术自由、合作。

（1）多样性。承认成员的多样性和集体的智慧，以及其面对教育和社会变革的能力。INQAAHE 鼓励多样性，强调最佳质量保障实践对质量保障机构的引导作用。

（2）学术自由。相信学术自由和院校独立的重要性，承认质量和质量保障是学术机构内部的事情。

（3）合作。强调成员之间，高等院校、地区、政府和非政府组织以及企业部门之间相互理解、合作、支持对质量保障顺利进行的重要性。

（三）2013—2017 年战略目标

2013—2017 年 INQAAHE 有四个明确的目标：保持和提高 INQAAHE 质量保障世界领导者的地位，规范质量保障机构角色定位；建立全球质量保障学术共同体；促进质量保障知识发展，并保证质量保障效力持续提升；促进全球达成质量保障作为高等教育持续改进动力的共识。

1. 保持和提高国际高等教育质量保障协会全球高等教育质量保障的领导地位

（1）通过实践活动确保 INQAAHE 在全球质量保障机构中的领导地位。通过积极推动组织的使命和价值观不断扩大组织在世界范围内影响。实现这些目标的渠道是：组织双年会，出版《高等教育质量》学术期刊，分享会员文章。除了传统的渠道，还准备采取新措施：在与全球高等教育相关的重大活动中展示 INQAAHE，通过参与其他组织的会议和论坛扩大 INQAAHE 的影响，在成员和全球范围内推广 INQAAHE 的活动、成就、利益和价值观；利用现代信息技术建立专业网络平台，增加获取相关资源的通道；通过颁发证书和允许使用组织标志吸引会员积极参与活动；通过对主要兴趣、需要和会员需求的调查，提供具有针对性的质量保障活动，扩大会员机构的影响力。

（2）通过多样的方法引起不同层次会员的兴趣。INQAAHE 的主要功能是促进不同层次会员的共同发展，使质量保障机构成为经过认可的专业机构；充分代表质量保障学术共同体及其会员的声音。

（3）通过会员的努力提高组织领导力。注重会员专业化，有效参与组织活动，关注组织文化。评价董事会成员，为每一位新的董事会成员分配一名导师。

(4) 保证财政稳定。为使活动能顺利进行，收取会员费，吸收社会捐赠。

2. 发展和支持全球质量保障学术共同体

(1) 鼓励 INQAAHE 会员参与质量保障的具体活动，扩大与其他利益相关者的联系。鼓励会员参与不同活动，通过邀请会员参加 INQAAHE 组织的工作组，促进战略目标实现；鼓励会员参加其他质量保障组织的活动。

(2) 促进质量保障组织的发展。使质量保障组织成员遍布世界各地，并通过修改质量保障定义扩大服务范围，包括高等教育以及其他主题的认证。发布全球质量保障概况的报告，通过各种渠道使会员和非会员了解机构状况，以促进信息交流和发展，鼓励他们参与 INQAAHE。INQAAHE 通过明确各董事的责任，鼓励其参加所有的质量保障活动，形成全球视野。还定期组织年会和论坛。

(3) 促进质量保障专业化。通过推进最佳范例指南（Guidelines for Good Practices，GGP）来扩展和保证质量保障实施过程专业化。鼓励会员根据评估准则和质量保障专业要求参与外部评估；为会员和相关人员制定确保遵循评估准则的政策，并保证实施；分析会员和机构的需求，根据需求组织系列不同主题的专业培训，并安排系列活动确保培训目标的实现。

3. 促进质量保障领域学术发展，确保质量保障效力持续提升

促进质量保障知识发展，加深对质量保障功能的理解是该组织活动的必要组成部分。这些目标可以分为三个部分实现。

(1) 对质量和质量保障的研究。INQAAHE 的一个中心使命是对质量保障相关知识的贡献。为了实现这一目标，该组织将对高等教育质量保障的相关问题进行深入的研究。而且将促进质量保障的创新，在环境变化中确保质量保障的影响力和适应性。该组织将通过举办学术会议、发布期刊、更新网站等进行。

(2) 出版相关著作、发表相关论文。出版相关著作、发表相关论文是实现高等教育质量保障目标的关键。而且，高等教育变革必须在质量

保障政策中体现出来。为了实现这一目标，INQAAHE 将仔细观察社会变革和高等教育质量保障最新实践形式，针对相关问题进行分析和研究，并发布在网站上，资源共享。

（3）质量保障最佳实践数据库的维护和扩建。为了确保高等教育质量和质量保障的成就让会员及时分享，INQAAHE 将维护和扩建最佳实践的案例库，并鼓励会员单位提交他们的实践案例供会员分享。

4. 推动质量保障概念发展，促进高等教育持续提高

INQAAHE 采取不同的方式努力在政府机构、高等教育学术机构、院系领导、质量保障的协作组织等利益相关者中提倡质量保障。

（1）为高等教育机构和质量保障机构提出政策建议。INQAAHE 将利用研究结果、会议以及其他渠道准备政策文件，并为学术机构及质量保障机构提出建议，支持其发展和改进。

（2）提供咨询。INQAAHE 将会为机构、政府以及其他利益相关者提供咨询。将建立专家咨询库，向利益相关者提供咨询。

（3）积极与其他学术组织建立联系。INQAAHE 将维持和促进与其他对高等教育质量感兴趣的机构，如联合国教科文组织、世界银行、世贸组织、欧盟以及其他机构的关系。

（4）充分发挥质量保障在学习成果和资格认证中的作用。INQAAHE 将努力促进全球资格认证，制定国家或地区资格框架以促进学生全球流动。①

第五节　国际高等教育质量保障的
热点和发展趋势

随着高等教育全球化的发展，INQAAHE 提供了更开放的平台，为国家和地区质量保障机构提供了交流的机会，研讨主题不断聚焦质量保障的核心问题，以表 3 - 4 中近年来 INQAAHE 论坛主题为例：

---

① Carol L. Bobby, INQAAHE Strategic Plan 2013 - 2017（http：//www. inqaahe. org/admin/files/assets/subsites/1/documenten/1384421886_ inqaahe-strategic-plan - 2013 - 2017. pdf）.

表 3 - 4　　　国际高等教育质量保障协会 2008—2015 年会主题

时间	承办机构	主题
2008	阿根廷国家质量局	高等教育近年来的发展、变化与创新。 教学大纲变化过程中的专业评估；资历框架与质量保障；结果评估、质量标准及其对教学大纲的影响；院校审计对专业评审和教学实践的影响；自我评估与战略规划
2009	阿联酋学术认证委员会	高等教育变革中质量保障的新方式。 质量保障与质量提升；质量保障实践及反思；质量文化及其培育；远程教育质量保障
2010	纳米比亚资历局	高等教育质量保障与国家的发展。 质量保障机构的全球化和本地化；质量保障与高等教育的社会诉求；政治因素对质量保障的影响；质量保障与跨境教育
2011	西班牙国家评估认证局	质量保障：未来的基石。 高等教育中的全球化因素与国家/地区的目标；质量保障专业化。 多样化、可持续发展的有效质量保障过程；不同利益相关者的质量保障独立性
2012	澳大利亚高等教育质量和标准局	外部质量保障的未来及对成熟的质量保障机构和新成立的质量保障机构的影响。 外部质量保障方法的新进展；高校多样性与质量保障；外部质量保障与内部质量保障文化建设；外部质量保障独立性之内涵的变化
2013	中国台北	跨境高等教育质量保障：从质量提供者到确保提供的质量。 高等教育质量保障的创新方法：不仅仅是追求卓越。 质量保障的影响以及外部质量保障和内部质量保障的效果；地区的视角和贡献的问题；国家资格框架及其与质量保障的关系
2014	芬兰高教质保局	高等教育质量保障的利益相关者
2015	美国芝加哥	会议主题："高等教育概况：质量保障的新要求"。 工作坊："国际化、跨境高等教育质量保障及其挑战""如何使专业评估更有效？"为主题。 分主题：多样性及其要素、质量保障、国际化的多面性

资料来源：根据 INQAAHE 网站关于年会的主题整理。

每次年会的主题，也是当时质量保障领域关注的主要问题。根据近十年来国际质量保障协会年会的主题，可以判断国际质量保障的热点问题和发展趋势。现对国际质量保障的热点问题和发展趋势总结如下。

一 国际高等教育质量保障关注的热点问题

根据论坛的主要内容，热点问题集中在以下几个方面。

（一）鼓励形成创造性的质量保障文化，质量文化融于日常工作中

"质量"是 INQAAHE 长期关注的核心问题，专家在关注质量问题的同时，提出建立"质量文化"对提高质量有重要的现实意义。对于"质量文化"的核心内涵，有学者提出了批判性的解释，比如，丹麦学者里·哈文（Lee Harvey，2012）指出：

> 建立内部质量保障体系并不等于建立了"质量文化"。如果内部质量保障体系只是由程序、手册、指南及外在强加的各种要求构成的一套机制，这种体系可能是机械的、官僚的程序。真正的"质量文化"必须关注"质量文化"的内涵。"质量文化"不仅仅是一套机械的机制，专家制定好了就可以采用；而是有创造性的，与日常规范有机融合的。"质量文化"不是表面文章，而是有全体人员深入的参与。

德国学者马克·海（Mark Hay，2012）认为：

> 外部质量保障方法正面临经济全球化、全球经济危机、对各种教育机构信任度降低、对高等教育机构竞争力和国家竞争力重视、对院校多样性的认可度增强、质量保障的责任性和透明度的要求提升等诸多变革。传统质量保障方式的程序化和结果的"同一化"已经不能适应环境变迁，应该探索一种既适应本国监督与评估文化，又保留传统评估方式优点的新方法，使质量保障更具有可持续性，成为内部质量管理的持久文化。①

---

① http://www.inqaahe.org/main/events-and-proceedings/inqaahe-2012-forum.

总之，质量是学术机构内部的问题，质量保障机构的功能在于对学术机构内部质量保障体系的规范和指导，使学术机构内部形成创造性的"质量文化"。

2. 质量保障应该关注高等教育多样化

20 世纪 80 年代以来，高等教育多样化特征日趋明显，具体表现在高等教育在提供形式、发展水平、质量保障机构的专业化程度等方面表现出巨大的差异。如何使全球多样的高等教育在同一舞台上运行，也随之成为会议讨论的热点问题。比如，智利国家教育委员会的代表丹尼拉·涛瑞（Daniela Torre）指出：

> 多样性是高等教育的一个特征，也是整个高等教育系统非常有利的一个特征。院校的多样化一方面可以满足学生多样化的需求，促进社会和专业的流动，提供更多创新的机会；另一方面，也给质量保障机构带来了挑战，很难区分院校间的差异并公正地对待所有院校。质量保障机构必须采取创新的方式面对不断变化的外部环境，投入更多的精力制定能既具有普适性，又能反映高等教育多样性的评估标准。①

高等教育的多样化推动高等教育质量保障机构的多样化，针对高等教育的不同需求，制定个性化的质量保障标准和程序，培养适应多样化的评估专家，是高等教育质量保障机构应有的选择。

3. 外部质量保障与内部质量保障的关系问题

随着各国质量保障体系不断完善，世界各地高校逐渐认识到高校是质量保障最主要的责任方，内部质量保障体系是质量保障体系的重心。因此，学校需要建立明确的内部质量保障体系和清晰的程序，以保证教育质量和标准，并致力于建立"质量文化"，将质量保障作为学术机构内部管理的持久文化。外部质量保障机构则应当投入更多精力激励所有高等教育机构致力于建立有效的内部质量保障体系。因此，外部质量保障

---

① http：//www.inqaahe.org/main/events-and-proceedings/inqaahe-2012-forum.

过程要考虑到内部质量保障过程的有效性，制定并发布前瞻性的质量标准，引导内部质量保障体系的规范发展。阿联酋学术认证委员会主任班卓·艾保·艾拉（Badr Aboul-Ela）指出：

目前外部质量保障机构在如何处理好对内部的影响方面面临诸多挑战，比如，如何激发学生在质量保障中发挥积极的作用？外部质量保障机构对高校施加的压力是否过大？开展跨境教育的高校所设立的分校如何进行内部质量保障，母体学校应发挥什么样的作用？[①]

4. 政府管理与质量保障机构的独立性

保持质量保障机构的独立性是质量保障发展的必然趋势。质量保障机构的独立性与质量保障的有效性、公正性密切相关，国际上对此尤为关注。亚太地区质量保障委员会（APQN）的代表杰哥那斯·柏特（Jagannath Patil）指出：

对于"独立性"这一概念的理解很难达成一致，不同国情、不同背景下会有不同的视角。INQAAHE 在为自己的社会声誉负责，其评判不能受到第三方的干扰。质量保障机构的独立性实际上受到政府、高校甚至经济社会发展或多或少的影响，特别是资金来源等方面的影响。

澳大利亚对其外部质量保障机构采取的重大改革值得重视。2011 年新成立的高等教育质量和标准局（TEQSA）替代了原有的澳大利亚大学质量保障局（AUQA），把原来由各州和地区政府承担的监管活动以及由 AUQA 承担的质量保障活动统一起来，将联邦、州和地区的监管与质量保障机构的数量由 9 个减少到 1 个，使全国统筹、独立性问题面临着新的挑战。

---

① http：//www. inqaahe. org/main/events-and-proceedings/inqaahe-2012-forum/presentations.

5. 对跨境高等教育质量的保障成为近年热点

在经济全球化背景下，高等教育和质量保障机构都面临国际化与本土化的问题。近年来，随着国际、地区间科技合作、跨境办学、人才交流需求的上升，跨境高等教育质量问题频繁出现于重要的国际论坛。除了讨论双边合作办学、远程教育和第三方教育的多模式给质量保障带来的挑战外，各国还注意到合作办学输出国的动机问题，对教育输出国、引进国是否负责任提出质疑，在复杂的合作过程中，如何保障质量和受教育者的利益，成为热点问题。2012 年论坛上，来自美国心理咨询及教育项目认证委员会（CACREP）等组织代表共同做了关于《跨境高等教育：复杂的伙伴关系、动机、质量保障所产生的影响》的调研案例报告。两个机构通过实证研究，提出了跨境高等教育迅速发展的动机和参与者的类型，分析了跨境教育外部质量保障对政策和管理、对院校的实际做法和结果所产生的影响。从案例报告可以看出，外部质量保障的发展已经成为高等教育规范发展的现实需求。教育输出国开展了对教育质量规范的质量保障活动；本国外部质量保障在保护消费者利益、维护学术机构社会声誉方面发挥了重要作用。

二　高等教育质量保障发展趋势

近年来 INQAAHE 会议所涉及的高等教育质量保障的核心主题，国际范围内高等教育质量保障的发展趋势，可以归纳为以下几点。

（一）高等教育发展的多样性促进质量保障的多元化

现代高等教育提供方式的多样性促进质量保障的多元化。具体表现在质量保障标准多元化、形式多元化以及参与主体多元化。高等教育的多样性已得到高等教育发达地区的广泛认同，从而鼓励地区质量保障机构进行地区多样性和有特色的质量保障研究。学术教育和专业教育的不同、不同国家合作办学教育项目、高校的分校教育，以及通过全日制学习获取学分的比例在下降等高等教育多样化发展的不同方面，成为研究的重点。2012 年年会中智利的代表指出：

除了高校所关注的传统意义上的质量，比如拥有博士学位的教师数量、全职教师的数量、图书馆藏书量、索引期刊上发表的论文数量等因素外，最主要的问题是如何平衡外部监管与办学多样性，而且不损害院校创新性的发展。质量保障机构都在探索根据不同情况采用不同方式，如审计、评估、认证等，并不断创新评估方法，以适应高等教育质量保障的新目标，更加侧重于促进地区融合，提高地区竞争力，保护学生和雇主的利益，促进教育质量不断提高等。具体而言，在质量保障过程中要将关注的重心从输入性指标转向输出性指标。更多采取"与目标相适应"的方式，采用"非规定性"或开放性的标准；增加专家遴选的多样性，包括国际专家与企业界的代表等。

（二）外部评估和院校自我评估协同发展的"质量文化"成为共识

推动质量管理和内部"质量文化"建设是最需要关注的问题。学术界普遍认为高校肩负着社会期望，保障教育质量是高校的重要责任，教育质量要体现利益相关者的期望，高校要保证自身的质量，并接受全面的外部机构的评估。高等教育要在工作中贯彻质量意识和质量保障意识，努力营造以下质量文化氛围：教育机构内部质量保障不是外部的对立面，外部质量保障也离不开内部，内部质量保障是外部质量保障的基础；评估的最终目的是改进存在的问题，促进教育质量持续提升，这就需要将外部与内部相结合，最终达到以内为主、以外促内、内外并举的融合效果。

（三）政府、质量保障机构和高校等管理主体多元参与质量保障的趋势

目前，许多国家质量保障机构和高校在质量保障方面的独立性地位发生了变化，各国政府、质量保障机构和高校各主体呈现协同发展的趋势，体现了质量管理的普遍规律，即政府集中控制和完全非政府监督两个极端都是不可取的，而向政府、社会和保障机构协同的时代迈进是大趋势。一方面，美国、澳大利亚政府加强了对独立的质量保障机构的管理和控制。美国由于学费不断上涨，就业率下降，社会对学校的教学效果和质量保障产生怀疑。美国政府利用这种社会问责的机会，加大了对学校的管理，并对质量保障机构的独立性有了新的认识和期待，因此保障机构也采取了新的举措，而不一味地强调独行其事。就澳大利亚而

言，原来的澳大利亚大学质量保障局（AUQA）虽然较独立，但只有对大学质量改进的建议权，而新成立的澳大利亚国家高等教育质量与标准署（TEQSA）则肩负着提高高等教育整体质量的责任，并拥有注销不合格大学等方面的决策权。另一方面，政府管理较多的一些国家开始放权，扩大高校自主权，充分发挥保障机构的作用，比如日本、中国等。日本政府颁布了新的《大学设置基准》，并成立了大学评价学位授予机构（NIAD-UE），与大学基准协会（JUAA）等多个认证机构，形成多元化的高等教育质量保障体系，推动日本政府、高校、第三方机构多方协同合作。

（四）开展跨境高等质量保障成为各国维护教育主权的重要共识

目前，我国对双边合作办学等跨境教育的质量管理确实呈现复杂性和多样性。很多国家的质量保障或认证监管框架不适用于国外高等教育提供者，因此一些外国教育提供国的高校钻这个空子，其跨境高等教育质量很难得到监控。同时，要使跨境教育内部质量保障达到外部的要求，管理的压力大，费用高。许多国家对质量保障的要求仍停留在文字上，不同国家在质量保障的法律法规方面也存在不一致。因此，INQAAHE 连续两届年会开辟此专题论坛，有关机构也极力推动此项研究，以此维护高等教育的国际声望。[①] 比如，澳大利亚成立 TEQSA 正是为了消除人们对因教育贸易引起的教育规模扩张带来教育质量下滑的担心。

时代在发展，高等教育的形式和内容不断向多元化发展，高等教育质量保障的标准和程序也呈现多元化的趋势。国际高等教育质量保障协会成立 20 多年来，通过发表出版物，组织年会，集中体现了高等教育质量保障多元化、国际化、专业化、独立化的特征和趋势，也表明质量保障重心下移的趋势，高等学校是高等教育质量保障的主体，高校内部质量保障并不局限于高校质量保障的相关规章制度和质量标准，还包括体现在日常工作中持久的"质量文化"。

---

① 林梦泉、唐振福、杜志峰：《国际高等教育质量保障热点问题和发展趋势——近年来高等教育质量保障机构网络组织（INQAAHE）会议综述》，《中国高等教育》2013 年第 1 期。

第六节　国际高等教育质量保障协会的
作用及国际影响

国际高等教育质量保障协会（INQAAHE）在国际高等教育质量保障方面发挥了积极的作用，适应了跨境高等教育质量保障的现实需求，体现了包容和尊重多样性的组织理念，在促进高等教育质量保障效力提升的过程中，其功能不断扩展，通过与地区质量保障组织合作，促进全球高等教育质量保障能力均衡发展。同时，这一组织通过发布质量保障案例和相关资料，充分发挥了信息分享的功能，成为引领国际高等教育质量保障专业化发展和效力提升的权威组织。

一　适应跨境高等教育质量保障的现实需求

INQAAHE 是全球性的教育质量保障领域非营利性专业组织，成立以来，会员数量快速增长，目前已经达到了 280 多家。INQAAHE 之所以存在并得到快速发展，其主要原因是：经济和社会等方面的发展越来越需要高等教育，尤其是优质高等教育的支撑，如何构建有效的教育质量保障体系已经成为高等教育以及经济和社会发展的关键；同时伴随着跨境教育的发展，如何建立有效、透明、获得国际认可的跨境高等教育质量保障体系和资历标准也成为发展的必然要求；这两方面的问题具有全球普遍性，并且构建跨境高等教育质量保障体系和资历框架很难在一个国家或一个区域内部加以解决。因此，迫切需要 INQAAHE 这样的全球性教育质量保障组织汇聚和传播全球教育质量保障信息，推动教育质量保障机构的能力建设，进而不断保障和提升高等教育质量。

二　形成包容和尊重多样性的组织理念

INQAAHE 的最大特点是其包容性，20 年来发展了 280 多个成员单位，促成了全球 200 多个成员单位的合作，分享关于质量保障的研究成果。INQAAHE 的以下理念也使其能够成为最有影响的国际教育质量保障组织：一是尊重教育质量保障机构的多样性，倡导而不是强加某种理念或原则；二是尊重院校学术自由，认为质量保障的首要责任在于院校，外部质量保障是服务而不是审查；三是注重多方合作，包括与联合国教科文组织、世界银行等政府间组织以及区域性质量保障组织等非政府组织合作。INQAAHE 作为全球性组织，从诞生之日起，就以成员的多样性为主要特色。就成员的身份、组织结构、规模和工作范围而言，INQAA-HE 试图保持这种多样性，为保持成员的多样性，为成员提供丰富的经验和计划信息分享，帮助许多新的质量保障机构迅速开展工作，架起了全球高等教育质量保障机构之间沟通的桥梁，也打通了全球高等教育相互交融、共同发展的壁垒。

三   不断拓展的质量保障专业服务功能

INQAAHE 的服务范围从两年一次的年会，组织成员之间的论坛，建立和维护网站，提供信息数据库、最佳实践的案例库，到组织特约项目等。最有意义的一个项目是 INQAAHE 建立的质量保障最佳实践指南。尽管使这些指南变为现实需要花费很长的时间，但是却为全球外部质量保障机构的实践提供了共同的参照，支持了质量保障机构的运行。INQAA-HE 成员可以要求 INQAAHE 按照指南组织评价，为成员提供了评价其工作并得到同行反馈的机会。当然，这些指南会随着 INQAAHE 成员的发展而发展，继续成为全球范围内外部质量保障健全的、专业的指导原则。INQAAHE 这一全球性组织正在不断地繁荣发展，功能和活动逐渐多元化，其质量保障机构能力建设不断增强。

四   积极推动质量保障的国际合作

INQAAHE 成立至今，其首要使命就是促进世界各地高教评估机构的交流与合作，推动高等教育评估国际化。INQAAHE 的主要工作除了不断发展新成员，定期出版学术刊物，还召开高等教育评估的学术研讨会，推动以国际标准对评估机构进行评估，另外，帮助经济欠发达地区开展高等教育质量保证工作也是其重要任务。INQAAHE 还为促进全球质量保障人员专业发展创立了综合的培训项目。世界银行支持地区性质量保障协会的基金计划密切了联合国教科文组织（UNESCO）和 INQAAHE 之间的联系。比如，全球框架下的亚太质量保障协会在 2007 年发起的全球质量保障能力提升计划（Global Initiative on Quality Assurance Capacity,

GIQAC)。两个非政府机构开始密切合作，调动了机构参与的热情。

五　促进全球高等教育质量保障能力均衡发展

INQAAHE 在质量保障中发挥了非常重要的作用，对许多比较小的国家提供了帮助。INQAAHE 发起了一个新的培训项目，比如质量保障的研究证书，并在教育资源网站上发布了相关资料，以便其他质量保障机构能够分享资料。其建立的高等教育质量保障数据库几乎包括了关于质量保障的所有主题。从广义来看，INQAAHE 与地区性网络机构建立了密切的联系。这些联系为与不同的合作伙伴建立联系提供了良好的机会，通过项目培训加强了其服务功能。而且，通过保持其国际组织的特征，其在南非的能力建设活动也促进了当地高等教育质量保障的发展。

六　发挥了强大的信息分享功能

INQAAHE 以不断更新的网站，定期出版的学术期刊，两年一次的专业年会，随时发布专业最新材料等，发挥了强大的信息分享功能。比如，在网上分享了由全球杰出评估专家共同讨论形成的致力于质量保障能力提升的学习材料。主要包括四个部分：（1）全球化进程中的高等教育：质量保障的背景；（2）外部质量保障：什么是质量，在不同国家又是如何体现的？（3）外部质量保障机构运行：质量保障机构运行结构管理实践培训；（4）保持教育机构的质量：评价学习，实施自评，利用数据等。另外，五年一次的战略规划，最佳范例指南，质量保障的最新研究成果等，为高等教育质量保障机构的管理人员和研究人员提供了大量前沿的文献和参考依据。

总之，INQAAHE 是 21 世纪全球最有影响的高等教育质量保障国际组织，在高等教育国际化和高等教育大众化进程中能根据高等教育发展环境的变化，通过组织功能的有效发挥，引领全球高等教育质量保障机构向专业化、国际化的方向发展，全球高等教育质量保障的专业化程度及其有效性在国际高等教育质量保障协会的推动下正在不断提高。

由于 INQAAHE 强大的组织功能和示范效应，一些地区性质量保障组织也在其推动和支持下相继建立，在高等教育质量保障机构中也发挥了重要的作用：欧洲有欧洲质量保障协会（ENQA），亚太地区有亚太质量保障协会（APQN），中东地区有阿拉伯高等教育质量保障协会（ANQA-HE），非洲地区有非洲质量保障协会（AQAN），中美地区有加勒比地区高等教育质量保证网络（CANQATE）。在这些地区性质量保障机构中，专业化程度最高的是欧洲高等教育质量保障协会。

第 四 章

欧洲高等教育质量保障协会

欧洲高等教育质量保障协会（European Network for Quality Assurance，ENQA），以下简称 ENQA，是继国际高等教育质量保障协会之后成立的地区性国际质量保障组织，成立于 2000 年，总部设在比利时布鲁塞尔，工作语言为英语。成立 16 年来，ENQA 在促进质量保障专业化、国际化，规范欧洲各国质量保障机构的实践活动等方面发挥了积极的作用。ENQA 的最终目标是通过质量保障实现高等教育卓越。

ENQA 是代表欧洲各国和全球范围质量保障机构利益的伞型组织，尤其在与利益相关者机构合作的决策中，为成员机构提供支持。① ENQA 由总部、董事会、工作组三个机构组成。总部集中管理所有会员和隶属机构，做出重要的决策；董事会由主席、两个副主席以及一名财务总监及四到六个成员构成，是 ENQA 的执行机构。作为欧洲质量保障机构的代言机构，ENQA 的使命是通过影响欧洲政策对国家层面和欧洲层面质量保障机构的工作绩效产生积极影响，代表欧洲不同层面成员的利益。ENQA 为成员应对欧洲质量保障面临的挑战提供支持。ENQA 是欧洲层面决策者重要的合作伙伴，建立之初就对"博洛尼亚计划"的推广实施发挥了积极的作用。ENQA 分为不同的工作组，工作组由 ENQA 的会员代表组成。工作组需要定期向 ENQA 提交报告。ENQA 目前由六个工作组组成：质量保障效果分析工作组；终身学习质量保障工作组；职员发展工作组；利益相关者参与质量保障工作组；卓越工作组；欧洲标准和指南第三部分知识委员会（The Knowledge on Part III of the European Standards and Guide-

---

① ENQA："about-enqa" 2016. 11（http://www.enqa.eu/index.php/about-enqa/）.

lines Standing Committee, KP3, 以下简称 KP3）[①] 外部质量保障工作组。现从欧洲质量保障机构的发展背景、行动计划、实践活动等方面进行分析。

第一节 欧洲高等教育质量保障协会发展背景

作为全球最有影响的地区性高等教育质量保障组织，ENQA 的产生和发展有其复杂的背景和重塑欧洲高等教育辉煌的强烈愿望。

一 重塑欧洲高等教育辉煌的梦想

为了恢复欧洲高等教育在全球的优势地位，20 世纪 90 年代以来欧盟组织发布了一系列行动计划，推动了欧洲高等教育国际化和质量保障专业化的发展。较有影响的文本分别是《里兹本公约》、《索邦宣言》和《博洛尼亚宣言》。

（一）《里兹本公约》

1997 年 4 月 8—11 日，欧洲理事会与联合国教科文组织在里兹本召开会议并在会议期间共同推出了《欧洲地区高等教育资格承认公约》（简称《里兹本公约》）。此公约是欧洲地区唯一涉及欧洲高等教育的具有约束力的文本，是奠定欧洲"博洛尼亚进程"的基础文件。《里兹本公约》的具体内容为：

（1）学历互认，持有一个国家的学历资格在另外一个国家可以得到承认。

（2）非歧视原则，签约国不得在任何情况下对学历资格申请人的性别、种族、肤色、缺陷、语言、宗教、政治意向、国籍、民族和籍贯歧视。

（3）学位认证，签约国评价机构要对提供的学历证明负责。

（4）学历信任，签约国在没有特别的理由时应承认其他签约国出具的学历证明。但是，如果两个国家的学制有明显的区别时例外。

（5）平等原则，签约国给予外国的学生以同等的国民待遇的高等教

---

① KP3 (The Knowledge on Part III of the European Standards and Guidelines Standing Committee)，欧洲标准和指南第三部分知识委员会，2013 年 ENQA 建立 KP3 委员会，作为 ENQA 董事会处理高等教育质保问题的咨询机构。

育入学机会。在不违背所在国法律法规的前提下，外国学者可以使用原学术头衔。

（6）信息共享原则，签约国为流动群体提供学历和就业资历证明。

（7）签约国应建立信息咨询中心，提供本国有关高等教育的各种信息。

（8）签约国要鼓励本国高等教育机构为学生颁发《文凭说明书》，《文凭说明书》是欧盟、欧洲理事会与联合国教科文组织共同设计的旨在具体描述文凭内容的解释性文件。

（二）《索邦宣言》

1998 年 5 月，法国、德国、意大利和英国的教育部长在法国索邦大学聚会，研究如何快速推动高等教育人员流动和资历互认。会议期间，共同签订了旨在促进四国高等教育体系相互协调的协议，即《索邦宣言》，重点内容为：

（1）循序渐进地推动欧洲高等教育学位和学制总体框架的建立。

（2）建立共同的学制和学历，将本科生和研究生学制和层次分为两个阶段，即，高中毕业后继续学习 3—4 年达到本科生学历要求（BAC +3/4）。

（3）达到本科生要求后继续学习 2—5 年可以取得研究生学历。

（4）加强并促进师生流动，要求学生在其学习期间至少在国外学习一个学期。

（5）消除学术人员流动障碍并促进学历资格承认。

（三）"博洛尼亚进程"

"博洛尼亚进程"（Bologna Process）是 29 个欧洲国家于 1999 年在意大利博洛尼亚提出的欧洲高等教育改革计划。该计划的目标是整合欧洲高教资源，打通教育体制。到 2010 年，欧洲"博洛尼亚进程"签约国中任何一国大学毕业生的毕业证书和成绩，都将获得其他签约国的承认，大学毕业生可以毫无障碍地在其他欧洲国家申请学习硕士阶段的课程或者寻找就业机会，该计划为实现欧洲高教和科技一体化，建成欧洲高等教育区，推动欧洲一体化进程做出了贡献。[①]

---

① The European Higher Education Area, "Bologna Process" 2014.5（http://www.ond.vlaanderen.be/hogeronderwijs/bologna）.

为了重塑欧洲高等教育辉煌，加强欧洲国家之间高等教育的可比性和兼容性，增强欧洲高等教育的吸引力和竞争力，提高欧洲高等教育质量，1999 年 6 月，欧洲 29 国教育部长共同签署《博洛尼亚宣言》，提出建设欧洲高等教育区的具体构想、行动纲领和工作计划。宣言的主要目标包括：

（1）建立容易理解以及可以比较的学位体系；

（2）致力于建立一个以两阶段模式（本科—硕士/博士）为基础的高等教育体系；

（3）建立学分体系，促进师生和学术人员流动，克服人员流动的障碍；

（4）保证欧洲高等教育质量；

（5）促进欧洲范围内高等教育合作。①

其后，经过历次会议特别是 5 次部长峰会的评估和改革，逐步形成"学位体系建设、质量保证、学位互认、促进流动、联合学位、终身学习、社会维度和机会均等、提升就业力、全球化背景下的欧洲高等教育"等新的行动目标，并在学制改革、质量保证、学分互换、学位互认等方面取得明显进展。

在随后的部长及双年度评价会议上，各国又共同发布《布拉格公报》（2001 年）、《柏林公报》（2003 年）、《柏根公报》（2005 年），以及《伦敦公告》（2007 年），共同促进欧洲高等教育国际化和高等教育质量的提升。

二　高度关注高等教育质量保障

欧洲高等教育的改革和统一是欧洲走出 20 世纪困惑和无奈的突破口。在这样的背景下，欧盟在 1997 年向其成员国发出一份建议书，建议"建立透明的质量评估和质量保证体系"，强调在各国具体的经济、社会和文化背景下，保护高等教育质量，同时适当考虑欧洲整体需求和国际要求；在高速变化的环境中，帮助高等院校利用质量保证措施、引导机制以促进机构的灵活性，从而保证其持续的发展；为完成前面两个任务，

---

① Bologna Declaration, (1999). Joint Declaration of the European Ministers of Education, http://www.ond.vlaanderen.be/hogeronderwijs/bologna/documents/MDC/BOLOGNA _ DECLARA-TION1.pdf.

需要加强欧洲和世界范围内的合作，分享经验教训。2003 年的《柏林公报》指出，要优先考虑质量保障体系，并在两年内建立高等教育质量保障体系。报告中提到：高等教育质量是未来建立欧洲高等教育区的核心问题，应积极支持各高校、国家和欧洲范围高等教育质量保障的发展，而且有必要建立相互认可的质量评估标准和方法。2003 年《博洛尼亚宣言》签约国部长会议提出，到 2005 年，各国质量保障系统至少应该达成以下目标：确定相关质量保障机构和高校的基本职责；对各国的学科专业和高校进行评估，包括内部评估、外部评估，并要求有学生的广泛参与，对评估结果公开发布；建立欧洲范围内的鉴定和评估系统，或者提供具有可比性的质量保障程序；号召国际参与和合作，并建立国际合作的网络。2005 年发布的《卑尔根公报》，肯定了欧洲各国自《柏林公报》发表以来在高等教育质量保障方面所取得的成绩，呼吁各成员国继续加强质量保障方面的学生参与，强调欧洲各国质量保障机构之间的合作，尤其是促进鉴定和评估结果的互认，增强各院校系统性的内部保障机制，并注重与外部保障的紧密联系。这次会议还签署了欧洲高等教育质量保障协会起草的《欧洲高等教育质量保证标准及指导方针》，力图建立欧洲范围内的质量保障机构，实行通用的质量评估标准，并要求欧洲各国在 5 年内完成第一轮质量评估工作。

第二节　欧洲高等教育质量保障协会职责

ENQA 的目标在于促进欧洲高等教育质量提升，扮演好《博洛尼亚宣言》签约国质量保障驱动力的角色。通过促进欧洲各国在质量保障方面的合作，分享信息和最佳实践案例以促进欧洲高等教育质量保障的发展。组织以促进欧洲地区在质量保障方面的合作，在成员国之间信息共享，互派专家，以促进形成最好的评估实践。ENQA 致力于保持欧洲高等教育的高水平，成为促进《博洛尼亚宣言》质量保障的主要推动力。主要目的在于使学生能获得欧洲大学有价值的信息并对其进行比较。[1] ENQA 实现其职责的主要内容包括：对成员机构的周期性审核，定期发布研究报

---

① ENQA，"About ENQA"，2014 - 08 - 02（http：//www.enqa.eu/index.php/about-enqa/）.

告和相关出版物、组织质量保障专家培训、发布和修订质量保障指南、组织参与质量保障学术年会和讨论会。

一　通过评审规范欧洲成员国高等教育质量保障机构

对成员机构的定期审核是 ENQA 最主要的职责。因为 ENQA 对成员机构的评估结果是证明这些质量保障机构合法性的有效证据。为了成为欧洲高等教育质量保障协会的成员，这些质量保障机构需要通过接受欧洲高等教育质量保障协会的外部评审以证明达到要求。

（一）外部评审的原则

外部评审基于以下原则进行：

（1）由独立的专家基于证据评审的过程（evidence-based process）。

（2）相信机构提供的数据是客观正确的，除非能提供相反的证据。

（3）评审是证明自评报告提供的材料及其附件材料的过程。

（4）要求质量保障机构与会员标准保持柔性一致，而不是刚性一致。

（5）第二轮或后继的评审应该致力于改进。

（二）外部评审过程

ENQA 的协调评审，包括评审团 5 个成员的花费，大约需 3 万欧元。为了规范质量保障机构的外部评审，欧洲质量保障协会颁布了《质量保障机构外部评审指南》（Guidelines for external reviews of quality assurance agencies in the EHEA）、《行为准则》（Code of Conduct）等，描述了机构在外部评审过程中一些好的行为，尤其是在实地考察阶段，通过发布期望的评审专家良好行为的标准清晰地界定专家的责任。①

二　定期发布出版物，推动欧洲高等教育质量保障专业化发展

欧洲高等教育质量保障协会根据欧洲质量保障发展中遇到的问题，组织人员立项研究，撰写研究报告，发布相关出版物。这些出版物主要包括项目研究报告、学术年会提交的论文集、年度报告、发展规划、调查结果、质量保障的相关指南等。近十年来出版的比较有影响的成果见表 4 - 1：

----

① ENQA, "Guidelines for external reviews of quality assurance agencies in the EHEA". 2015.2.10（http://www.enqa.eu/index.php/reviews/principles - of - external - reviews/）.

表 4 - 1　　　　欧洲高等教育质量保障协会 2008—2016 年重要出版物

时间	出版物（中文）	出版物（英文）
2016	跨境高等教育质量保障	Quality assurance of cross-border Higher education
2016	跨境高等教育合作：质量保障机构指南	Cooperation in Cross-Border Higher education: A Toolkit for Quality Assureance Agencies
2016	欧洲质量保障 2015 年标准与 2005 年标准的比较分析	Comparative analysis of the ESG 2015 and ESG 2005
2016	2015 年年度报告	2015 Annual Report
2016	欧洲外部评估标准指南分析：系统性、资源和独立性	Analysis of the European Standards and Guidelines（ESG）in external review reports: system wide analysis, resources, and independence
2015	欧洲高等教育区质量保障标准指南	Standards and Guidelines for Quality Assurance in the European Higher Education Area（2015）
2015	跨境高等教育合作：质量保障机构指南	Cooperation in Cross-Border Higher Education: A Toolkit for Quality Assurance Agencies
2015	欧洲高等教育区质量保障程序——机构的国际化：第四次质量调查	Quality Procedures in the European Higher Education Area and beyond-Internationalisation of agencies: 4th ENQA Survey
2014	通过发布公共质量保障报告保证欧洲高等教育的公开透明	Transparency of European higher education through public quality assurance report
2014	高等教育卓越的概念	The concept of excellence in higher education, 2014. 7
2014	质量保障专业人员能力框架	ENQA Quality Assurance professional competencies framework

续表

时间	出版物（中文）	出版物（英文）
2012	欧洲高等教育区质量程序，未来愿景	Quality procedures in the European Higher Education Area and Beyond-Vision for the future
2011	欧洲高等教育质量保障标准指南的实施和应用	Mapping the Implementation and Application of the European Standards and Guidelines on Quality Assurance in Higher Education （MAP-ESG）
2011	对质量保障机构评估报告的评估	Evaluation of the reports on agency reviews （2005 – 2009）
2010	ENQA：10 年 的 发展 （2000—2010）欧洲高等教育质量保障的 10 年合作	ENQA：10 years （2000—2010） – A decade of European Co-orperation in Quality Assurance in Higher education
2008	学习效果：共同的框架 北欧国家在评估学习结果方面不同的方法	Learning outcomes：Common framework-different approaches to evaluating learning outcomes in the Nordic countries
2008	学生评价的高等教育质量保障	The quality assurance of student assessment in higher education
2008	外部质量保障的国际标准	International Benchmarking of external Quality Assurance Agencies

　　关于比较有影响的出版物及其内容，现以 2014 年发布的《高等教育卓越的概念》为例进行说明。

（一）追求高等教育卓越的愿景

　　大学的愿景是在世界一流的学习环境中，创造激励人，具有挑战性、有收获的大学经历，通过将教育、专业实践有机结合，鼓励学生和教师为改善世界而努力，通过质量保障实现高等教育领域的卓越。ENQA 的愿景就是通过质量保障追求高等教育的卓越发展。质量保障传统上有两种功能：促进学术机构和专业质量持续提升，并对其教学效果进行问责。改进的功能在声誉较好的机构能很好地实现，问责的功能则主要是防止劣质教育发生，以保护投资者和社会的基本利益。

ENQA 在 2012 年成立了五个工作组，这些工作组的主要任务就是促进参与者之间知识和经验的分享。ENQA 卓越计划工作组于 2012 年启动，分析了关于"卓越"的现有文献，以便评价当前质量保障的实践。

（二）什么是卓越？

1. 排名体系采取的质量指标是否包括高等教育卓越的内涵

最近几年来，高等教育决策者及高等教育机构不断探索卓越的内涵。排名体系在刺激大学追求卓越上既有积极的一面又有消极的一面。排名体系产生的积极效果是为大学改进提供了动力。但是，排名体系在刺激大学发展的同时，也破坏了大学之间的公平。因为大学卓越是复杂多面的问题，并不像排名体系考察的那样简单。众多大学排名体系并没有抓住大学卓越的丰富内涵。还有一个消极的影响是，"卓越"这一字眼的轻易使用会使决策者认为卓越是可以轻而易举快速实现的目标。大学必须通过实施"追求研究和教学的卓越"的发展规划来证明他们的卓越，大学如果不能达到自己承诺的标准，提供高质量的教育，将会很快使自身处于劣势地位。

2. 关于卓越的反思和追问

从发展的趋势来看，将来对学生来源和学生经历的差异会更加关注。颁布一系列激励学生追求卓越，获得荣誉，充分实现成才发展梦想的计划。质量保障机构将会关注这些计划的落实。因此，ENQA 董事会成立了追求卓越的工作小组。这一工作小组并不是对大学进行排名，而是促进学术机构和专业不断追求卓越。由此，引发了关于卓越的一系列问题和思考：

（1）学术机构追求卓越的目的是什么？他们真的希望脱颖而出吗？他们追求卓越的原因是什么？

（2）卓越该如何测量呢？如何界定卓越呢？有可能形成一个具有多面内涵的定义吗？是否需要根据不同的主体确定不同的概念呢？

（3）目前有卓越的例子吗？是否能从德国的卓越计划中受到启发呢？对教学有什么启发呢？哪些机构在对教学质量卓越的评价中有实践经验？

（4）卓越是一个相对的还是绝对的概念呢？对质量保障机构而言，

卓越意味着什么？卓越是否可以判断？对专家和评价者而言卓越意味着什么？

（5）卓越是需要国际专家评价的国际性概念吗？

（6）对卓越的评价是否意味着卓越的机构及其卓越的实践需要不断地发展和推广？卓越的机构有哪些特征呢？

关键问题是：什么是卓越？当前是如何界定的？评价卓越实践的标准是什么？当前卓越实践的例子是什么？

（三）卓越的地域差异

卓越在许多领域或活动中都有不同的界定。这个词汇经常被用于好的或者杰出的绩效。高等教育领域内不同的背景有不同的内涵。卓越代表学术机构的声誉和水平，但是主要取决于学生的经历和不同学术机构的使命。在学术质量和标准背景下，卓越与教学质量、学生能力、资源投入的质量以及学生发展的水平密切相关。卓越在不同的背景下被赋予不同的内涵以达到不同利益相关者的期望。

1. 欧洲质量管理基金会的"卓越模型"

欧洲质量管理基金会的"卓越模型"（The European Foundation for Quality Management（EFQM）"Excellence Model"）是用于评价学术机构及其活动优势，促进其提高的一个自评框架。用"卓越"是因为卓越模型致力于机构做了什么，或能做什么，为顾客或利益相关者提供优质的产品或服务。欧洲质量管理基金会的"卓越模型"确立了宽泛的标准，机构可以采用这些标准评价进步，追求卓越。具体标准如表 4 - 2 所示：

表 4 - 2 　　　　　　　　欧洲质量管理基金会的"卓越模型"

标准	特征
领导力	卓越的领导会促成使命和愿景实现，通过持续行动促成组织价值观实现
政策和策略	卓越的组织通过制定以利益相关者为中心的策略实现使命。政策、计划、目标以及过程等围绕这些策略进行
人力资源管理	卓越的组织会充分挖掘个人潜能，培养团队能力。他们会促进公平，给职工充分的权力。他们注重沟通交流和激励员工，培养员工用所学的知识和技能使组织受益的使命感

续表

标准	特征
合作和资源	通过卓越的组织计划，积极与外部进行合作，以获得支持和资源，保证政策顺利实施。在计划和经营合作关系的时候，他们尽量平衡当前组织和将来组织以及环境需要之间的关系
过程管理	卓越的组织设计、管理和改进过程旨在满足和生成顾客和其他利益相关者之间的价值认同
使命和角色	这一标准在强调学生学习的同时注重学术机构的使命、角色以及专业
教育标准	有构思合理易于执行的评价策略；年度改进措施以及绩效评价指标，尤其是学生学习领导在组织绩效实现及组织改进过程中做出了积极的贡献
鼓励创新	鼓励创新是绩效卓越标准的核心价值，是促进组织变革的有效工具
核心标准	核心价值以及关于教育标准的概念集中体现在七个方面：领导力，战略规划，利益相关者及市场中心，测量、分析和知识管理，教师和学生中心，过程管理，组织绩效结果

2. 美国的卓越

美国主要从六个方面界定卓越：领导力、目标和计划、受益人和支持者、专业和服务、评价、信息使用。高等教育领域的"卓越"为在操作层面评价学术机构、院系、专业相关领域提供了分析框架。这一模型可以用于对整个大学的评价，大学管理某一方面的评价，也可以用于学院层面对专业的评价，比较著名的是鲍德里奇模型。

鲍德里奇模型（The Baldrige model）在美国被广泛使用。它涵盖了 EFQM 模型的主要内容而且在教育机构的评价中操作性更强。这一标准强调学生学习，同时注重学术机构的使命、角色以及专业。这一标准视学生为关键的顾客，同时还有其他的顾客，比如父母等。这一模型关于教育的标准如下：

（1）有构思合理、易于执行的评价策略。

（2）年度改进措施以及绩效评价指标，尤其是学生学习领袖在组织绩效实现及组织改进过程中做出了积极的贡献。

（3）表现出较强的领导力或相对其他相当的组织具有较大的进步。以创新为目的的管理是鲍德里奇绩效卓越的标准，所以被视为促成系统变革和管理变革过程的有效工具。[①]

这一模型允许学术机构按照既定的标准将自己当前的实践与其他学术机构和其他经济部门进行比较，教育绩效卓越的标准、卫生保健卓越的标准等都建立在同样的框架上。这一框架对所有机构的要求都适用。教育标准的核心价值和概念主要集中在七个方面：领导力，战略规划，学生、利益相关者和市场中心，测量、分析和知识管理，教师和学生中心，过程管理和组织绩效结果。

3. 英国的卓越

在英国，卓越的概念被用于评价高等教育研究的质量。学术研究卓越的框架（The Research Excellence Framework，REF）取代之前的研究评价实践（Research Assessment Exercise，RAE），由英国高等教育投资委员会提出。提出新的卓越框架旨在建立研究卓越的评价指标，以此作为评价英国高等教育机构的绩效。在这种背景下，卓越是对研究活动的定量评价，包括计量指标（bibliometric indicators）、外部研究收入以及研究生的参与等，评价也包括了同行评价。方法论是建立在一系列评价标准之上的。高校研究的卓越可分为四个层次：

（1）质量在原创性、重要性、严谨性方面是世界一流的；

（2）质量在原创性、重要性、严谨性方面与最高标准还有一定差距；

（3）质量在原创性、重要性、严谨性方面达到国内领先；

（4）质量没有达到国家要求的标准。

（四）教师教学卓越

1. 关于教学卓越的共识

教学上的卓越由授课教师个体特征、课堂组织、与学生互动、信息是否满足学生的需求等诸多方面决定。卓越体现在两个方面：一是学生的满意度，二是学生的学术绩效。深层学习和浅层学习之间还有一定的差异。有效的教学可以视为通过有效的知识讲解使学生获得足够的信息，在课程学习中取得高分。有效的教学也可以视为通过教学引起学生对这门学科的热爱，增强学生对知识的理解。学术机构对学生的学习投

---

① Furst-Bowe, J. A. and Bauer, R. A, Application of the Baldrige Model for Innovation in Higher Education, New Directions for Higher Education, 2007, Vol. 137, pp. 5 – 14.

入有多少，学生的收获就有多少，过程变量包括班级规模、学生努力和参与的水平、教师的教学投入、教学反馈等，都是有效的过程变量。有学者提出掌握"教学的艺术"是每一个教师的义务，将"教学的艺术"等同于教学领域的卓越；还有学者指出教师能力和教学的艺术之间有一定的区别，只有当教学的艺术被用于教学实践中，才有可能实现教学能力。[①]

2. 决定学生积极学习经历的关键特征

格雷厄姆·吉布斯（Graham Gibbs，2010）研究发现，最能决定教育结果的是对教育过程的测量，即学术机构如何利用已有资源促进学生充分发展。最能说明教育效果的过程变量不是教育资源本身，或学生对设备的满意程度，而是如何正确地通过教学实践使学生参与。在英国，很少有关于教育实践的数据，因为这些资料并没有通过质量保障系统进行详细的记录，这些问题也是全国学生调查中心（National Student Survey）关注的问题。班级规模、学生努力和参与的水平、谁在承担教学任务、教学工作对学生反馈的数量和质量等都是有效的过程变量。[②]

3. 教学卓越的五个特征

埃尔顿（Elton，2008）从五个方面说明了教学卓越，这五个方面密切相连，缺一不可。

（1）教学卓越是一个多面的概念，不同的方面需要不同形式的认证和奖励。

（2）如果教学质量需要保持和提高，教学卓越必须得到认可和奖励。

（3）个体教学卓越的标准不再比科研卓越难以界定和评价。人们一直认为教学水平比科研水平难评价，的确，只要那些判断卓越的人没有受过足够的培训，教学水平评价就比较困难。

（4）个人达到教学卓越的先决条件是接受足够的教学职业培训，一

---

① Gordon, G., D'Andrea, V., Gosling, D. & Stefani, L. (2003), Building capacity for change: research on the scholarship of teaching, Higher Education Funding Council for England, Bristol（http://www.hefce.ac.uk/pubs/rdreports/2003/rd02_03）.

② Gibbs, G. Dimensions of Quality, The Higher Education Academy, York. 2010.

个促进教师职业发展，分析卓越教学过程的培训。

（5）教师个体教学卓越是一个必须的条件，但并不是学生学习经历卓越的充分条件，还需要院系和学术机构层面共同的卓越。这些卓越都是基于个体卓越实现的。①

尽管关于教学卓越的概念很多，但这些概念之间有共同的部分：学生中心，学生学习及对学生个人的支持和发展，而不仅是教学；关注的焦点不仅局限于教学，更多地关注广义的学习环境以及课程和专业建设发展；传统意义上，更多地关注教师、学生反馈性评价，教师的研究记录及专业知识，以及对教师的外部认证，很少关注学生、学习以及学习环境或发展教学的过程；强调发展教学，尤其通过鼓励创新，影响别人，提高教学领导力，促进教学的发展；强调以增加教师"教学的知识"作为教师发展的主要形式。②

（五）卓越与质量保障

通过质量保障是否能实现高等教育的卓越？欧洲教学卓越课题组将卓越定义为：根据既定的标准能反映学术机构实践和价值观的较高水平的成就。一般而言，卓越与社会责任感和能改善个体状况的活动相关。就高等教育对社会、经济、文化的贡献而言，在个人层面，指能鼓励人充分发挥自己的潜能。卓越和质量之间，以及质量保障程序和质量改进之间有一定的联系。大学应将卓越的概念与内部质量保障体系以及校园文化建设相融合。卓越的概念适用于外部质量保障和内部质量保障，学术机构对内部质量保障的程序有更大的管理权，可以通过内部质量保障的过程确保达到预期的质量目标。质量保障程序中一个主要的目的就是根据外部质量标准检查当前卓越的状态，追求卓越。因此，质量保障程序能对大学改进质量文化，实现卓越提供帮助。

1. 卓越和质量保障的方法

在欧洲高等教育区（EHEA），质量保障被广泛理解为发展的过

---

① Elton, L. Dimensions of excellence in university teaching, *International Journal for Academic Development*, 1998. vol. 3, no. 1, pp. 3–11.

② Gibbs, G., Conceptions of teaching excellence underlying teaching award schemes, The Higher Education Academy, York. 2010.

程。标准、绩效指标一度被认为是质量评估的逻辑起点。因此，质量保障的方法并没有致力于界定和激励卓越。他们集中于评价学术机构是否达到基本的标准。卓越的模型是为学术机构超越最低标准确定目标。[①]

之前有许多关于卓越的概念，但是最常用的概念是那些与院校排名和可测量的研究成果的概念。从欧洲高等教育区质量保障机构的使命和目标描述来看，鉴定和质量提高是这些机构的主要活动。界定卓越并不是目前质量保障机构常用的方法。如果质量保障机构在使命描述中准备包括卓越，就应该非常清晰地对其进行界定。应该将教学卓越与研究卓越进行区分。澄清质量保障的方法、标准、绩效指标、程序和其他任何以评估为目的的活动。

（1）卓越的标准。卓越的标准应该比当前的质量标准高，因此需要建立新的标准和绩效指标。目前的大学排名主要使用专业、研究以及其他可比性强的指标。但是质量保障机构应该将致力于质量改进的方法和用于排名的方法区分开来。质量保障的周期相对排名较长，质量保障评价一般是五年一次，而排名是每年都在进行。布兰特·罗伯（Brent Rube）提出从包容多元的视角来界定高等教育卓越的概念，强调了对教师和学术服务的重要性。他提出了决定大学成功的八个关键内部要素，一个重要的关键要素是从广义去界定卓越。

关于卓越的标准在文献中可以发现。在美国，关于卓越的标准分为两类，一类指学术机构的发展背景，另外一类主要指学术机构的教育效能。

第一类指标主要包括：学术机构的使命和目标、规划的方法；资源的分配和创新；领导和治理、行政管理；道德伦理；自评和外部评估。

第二种主要是基于教育效能的考察，与教学活动和学校对学生的服务相关，具体包括：学生入学和绩效问责，包括毕业率、对学生的支持服务、课程和教师的质量；教育投入的质量，包括学术内容、一致性、学习目标；预期的学术绩效和毕业生预期的能力，总的教育学术绩效，

---

① Radu Damian, Projects and Cooperation at the Romanian Agency for Quality Assurance in Higher Education (ARACIS).

包括交际能力、批判性思维、技术能力等。

评价和判断都应该从一个最基本的问题开始：有各方面都很优秀的学术机构吗？如果学术机构在清楚的使命、健全的政策、有绩效的领导、足够的资源、学生服务等各个方面超过了标准的要求就达到了卓越。如果学术机构有几项研究成果或专业被判断为优秀，在大多数情况下，也符合狭义的优秀标准。

基于狭义的优秀标准对专业的判断导致基准评价的出现。这是对杰·赛奥迷（J. Salmi's）"如果排名是一种疾病，基准评价是治疗的方法吗？"这一问题的正面回答。如果认为基准评价比排名更好，就必须清楚卓越是一个不断移动的目标。对学术机构而言，传统和声誉是整体评价的重要影响因素。有人会质疑牛津和剑桥的卓越吗？当前的质量保障方法适合基准评价吗？

基准评价需要关于学术机构广泛的、详细的、不断更新的数据，必须符合质量保障机构对数据的要求。采用这种数据会出现另外一个问题：如果许多专业或学术机构达到了优秀的标准，这些机构当时的状态就达到优秀的标准。

（2）卓越和鉴定。对卓越的鉴定成为质量评价中非常明显的趋势，经过两三轮鉴定之后，就需要对学术机构是否达到卓越的标准进行界定。经过长期的实践和经历，很有必要对质量保障机构当前的方法进行调整。在学术领域追求卓越有许多原因。当学术机构申请重新鉴定的时候，基本是第三轮或第四轮鉴定，机构和专家都对鉴定有更高的起点，希望与之前经历的鉴定有所不同，能够致力于改进和发展。因此，能看到学术机构在绩效方面的进步就显得非常有必要，不是静止的而是发展变化的绩效，不是为了证明质量而是为了促进提高。而且，鉴定体系本身也需要发展变化。在大多数情况下，第一轮评估建立了基本标准，因此重新鉴定需要在评估方面有进步。这就意味着不仅专家期待学术机构有所发展，达到较高的质量，学术机构自身对鉴定程序也有不断发展的目标、要求和标准。卓越的实践不仅需要使用好的实践标准，而且需要杰出实践的理念。不像卓越的实践，鉴定机构为教育质量建立了基本的标准和要求。这些要求至少有一半学术机构会达到。鉴定是一个社会标准，提出可以实现的目标。相反，卓越的标准是针对那些运行良好，能很轻松地达到鉴定标准的机构。非常强的大学在寻找不同的方法。如果鉴定机构能提供这样的方法，将会受到这些大学的欢迎。对卓越的评价就能满足这种要求。对那些在质量保障系统内用了15年之久的评估、审核、鉴定以及其他类似的活动而言，很有必要将这些方法整合为两种：

第一种是鉴定的过程，包括建立规范和教育质量标准，确保对学生提供合适的教育质量。

第二种是卓越评价，主要针对那些已经通过了第一轮鉴定的学术机构和专业，准备接受第二轮鉴定，其功能在于提高竞争力，促进学校的发展。采取这些方法表明整个国家教育系统希望将一部分学术机构作为灯塔激励其他机构。

总而言之，申请卓越评价是不同于其他外部质量保障活动的学术机构的自愿行为，只会让学术机构受益。因此，卓越评价可以推动专业、学术机构和质量保障机构共同提高。

（六）结论

卓越是前进的动力和追求的目标。评价卓越的方法对质量保障机构而言是最难的任务之一。这也是 ENQA 很少在网站出现"卓越"这一词语的原因。但是有四种情况例外，第一种如此描述："我们机构在所有活动中都追求质量和卓越"；第二种将质量保障机构描述为："你在高等教育管理方面追求卓越的地方"；第三种指出："质量保障机构是对质量进行评估，并促进地区经济发展、追求卓越的地方"；第四种描述为："我们的使命是建立教育和培训卓越的标准"。由此看来，卓越不是一种静止的良好状态，而是追求的目标，理想的标准，改进的动力和方向。

评价卓越的方法一直在改进。并非所有的机构都会对现存学术机构和专业的卓越作出准确评价，但是卓越以具体的形式存在，质量保障机构可以总结这些特征，建立框架，促进提高。一个达成共识的"卓越的框架"将为质量改进提供基础的战略方法，使学术机构根据具体的方法评价绩效，为大学排名提供学术机构分析比较资料成为可能。

欧洲教学卓越课题组认为卓越是可以用于任何学术机构和专业的词语。它为学术机构和专业提出了奋斗的目标。提出基于标准的参考模型，为学术机构提出了可以实现的标准。提出这一基于标准的参考模型的原因如下：

　　承认学术机构绩效重要性——尤其是促进学生成才发展方面的"增值"；

　　认可高等院校在促进社会公平和促进高等教育发展方面的角色和目的；

　　理解应该从历史发展的角度评价卓越而不仅评价学术机构当下的状态；

　　推动高等教育公益性发展，使每个人尽可能受益，而不是促进社会分层的工具；

　　表达建立教学、学术和研究的理想目标，鼓励所有学术机构努力实现目标。[①]

卓越的标准可以与质量保障的方法结合使用。有的直接与欧洲标准和指南相关，其他的则与学术专业支持发展的背景相关。关于卓越的具体期待为提出质量改进的发展战略提供了方向。当前质量保障机构用的方法并不是集中于对卓越的界定上，它包括对使命的描述，比如"界定和追求卓越"。因此，目前的质量标准可以适当改进，最终达到卓越的标准。总体目标就是促进学术机构绩效超越规定的学术标准最低门槛，持续提高，追求卓越。

ENQA 自从成立以来，发布了近 100 份比较有影响的出版物，这些出版物是 ENQA 二十年来逐步发展壮大的见证，也体现了 ENQA 专业化、国际化的发展轨迹和其追求高等教育卓越，追求高等教育质量保障效力的价值目标。

三　成立专家发展工作组，促进质量保障专业人员能力提升

为了保证欧洲质量保障的信度，欧洲质量保障协会非常重视质量保

---

①　ENQA, "The concept of excellence in higher education," 2014.7（http：//www.enqa.eu/indirme/papers – and – reports/occasional – papers）.

障专家培训，成立了专门工作组，负责质量保障专家培训和课程开发。ENQA 每年都会组织专家培训，强调专家做好充分的准备对机构的评价具有非常重要的意义。培训内容主要包括：基于已完成的质量保障活动的教训，反馈已经完成的材料，为专家提供必要的质量保障知识，对会员标准以及外部质量保障标准进行解读和分析。只有经过相关培训才能进入 ENQA 的专家库。2012 年，应 ENQA 董事会的要求，成立了职员发展工作组（Staff Development working group），列入协会的七个重要工作组的第三工作组（W3），负责确立质量保障专业化的共同价值观和特征；建立质量保障机构负责人的领导框架；分析质量保障专业人员的核心技能；收集新职员的有效意见。[①] 2016 年，ENQA 提出了质量保障专业人员能力框架，质量保障机构可以以此用于设计工作，人才招聘和职员发展，对新入职人员和资深专家有不同的能力要求。[②] 质量保障专业人员核心能力框架见表 4 - 3：

表 4 - 3　　欧洲高等教育质量保障协会质量保障专业人员能力框架

一级	二级	三级
知识	高等教育相关知识	高等教育系统，学术机构和提供者类型；法律框架；机构程序
	质量保障和提升	国家参考点和外部评估方法；学术机构内部质量管理；机构在国外工作的状况
系统技能	分析解决问题的能力	发现问题和解决问题的能力；调查研究能力；通过不同渠道收集和分析资料提出建议；寻找结果解释证据
	项目管理能力	管理和协调工作；项目管理；经费管理
社交能力	交流和协作	撰写报告的能力；表达能力；说服能力；小组领导和辅导能力
	自治和恢复能力	判断力和创新性；职业观；压力之下的诚实和适应能力

资料来源：http：//www. enqa. eu/index. php/publications/papers-reports/occasional-papers/page/1/2016. 9.

---

① ENQA, "2015 Annual Report" (http：//www. enqa. eu/).

② ENQA, "ENQA Quality Assurance Professional Competencies Framework" (http：//www. in-dirme/papers-and-reports/occasional-papers).

四 建立欧洲高等教育质量保障机构外部评估指南

为保证欧洲高等教育区（EHEA）评估的一致性和规范性，ENQA 的所有成员在 2011 年 7 月讨论了质量保障标准问题，形成《欧洲高等教育区质量保障机构的外部评估指南》，规定了质量保障机构在进行外部评估的时候应该坚持的标准。指南指出，ENQA 协调组织的外部评估主要有两种：第一种是仅仅为了实现 ENQA 成员目标的评估，第二种是具有多重目标的评估，这两类评估都由 ENQA 组织协调。国家层面的外部评估由国家权威机构发起和组织，是国家质量保障管理的重要组成部分。对评估的协调和组织与评估本身之间有很大的区别。评估组织者的主要职责是安排评估实践活动。包括召集评估小组成员，这些成员必须独立于评估协调机构之外。评估小组负责评估机构并且对评估本身和评估产出负责。这些指南将提供为帮助机构评审以及评审小组成员评审需要的信息及指导方针，确保评估能提供成员需要和满意的信息。该指南的主要内容有以下几方面。

（一）评估的目标、原则及特征

1. 评估目的：从基准评价到质量提高

根据 ENQA 签署的协议，成员机构至少每五年要接受一次外部评审。每次评审的目标不同，第一轮评估的主要目的在于保证机构达到基本的标准，第二轮评估则应当致力于提高和改进。因此应该采用以改进为目的的评估方法（enhancement-led approach），邀请学术机构根据自评报告，反思自己发展中存在的问题，并提出改进意见，同时针对评估标准中存在的问题，提出修改意见，以便下次评估能更好地进行。评估的目标重心应该不断上升，在学术机构初步发展阶段，外部评估的目的在于规范高等教育发展，重点考察其是否满足了高等教育发展的基本要求；但是在第二轮评估中，主要目的在于促进学术机构持续改进提高，因此考察的重点是学术机构存在的问题及改进的措施。

2. 指导原则：开展基于证据的评估

为了使评估能够相对客观准确，形成有信息价值的评估报告，指南提出评估应该注重证据，基于以下原则进行：

（1）评估由独立的专家在收集充分证据的基础上实施基于证据的

评估。

（2）正常情况下认为机构自身提供的证据是可靠的，除非有证据认为与事实相反；评估是对自评报告提供的材料进行证实的过程。

（3）试图发现证明材料中没有列出的信息；与 ENQA 成员标准基本一致就可以了，不必追求完全相同。[①]

3. 评估的主要特征

为了证明机构达到成员需要具备的标准，在评审中需要考虑以下因素：

（1）评估过程管理必须完全独立于评审机构。

（2）评估管理过程应该公开透明，接受 ENQA 的检查。

（3）提供的评估报告应该详尽，提供令人满意的质量报告，并证明评估的可靠性。

（4）报告必须提供足够能证明机构已经达到标准的信息。

（二）评估过程的程序和步骤

1. 告知 ENQA 董事会

一旦成员机构知道即将进行评估，应当通过 ENQA 秘书处告知 ENQA 董事会。如果由于特殊情况评估不是由 ENQA 机构进行，成员机构应该为 ENQA 秘书处提供评估机构的身份和联系方式以及不愿意接受 ENQA 机构评审的原因。而且，实施评估的机构应该向 ENQA 报告评估的进程，评估专家组的成员、时间安排等。确保评估过程及结果能满足 ENQA 规定的条件要求。

2. 接受评审的机构提供自评报告

评估过程的一个重要环节是接受评审的机构准备自评报告。这是机构收集重要资料反思和衡量自身能满足 ENQA 成员要求的重要机会。自评报告通常为评审专家提供足够的证据，帮助评审专家得出结论。因此自评报告提供清楚的信息，足够的批判反思和分析是非常重要的。对自评报告的形式和内容要求如下：

（1）接受评审的机构必须认真考虑自评的正确形式和内容。所有

---

① ENQA, Guidelines-for-external-reviews-of-quality-assurance-agencies-in-the-EHEA1（http：//www. enqa. eu/indirme/Guidelines-for-external-reviews-of-quality-assurance-agencies-in-the-EHEA1. pdf）.

评审小组要评估的质量保障的相关活动都应该包括在自评报告及附件中。ENQA 组织的评估主要目的在于促进机构达到 ENQA 成员要求的标准；评估报告不但要说明机构所取得的成绩，而且要提供按照标准要求对机构的反思以及即将采取的改进性措施；为了使自评材料内容在详尽、彻底以及评估特点上保持一致，自评报告应该包括以下内容：简述国家高等教育体系、机构发展的历史以及高等教育演进的过程；对机构进行 SWOT（优势、劣势、机会、风险）分析；机构接受过外部评审活动的证明；机构内部采取的评估方法：方法的构成要素；外部评审组的角色说明，机构评审的过程；机构内部质量保障的程序及细节描述；机构在国际化维度方面的信息，例如，参与国际项目的情况，与国外建立的联系，国际评估等；利益相关者对机构评价的相关信息。

（2）机构内部自评报告修改和交流。如果自评报告没有达到上述要求，缺乏相关、完整的信息，评估组长或秘书有义务让参评机构修改自评报告；提醒应该在评价之前进行；被评机构将自评报告挂在网站上接受公众监督，同时提交评估秘书。①

3. 明确调查范围，签署评估协议

评估协调者和机构根据评估的范围，签署评估协议，初步安排评估工作进程。评估的范围应该在实地考察前列出来并在机构的网站上发布出来：清楚地说明评估只为 ENQA 的会员服务还是同时为国家层面的评估服务；清楚地列出评估将如何进行，评审专家数量，行政管理安排，大概时间安排，语言问题以及是否需要翻译等问题，提供所有关于评估的背景信息。

4. 评估专家组的提名、培训、构成及遴选原则

（1）专家提名程序。ENQA 的成员经常被要求提名潜在的评估专家。提名的专家必须熟悉被提名的专家。提名者需要将被提名人的个人履历一同提交给秘书处。ENQA 被提名的专家必须是质量保

---

① ENQA，"Guidelines-for-external-reviews-of-quality-assurance-agencies-in-the-EHEA1"（http://www. enqa. eu/indirme/Guidelines－for－external－reviews－of－quality－assurance－agencies－in－the－EHEA1. pdf.）.

障机构的专业人员。在特殊情况下如果评审不是由 ENQA 组织的，提名的对象选择范围相对较大，包括机构、利益相关者、地方政府等。

（2）评估专家培训。所有被提名的专家都被邀请参加 ENQA 组织的培训，为了保证机构评审是严格、公平、透明一致的，所有将参与评估的专家都要接受培训。基于之前已完成评审中的教训、反馈，培训会上根据评估标准要求，为专家提供必要的知识指南。只有参加了这种培训的评估者才会进入 ENQA 的专家库，才有可能参与 ENQA 组织的评估。评审专家组和 ENQA 中的一个成员还要针对整个评估过程进行电话讨论，讨论的内容主要包括：评估的目的、评估专家组的角色和责任，以及对 ENQA 标准的解释；证据和信息，时间流程以及实地考察的安排，报告的起草，最终评估报告的提交以及决策过程等。

（3）评审专家组构成。评审专家组只有在包括了具有高等教育及质量保障领域内专业经历较为丰富的成员时，才能最成功地发挥其独立评价的功能。因此，评审小组应包括一两个国外质量保障专家：评审小组中国际成员的加入能提供非常有价值的视角，提高评估的信度，因此评审小组中至少有 1 个成员来自国外；来自高等教育学术机构的代表；学生成员；利益相关者成员（雇主）。根据这些，评审团包括 5—6 个成员：主席、秘书和 3—4 个其他外部评审者。在 ENQA 组织的评审中，评估专家组成如下：三个评审者包括主席和秘书由 ENQA 董事会提名。第四个和第五个外部评审由欧洲大学联合会或欧洲高等教育学术机构以及欧洲学生联合会提供。

（4）评审专家选择的原则。为了避免利益冲突，保证评审过程公正，专家选择应该由评估组织机构而不是被评机构进行。在 ENQA 组织的评审中，专家来自 ENQA 专家库，主要由被提名且参加过培训的专家组成。最关键的是评审专家团的成员应该与被评机构没有任何关系，并且有足够的知识水平、评估经验，并能实施高水平的评估。在成立评审专家团的时候，选择标准见表 4－4：

表4－4　　欧洲高等教育质量保障协会外部评审专家实践指导原则

标准	细则
具备评估专业水准	所有成员必须参加过培训
避免亲属关系	评审团成员与被评机构之间没有关系并能进行客观的判断，要求专家以书面形式告知评估组织者自己与被评机构之间的联系或利益关系
坚持公平原则	在组成评审成员的时候也会尽量保持性别和区域平衡。主席和秘书可以来自同一个国家，但必须来自不同的机构
语言沟通	对语言的要求是至少有一个评审专家懂得被评国家的语言
评估实践经验	评审团主席有担任评审团主席或秘书的经历；秘书之前参加过评审
背景知识	评审组至少有一个成员熟悉被评机构国家的高等教育系统和被评机构的质量保障过程

　　秘书是评审团的正式成员，和其他成员有平等的地位，同时又有具体的不同于其他成员的职责。秘书的工作需要有经验的人（熟悉高等教育国际质量保障的相关知识，具有英语听说写的良好沟通能力，具有足够的时间做这项工作）。评估成员应该尊重 ENQA 提出的外部评审专家实践指导原则。

　　5. 评估专家对被评机构的实地考察

　　（1）确定实地考察时间。在实地考察之前给评审团预留足够时间阅读自评报告。实地考察时间长短主要取决于评估的类型，但在评估实施前就应该确定好。一般至少为期两天，供评估专家思考。实地考察具有以下功能：第一，让评审团有机会面对面分享评估前获得的信息并对此进行综合判断；第二，和被评机构的关键人物讨论相关问题以及机构遵循成员准则的情况；第三，就机构遵循成员准则的方面与机构代表进行交流，在现场考察之后写出研究报告作为继续发展的基础。为了实现这些功能，应该对评审团考察时间进行充分有效的安排。

　　（2）现场考察过程。与机构的关键成员及利益相关者见面。在现场考察期间有两个重要的信息来源：对职员及利益相关者的访谈，以及评审团需要的文件资料或机构希望提供的资料。这些来源应该被用于证实之前提供的信息，评价机构是否与 ENQA 对会员的要求一致；在现场考察期间，评审团在与评审所有参与自评报告撰写的员工会面有助于评估的有效进行。在每一次会议开始之前评审主席一般会做以下三件事情：第一，相互介绍，介绍评审团成员并请被评机构人员介绍自己；第二，告知将被评审的内容和顺序；第三，就结束的时间达成一致意见。

（3）与评审机构的最后一次会谈。评审团在与评审机构的最后一次会谈时应对评审过程进行总结，包括对评审机构遵循 ENQA 会员准则的情况说明，并解释按照评估过程要求下一步应该做的事情。

（4）现场考察之后。按照常规要求，在现场考察之后机构不能再向评审团提交新的资料。所有资料应该在考察期间或考察之前向评审团提交。在现场考察之后，只能对评估报告提出意见。

（5）最终报告的形成和发表。评估的主要成果就是评估报告。评估报告由评审秘书基于对自评报告的分析、现场观察和评审团的发现，在与评审主席和其他成员取得一致意见后撰写。被评机构可以修改实际存在的错误。评估报告一般不超过 40 页。评估报告结构见表 4 – 5：

表 4 – 5　　欧洲高等教育质量保障协会评估质量报告结构框架

1. 摘要	自评报告核心内容
2. 词汇表	自评报告中涉及的相关术语及解释
3. 概述	提供背景信息：接受评审的原因，机构在质量保障体系中的地位；机构的基本功能；机构参与 ENQA 情况；评审是如何进行的；评审的国内外背景
4. 发现	1. ENQA 标准 1：外部质量保障过程，活动
	2. ENQA 标准 2：官方状态
	3. 资源
	4. 使命描述
	5. 独立性
	6. 成员使用的外部质量标准和过程
5. 其他	ENQA 成员质量保障标准没有涉及的内容
6. 结论展望	由评审团和被评机构共同完成，对评估过程回顾和展望，提出改进性建议
7. 附录	相关证明的文件材料

第三节　高等教育质量保障报告的规范性调查及建议

高等教育质量保障报告（简称质量报告）是以评估为主的质量保障过程中最重要的信息交流工具。撰写和阅读质量报告不仅是评估实施的中心环节，而且是向评估专家提供学校质量信息的重要载体。按照评估方案规定的指标体系收集资料撰写自评报告是被评机构准备评估工作的核心任务；在阅读被评机构自评报告的基础上，基于现场考察，形成质量报告更是评估专家的重要职责；发布和交流评估质量报告则是质量保障的关键环节。由权威机构发布的质量报告更是公众判断学校质量的主要依据。由此可见，质量报告对高等教育利益相关者具有非常重要的意义。但是公众对质量报告的关注度并不高。大家能感到评估质量报告的局限性，但却并未对此进行深刻的反思和追问。欧洲高等教育质量保障协会在"博洛尼亚进程"中，带着重塑欧洲高等教育辉煌的梦想，在2013年开始了对质量报告的调查。历时两年，形成项目报告《通过公开质量报告保证欧洲高等教育信息透明》（Transparency of European higher education through public quality assurance reports，EQArep），于2014年出版。这一报告基于对当前质量报告出版物内容，以及机构的分析，试图理解利益相关者的期望和要求。报告既能考虑到利益相关者的要求，又能反映高等教育现状。此外，也为欧洲高等教育质量保障机构撰写评估总结报告提供了建议的结构和框架，提供了易于理解，具有可比性的信息。① 这些指南与欧洲标准指南共同促进评估效力提升。现从项目实施背景、进行过程、主要发现和结论建议等几方面进行分析。

一　项目实施背景

知识经济社会的发展和劳动力市场激烈的竞争使欧洲对高等教育的关注逐渐加强。虽然欧洲有许多大学和专业，但是要选择一个合适的学术机构却变得愈发困难，因为公众很难获得关于高等教育清晰准确的信

---

① Woodhouse, D., Is there a globally commonunderstanding to Quality Assurance? ESU Board Meeting 59 Seminar: Quality Assurance. Presentation conducted from Jerusalem Israel. 2010.11.

息。但是利益相关者都需要了解专业、教师和高等教育学术机构详细、可靠、具有可比性的信息。正如欧洲委员会 2009 年 5 月 12 日提到的欧洲教育培训合作框架，其中一个战略目标就是"提高教育和培训的质量和效率"。质量保障在提高高等教育透明度方面扮演着重要的角色，是实现这一目标的重要措施。为了满足利益相关者对有效信息的需求，ENQA 实施了这一由欧盟组织资助的研究项目。总体目标是了解不同利益相关者的需求，改进欧洲质量保障机构提供的质量报告的质量。项目由瑞士质量鉴定和高等教育质量保障中心、爱尔兰质量和资格中心合作完成。报告列举了当前质量保障机构在实践中发表的评估绩效以及评估质量报告的使用情况，从利益相关者的角度分析了其用途。所有的分析都基于调查完成。项目最后为欧洲高等教育质量保障总结报告形成了指南，并为起草评估综合报告提出了建议。这些指南，与欧洲标准指南共同促进了质量保障效力的提升。指南建议所有质量保障组织提供的报告都要包含相似的，具有可比性的信息。

二　项目研究的方法及过程

项目的主要目标是建立共同的"欧洲外部质量报告指南"，需要从两个方面实现：分析和了解外部利益相关者对质量报告的期待及用途的解释，总结外部质量保障报告的内容、结构和目的。

（1）用项目组设计的问卷在线对不同利益相关者作访谈，对学生、雇主、政府和高等教育机构进行调查。调查问卷具有双重目的：了解当前对高等教育机构和专业质量信息的使用情况；了解利益相关者对质量报告的期待。

（2）集中概括当前质量保障机构方法和实践的特点。调查问卷集中于质量报告的目的、结构、内容和发表的渠道。此外，还选择 20 份质量保障报告并对其进行深度的抽样分析，对其特点进行分析和讨论。

三　质量评估报告的背景和目的

（一）发布规范的评估报告

形成并发布质量评估报告是欧洲高等教育区外部质量保障的一个共同特点。2009 年颁布的质量保障标准指南（ESG）要求"报告必须清晰、可读性强，以容易获得的方式呈现给目标读者群体"。报告中的任何一项决定、建议都应该让读者容易找到。质量报告记录了质量保障组织对学术机构或专业的评价结果。质量报告的核心目标是向外界公开教育绩效。在欧洲高等教育区，质量报告的起源可以追溯到两个方面：试图解决高等教育的质量问题，改进高等教育系统内部存在的问题。因此，质量保障传统上服务于两个目标：改进和应答问责。质量保障是一个高度灵活多样的领域，利益相关者又有各自不同的要求。质量报告怎样应对这些挑战呢？开始，人们更多地关注了方法。目前人们对质量保障的关注从方法转向目的。外部质量保障的目标是否足够清晰呢？

（二）质量保障的目的

大卫·乌德豪斯（David Woodhouse，2010）研究发现：目前，质量保障机构目标混乱多样，含混不清。并不是说外部质量保障机构目标单一就是正确的。最近在爱尔兰做的一项关于评估的研究与大卫的研究结果一致：外部质量保障机构的评估目标不清楚。应该根据评估的目标确定评估方法，如果目标不清楚，如何评价方法的合理性呢？目前的外部质量保障目标既不清楚也不统一，目标主要集中于以下几个主题，见表4-6。

表4-6   欧洲高校评估质量报告的多元目标[①]

外部评估的多元目标	帮助高校保障或提高质量，完善内部质量保障的结构和程序
	调查专业或学术机构的质量
	检查学术机构对相关法规的遵守情况
	评价相关政策和改革的效力
	为学术或专业比较提供独立的信息
	为决策提供独立的信息
	提供关于专业、学术机构或高等教育系统独立的信息
	质量报告目标群体包括高校管理、教师、学生、雇主、合作伙伴、决策者和社会各界

---

① Orla Lynch, Quality and Qualifications Ireland (QQI) Introduction to Quality Assurance reports. 2014. 11.

四　调查发现及讨论

（一）利益相关者对质量关注的原因及质量报告的用途

根据 2013 年 5 月对利益相关者的调查，可以得出以下结论：

（1）不同利益相关者对信息的使用和期待的显著性差异逐渐减弱。

（2）很少有人认为他们没有被包括在目标群体范围内。

（3）质量报告是继网站信息、朋友介绍之后关于学校质量和专业质量的第三个信息源泉。

（4）质量报告的获得方式并没有普及，限制了质量报告目标利益群体的范围。

（5）质量报告能成为获取信息的有用工具，如果他们能更具有可比性、用户友好、在长度和语言上能精简。

（6）质量报告包括简短、集中、具有可比性的信息和数据表格。

（7）质量报告应该在学校网站和质量保障机构的网站上随时获得。

（8）好的综合报告的主要特征可以在欧洲范围内推广使用，具体问题可以根据国家发展背景确定并咨询不同的利益相关者。

（9）学术机构是质量报告最主要的用户，因此质量报告在考虑其他利益相关者需求的时候，应该首先考虑学术机构需求。报告综述可能会满足所有利益相关者的需求。

（二）质量保障机构对质量报告的评价

质量保障机构认为，发表的质量报告在信息公开和提出质量改进建议方面值得肯定，但质量报告在一致性和语言使用方面还有许多提升的空间。具体见表 4 - 7。

表 4 - 7　　　　　　　　　质量保障机构对质量报告的评价

优劣	内容
优势	透明，向外界提供了公开的信息，为质量改进提出了意见。
	可读性强，质量和信息水平较高；为高等教育机构提供了有用的信息。
	容易获得；结构清楚；涵盖了广泛的主题范围。
	提供了英语、本国语言两种版本的质量报告。
	提供了评估专家的所有信息和他们的专业经历，展示了所有可视的信息

续表

优劣	内容
主要问题	报告的格式和一致性因专家不同有变化。 使用了复杂的语言，有的质量报告只提供了英语版。 提供了复杂的信息，对评估程序介绍不够。 由于个别专家没有按时提交材料推迟了研究报告的发布。 报告没有被学生和雇主使用。 报告中没有包含学术机构的主要信息。 学术机构没有将评估报告发布在网站上

（三）能增加质量报告质量和用途的因素

增加质量报告质量和用途的因素包括：清晰的术语；公众可以获得；好的结构并容易获取信息；英语报告；报告的目标要清晰；列举高等教育机构的最佳实践；提供外部专家的评价；提出好的建议，等等。

（四）增加质量报告可比性面临的风险和挑战

对质量报告的对比会使质量保障成为另外一种排名。不应对质量报告进行对比，而是将评估程序和决策过程进行对比，以显示评估的一致性。

质量报告包含的信息过多会给使用者造成困难，导致不公平的竞争。

大学可能将这个过程视为暴露他们的过程。将学校的劣势展示出来有可能导致部分学生放弃选择这所学校。

好的综合报告需要评估专家大量的工作投入和评审机构周密的安排。发表的评估报告不仅代表了学术机构或专业的质量，也代表了保障机构的质量。

公开透明并不会始终代表学术机构的利益，因为质量报告也会揭露其不足。因此，学术机构可能会抵制过度的公开透明。法规也许会限制质量报告发布的方式。

为了使质量报告更具有可比性，所有的机构都需要改变当前的实践方式。

质量报告需处理复杂的问题，过度简化内容是不合适的。应该为高等教育学术机构和其他潜在的利益相关者提供不同的质量报告。

质量保障机构每年都在使用不同的评估专家，因此很难保证评估报告的一致性。

不同国家的高等教育系统是多样的，所处的发展阶段也不同，对质量保障体系的需要和目标也不同，这使对比显得困难和危险。

（五）关于良好的外部质量报告特征的讨论

1. 质量报告是一种信息资源

根据传媒理论，报告是一种信息传递。有效的交流取决于三个要素，信息提供者（评审团、质量保障机构）、媒介（报告的形式、发表的手段）、接收者（大学和其他学生、雇主等利益相关者）。信息经常受到目的、内容以及读者群体等因素的影响。任何报告都必须考虑到目的。传媒理论经常使用编码和解码。编码意味着：知道报告的目的、内容、书写的方式及形成的过程、读者群体、读者将如何阅读并使用；解码意味着：按既定的程序收到并阅读报告，读者知道报告形成的过程，读者知道应该采取什么行动如何对待这些信息。

2. 确定质量报告的目的和目标群体

质量保障机构需要确定报告的目的及其目标读者和用户。但这并非简单的问题。如果只是为高等学校阅读，事情就变得简单了，但是还有许多其他的利益相关者：政府、学生和雇主等可能成为目标读者。评估报告可能需要考虑到所有利益相关者的利益，一个简单的报告能否成功地满足不同利益相关者的需求呢？因此需要关注的一个重要问题就是如何使一份质量报告满足不同利益相关者的需求。对于这个棘手的问题，可以有不同的处理方法：对不同的利益相关者提供不同的质量报告；报告摘要部分应清楚地列出绩效，与报告详尽的主体部分分开；为不同的利益相关者提供不同的部分；在网站上发布简单的报告，为学术机构提供详尽的报告；提供清单列出主要标准。

3. 质量报告是结果

质量报告是质量评估的结果，是整个评估过程的产出；报告的特点和质量取决于其他许多因素，如机构管理、政策和方法；机构职员及评审组；提供的文件和信息，获得学术机构信息的渠道；考察和审核；报告的起草；报告的编辑；报告的结论，等等。

质量报告是质量评审的最终产品，也是整个过程关注的焦点。组成评审团，与其他评审专家会面是非常有价值的，现场考察是令人兴奋和有趣的。相反，准备评估是一个孤独的、需要伏案工作、有较高要求、劳神费力的苦差事。在每一个阶段，都应该首先考虑到质量报告：记笔记，尽早起草；根据事实进行审核，形成结论。好的质量报告是有计划的过程自然形成的结果。

4. 数据公开透明

透明度通常是质量报告的优点也是质量报告的目的，但是透明也会带来伤害：完全清楚的目的到底是什么？报告的主要目的是规范、控制、比较、改进、提高还是促进发展？如果以改进为目的，帮助学术机构成功地公开所有的事实信息就是一个非常好的主意，也许会损害其声誉（公开所有关于学术机构不足的信息）。这样是否会引起公开透明和改进之间的冲突呢？[①]

在增加透明度和可比性方面的风险和挑战：公开透明本身的问题；误用及对信息的处理；可比性和基准；忽视质量报告的实际目的；过多考虑其价值和更多的公众；过度简单；语言问题，等等。

5. 开展基于证据的评估

我们经常提倡开展基于证据的评价，但证据到底指什么呢？如何利用证据呢？我们只使用学术机构提供的证据吗？评审团有权力要求其他的证据吗？能否要求学术机构提供证明不良实践的证据呢？如何保证证据是被长期记录保存的呢？谁负责保管这些证据呢？能否让个别专家保管证据呢？证据需要公开还是继续保留呢？

值得注意的是学术机构经常在被批判的时候要求提供证据，而不是针对正面评价要求提供证据：我们只需要保留与负面评价相关的证据吗？

---

① Peter Findlay, Quality Assurance Agency for Higher Education (QAA) Features of a Good external quality assurance report some thoughts.

6. 对准目标读者群体（谁会读它，谁需要它？）

很少有人会真正从头到尾读质量报告。除非是负责质量报告的人员，他们会一遍又一遍地读质量报告。质量保障机构能收集关于谁最终读了质量报告以及质量报告影响的证据吗？我们必须认真思考质量报告可能的读者群体。

如果只有少量的读者群体，我们必然要考虑形成质量报告的经济成本：形成质量报告的成本应该与实际接受和使用的人数相关。也许许多人只会读报告的结论和摘要部分。是否能为学术机构提供较为详尽的，不发表的质量报告呢？通常形成影响的证据来自形成质量报告之后采取的行动计划。也许，我们需要向读者提供的只是结论、判断、建议和行动计划。我们能否通过提供更多的图表、数据、表格甚至图片增加质量报告的可读性呢？

高质量报告的特点：清晰的结构；对框架、标准和指南的简介；提供关于评审结果的信息；关于学校或专业详尽的信息；信息量适中；谨慎使用术语和语言；布局合格；容易获得。

好的质量报告带给读者更多的是智慧的启迪，而不仅仅是事实描述和信息数据。在可以实现的时间范围内，尽自己所能，提供最好的质量报告。[1]

五　提高质量报告质量和透明度的建议

（一）质量报告是质量信息公开的有效手段，但存在目标群体不清等问题

随着公众对欧洲高等教育质量关注的增强，获得关于学术机构或专业质量的透明信息成为一个严峻的挑战，作为"博洛尼亚进程"公开透明的主要工具，质量保障报告在为利益相关者提供可靠的高等教育质量信息方面扮演着重要角色，但是质量保障机构提供质量报告的实践与不同利益相关者的要求还有很大的差距。

---

[1] Stephanie Hering, Swiss Center for Accreditation and Quality Assurance in Higher Education (OAQ) Analysis of Quality assurance agencies' current practices in reporting the outcomes of the quality Assurance procedures. 2014.

利益相关者对质量报告的整体印象是质量报告是有用的信息源泉，但报告的长度和过度使用的专业术语限制了它们的影响力。利益相关者提出的一个最主要的要求是报告必须包含容易理解的具有可比性的信息。然而，结论报告不会提供关于学术机构的量化资料，而是评估的程序、过程和产出。综合性质量报告的目标群体是非常多样的，只为学术机构自身提供总结性质量报告能更好地服务于不同的目标群体。这项研究的目的在于为欧洲高等教育质量总结报告提供指南，为综合报告的结构和发表提供建议。

欧洲高等教育质量报告的结论将集中于改进质量报告的质量，使其更好地满足不同利益相关者的需求。项目形成的总结报告和综合报告的指南是实现这些目标的重要工具。

（二）利益相关者对改进质量报告提出改进性意见

发表综合报告是展示学术机构评审结果的最主要方式。质量报告满足不同的目标，被不同的利益相关者使用：综合报告（Comprehensive reports）推动评估决策，为学术机构改进提供反馈意见；总评报告（Summary reports）为公众和保障公开透明提供信息。质量报告通常是由一个专家团完成的，需要大量的时间投入。网站是发表质量报告最常用的平台。

许多质量保障机构通常备有质量报告的模板。综合报告经常有30页。专业报告一般比学术机构报告短。质量报告提供了许多信息和要求。不同国家、机构、学校、专业的质量报告都不尽相同。此外，综合报告和总评报告在编辑、结构、内容、长度、可读性、获得渠道等方面都是不相同的。质量报告目前是没有可比性的。

（三）项目形成欧洲质量保障报告指南

评估总结报告的目标群体包括学生、家长、雇主以及其他高等教育机构或政府机构。因此，希望提供关于学术机构和专业清晰、可以理解、简洁的信息。具体见表4-8。

表 4 - 8　　　　　　　　　**欧洲质量报告指南和建议**

指南	具体要求
总结报告 改进意见	总结报告的目标群体包括学生、家长、雇主以及高等教育或政府机构。 希望提供关于学术机构和专业清晰、容易理解、简洁的信息
	清晰明白的概念，避免专业术语
	便于获得的渠道，发布在评估机构和学术机构网站，使目标群体容易找到
	由评估机构的一个成员起草报告，保证质量报告的一致性
	建立用户友好并容易沟通的评估，清晰的标题以及组成部分等
	用英语撰写评估报告以保证更多的外国学生能够获取相关信息，具有可比性
	提供关于评估过程、被评机构或专业、评估结论等有用的信息
综合报告 改进意见	综合报告的主要目标群体是高校
	良好的结构，清晰的标题，报告二级标题以及相关的信息
	对过程的清晰描述，提出建议、评估的背景等
	对概念使用和解释的一致性
	在评估机构和学术机构网站上能获得报告资料
	提供关于学术机构改进措施的相关文件

资料来源：ENQA，Transparency of European Higher education through public quality assurance report. 2014. 12，56 - 57.

欧洲质量报告调查及建议对改进质量保障机构报告的质量将会产生非常重要的影响，不同的利益相关者将会从中获得可靠、有用、具有可比性的信息。

第四节　欧洲跨境高等教育质量保障项目

欧洲跨境高等教育质量保障（Quality Assurance of Cross border Higher Education，QACHE）项目是受欧洲质量保障协会资助的伊拉莫斯（Erasmus Mundus）行动计划的项目。该项目实施从 2013 年 10 月 1 日开始到 2016 年 3 月 31 日结束。该项目用不同的方式使质量保障机构和学术机构共同关注在境外提供的高等教育。项目的主要目的在于推动欧洲各国以及欧洲之外国家的政策对话，促进对跨境高等教育及其质量保障的相互理解。项目的合作机构由欧洲四个主要高等教育提供国的质量保障组织，欧洲之外的主要高等教育提供国澳大利亚，以及欧洲跨境教育的两个主要提供地区的质量保障组织组成，包括英国质量保障组织（Quality Assurance Agency，QAA），法国高等教育评估和研究中心（High Council for the Evaluation of Research and Higher Education，HCERES），西班牙国家质量评估和鉴定机构（National Agency for Quality Assessment and Accreditation，ANECA），德国认证委员会（German Accreditation Council，GAC），澳大利亚高教育质量和标准认证委员会（Tertiary Education Quality and Standards Agency，TEQSA），阿拉伯高等教育质量保障组织（Arab Network for Quality Assurance in Higher Education，ANQA-HE），亚太地区质量保障组织（Asia-Pacific Quality Network APQN）。现从项目的背景、目标、实施过程、结论和建议等方面进行分析和介绍。①

一　项目背景

（一）欧洲跨境高等教育高速发展

20世纪80年代以来，跨境高等教育规模不断增长，学生、学者、项目、学术机构和专家之间的流动成为高等教育国际化的主要形式。英国和澳大利亚在跨境高等教育发展中一直走在前列。近十年来欧洲跨境高等教育发展的规模也不断扩大。高等教育机构参与跨境教育的原因尽管很多，但是提高国际竞争力，加强合作却是其最主要的动力因素。大多数国家发起跨境高等教育行动计划的主要目的在于增加外汇收入，提高国际吸引力。而且，跨境教育成为国家教育体系国际化最主要的因素。② 跨境高等教育不仅在欧洲许多国家被提到政策日程上，而且在欧洲层面引起高度重视。比如，"博洛尼亚进程"中提出的相关策略指出："国际化是提高欧洲高等教育竞争力的主要手段"。随之，欧盟要求欧洲签署国提出国际化实施策略以提高欧洲高等教育在全球化背景下的地位。

---

① ENQA, "Erasmus Mundus Action 3: Promotion of higher education. " (http: //eacea. ec. europa. eu/erasmus_ mundus/results_ compendia/documents/projects/action_ 3_ promotion_ projects/545856_ qache_ be. pdf).

② ENQA, "European Higher Education in a Global Setting. A Strategy for the External Dimension of the Bologna Process" 2007. (http: //www. ehea. info/Uploads/Global% 20context/Strategy – for – EHEA – in – global – setting. pdf).

作为高等教育国际化的重要元素，跨境高等教育在提高国家竞争力、国际竞争力和吸引力方面将会发挥积极的作用。于是，高等教育现代化高层论坛（High Level Group on the Modernisation of Higher Education，2013）在向欧洲委员会提交的报告中指出：

> 高等教育机构应该将提出并实施国际化战略作为其使命和功能。促进学生和职员流动，提供国际课程，增加教师国际经历，提高教师英语水平和跨文化能力，并让教师掌握第二外语，提供跨境课程和学位，国际联盟应该成为欧洲和全球高等教育的重要组成部分。[①]

（二）缺乏跨境高等教育质量保障的清晰框架

质量保障机构和学术机构长期以来一直在寻找与跨境高等教育合适的标准和方法。由此可知，在跨境教育由谁来鉴定、如何鉴定，采用什么方法、什么标准，质量保障机构和学术机构、跨境教育提供者和接收者该如何合作等方面，人们并没有清晰的框架。经济合作与发展组织（OECD）和联合国教科文组织（UNESCO）2005 年联合提出的《提供跨境高等教育质量指南》（Guidelines for Quality Provision in Cross‐border Higher Education）指出，"跨境高等教育是教师、学生、专业、学术机构提供者或课程的跨境流动"。简·奈特（Jane Knight）在由联合国教科文组织 2006 年负责出版的《跨境高等教育》中对跨境教育提供者可以采取的方式、项目流动和项目提供者的区别进行了分析。[②] 欧洲各国的跨境教育在质量保障方面，有的是提供者独立认证，有的是由提供者和接收者共同认证。克雷莫尼（2012）指出，跨境教育在东道国接受当地的认

[①] High Level Group on the Modernisation of Higher Education, "Report to the European Commission on improving the quality of teaching and learning in Europe's higher education institutions". 2013 (http://ec.europa.eu/education/library/reports/modernisation en.pdf).

[②] Jane Knight, Higher Education Crossing Borders: A Guide to the Implications of the General Agreement on Trade in Services (GATS) for Cross‐border Education. A Report Prepared for the Commonwealth of Learning and UNESCO. 2006 (http://unesdoc.unesco.org/images/0014/001473/147363E.pdf).

证，会降低跨境教育提供者投入的积极性，降低学生接受教育的机会。而且，也许能够解决认证问题，但是跨境高等教育项目会受到不同程度的影响，甚至会出现矛盾冲突，因为质量保障过程需要时间、经费和人力。①

二　项目目标

欧洲跨境高等教育质量保障（QACHE）项目的目的在于保障跨境高等教育质量。具体目标体现在四个方面：

加强欧洲国家之间在质量保障方面的政策对话，促进不同质量保障方法相互理解；进一步推动欧洲质量保障的发展；促进欧洲国家积极参与跨境教育的发展；保护学生免受低质量跨境教育的危害。

具体而言，该项目会为质量保障机构和学术机构提供关于跨境教育内部质量保障和外部质量保障的方法，为跨境高等教育质量保障提供方法指南。基于欧洲、澳大利亚、亚太地区和海湾地区的案例，该项目将为欧洲跨境高等教育质量保障提供通用的方法和原则。该项目将通过提供共享的分析框架，促进欧洲地区与其他地区的合作。项目也将通过提高跨境高等教育质量保障的效能增强欧洲高等教育对国际学生的吸引力。

三　项目研究进程

为了实现这些目标，项目组通过评价国家质量保障机构在跨境高等教育质量保障方面发挥的作用和扮演的角色，找出质量保障机构在跨境高等教育质量保障方面面临的主要障碍和挑战。项目通过分析和比较跨境教育的最佳实践经历，评价跨境教育提供国采取的跨境高等教育质量评价标准和方案是否在实践中发挥了积极的作用，以及这些国家对跨境

---

① Cremonini, L. et al., Impact of Quality Assurance on Cross-Border Higher Education. (CHEPS) 2012（https：//www.utwente.nl/bms/cheps/publications/Publications%202012/）. Center for Higher Education Policy Studies.

高等教育质量保障采取的方法与欧洲高等教育质量保障区质量保障的指导原则是否一致。

第一阶段，通过网上调查收集和分析最佳实践的信息。调查对象包括 ENQA 的质量保障机构成员；ANQAHE 和 APQN 的质量保障机构成员；欧洲跨境教育提供者。调查内容包括针对挑战和最佳实践的封闭式问题和开放式问题。

第二阶段，准备法国、德国、西班牙、英国、澳大利亚等国家跨境教育的年度质量报告。通过对欧洲和澳大利亚的高等院校、质量保障机构、国家权威人士进行半开放式电话访谈，获得这些国家对跨境高等教育质量保障的理解的材料。

第三阶段，为证实前两个阶段的发现，进一步收集资料。欧洲专家通过组织论坛收集欧洲相关国家利益相关者的观点。在海湾地区和东亚两个地区性论坛发布欧洲国家跨境高等教育质量保障的信息，加强欧洲地区质量保障机构和其他地区质量保障机构的合作与对话。2014 年 11 月 19—20 日，在海湾地区组织了论坛，阿拉伯高等教育质量保障组织以及海湾地区高等院校的代表参加了论坛。论坛的主题是分享关于如何促进地区间高等教育的深度合作，确保跨境教育的质量。2015 年 1 月 22—23 日，在中国澳门组织了另外一次论坛，亚太地区质量保障组织的成员以及澳门当地大学的代表参加了论坛。组织这些地区论坛的主要目的在于了解和收集东道主国家的信息，使合作国家或潜在的合作国了解欧洲跨境高等教育质量保障的措施；促进欧洲质量保障机构和其他国家和地区质量保障机构的合作和联系。加强地区间政策对话，增进关于跨境高等教育质量保障方法和政策的相互理解。[①]

第四阶段，在最终的学术会议上发布项目研究成果，邀请质量保障机构的从业人员、跨境高等教育质量的提供者、决策者和利益相关者参加。

四　项目主要成果

该项目的成果集中在四个方面：第一，为高等院校和质量保障机构

---

① ENQA，"qache-regional-events-in-bahrain-and-china-to-validate-and-collect-further-informa-tion" - collect-further-information. 2015. 5. 30 （ http：//www. enqa. eu/index. php/qache-regional-events-in-bahrain-and-china-to-validate-and-collect-further-information/）.

提供关于跨境高等教育质量保障的工具包；第二，为高等院校和质量保障机构提供跨境高等教育质量保障的基本指导原则；第三，在项目结束时邀请跨境高等教育的提供者进行初步试验，以支持项目的可持续发展；第四，出版项目最终报告，包括项目成果和产出。

（一）形成质量保障机构工具包

质量保障机构工具包（toolkit for Quality assurance agencies）是对质量保障机构实施质量保障实践活动的解释和说明。目的在于补充说明联合国教科文组织和亚太质量保障组织指南，以支持这些指南在对"跨境高等教育质量保障责任分担"提供国和接收国质量保障的实践。主要有四个发现：在调查的三个区域的跨境高等教育其出入境方法和管理框架具有多样性；缺乏对不同机构方法和国家制度框架的知识和信息；关于跨境高等教育质量，输入国和接收国存在"信任鸿沟"。接收国对所提供的跨境教育的质量和质量保障的质疑比输入国多。质量保障在跨境高等教育质量保障中合作的层次较低。这些方面交织在一次，形成了恶性循环，如图4-1所示，由于双方缺乏关于跨境高等教育认证的信息，彼此由于跨境高等教育质量保障方法不同造成缺乏相互信任，这些都会影响合作，结果就会降低质量保障的效果。①

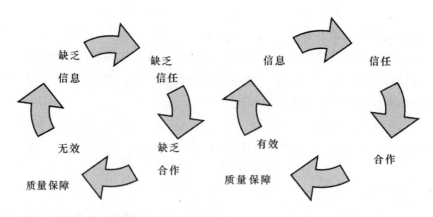

图4-1 跨境高等教育质量保障恶性循环　图4-2 跨境高等教育质量保障良性循环

---

① T. Trifiro, F., "Strengthening cooperation in the quality Cooperation in cross-border higher education. A toolkit for quality assurance agencies". (2015) (http://www.enqa.eu/wp-content/uploads/2015/11/QACHE-toolkit.pdf).

　　针对跨境高等教育质量保障中由于信息导致的低效，质量保障工具包为质量保障机构及其网络组织改善恶性循环，建立良性循环提出了好的建议。如图 4 - 2 所示的信息—信任—合作—有效循环链，通过改善跨境高等教育的信息、知识、相关数据，并对最佳案例及其质量保障进行分享，质量保障机构之间可以建立相互信任的关系，并合作探索提高跨境高等教育监管效力和效率的方法。地区性质量保障机构在促进跨境高等教育质量保障从恶性循环走向良性循环的过程中可以发挥积极的作用。关于促进质量保障机构之间的相互理解与交流，主要有两步：第一步是建立信息获得的便捷通道，以便了解彼此关于跨境高等教育质量保障的政策。质量保障机构及时发布跨境高等教育的绩效也是非常有用的。这种信息分享的方式不仅要求公开相关政策和方法，而且需要规范的和有挑战性的方法。第二步是质量保障机构应该建立相互交流的常规渠道，分享各国教育发展的背景、跨境教育提供国的相关信息，对各国的质量保障方法进行全面的了解。建立正式的备忘录是促进信息分享有效的方式，也是建立信任，加强合作的良好起点。

　　在论坛中，跨境教育提供方和接收国就共同参与联合评价跨境高等教育质量保障达成一致意见。但是基于对质量保障机构自治权的尊重，工具包不能建议他们在跨境高等教育质量保障中进行合作评估。考虑到跨境教育输入和输出质量保障中的不同方法，以及机构在方法选择上的自主性，许多机构需要得到政府的支持，机构也许会决定在特殊情况下合作参与联合评估。工具包提供了在具体情况下合作的方法。

　　促进质量保障机构之间信息分享和合作的主要是地区协会。ENQA、ANQAHE 和 APQN 等地区性质量保障协会在国家高等教育体系，质量保障方法，高等教育提供者，促进国际政策对话，促进机构合作等方面发挥了信息中枢的功能。

　　工具包由三部分组成：信息分享、质量保障合作、质量保障机构合作网络。工具包尊重国家自治和多样性，指出质量保障机构应该基于不同国家和地区的管理框架参与跨境高等教育质量保障。工具包并不对跨境高等教育质量如何保障提出建议，也不是为机构合作提出指导原则，而是对促进跨境高等教育质量保障的相互理解、信任和合作提供可操作性建议，使跨境高等教育质量保障更加有效。

（二）调查并证实跨境高等教育质量保障缺失

QACHE 项目的目的是促进跨境高等教育质量保障的相互理解，改变尽管跨境教育在全球蓬勃发展，但对跨境高等教育质量保障关注较少的现状。为了更好地了解这一现象，项目在欧洲国家、海湾地区和亚太地区进行了调查。调查发现，跨境高等教育质量保障的方法是不一致的，有几个可以促进跨境高等教育质量保障体系合作的方案。

对三个地区质量保障机构和欧洲高等教育提供者，以及国家报告的调查强调了促进跨境高等教育质量监管的必要性，因为目前跨境高等教育质量监管并不一致。在以接受跨境教育为主的海湾地区和亚太地区，跨境教育规模不断增长，但是其专业性和能力建设却迫切需要提高。在这些地区，框架教育质量保障最大的挑战是资格认可及其可比性。

对欧洲质量保障机构的调查显示，跨境教育及其质量保障缺乏统一的欧洲方法。除了欧洲和澳大利亚，许多跨境教育的输出国也缺乏成熟的质量保障体系。法国和西班牙没有关于跨境教育输出国完整的信息。

跨境教育输入国和输出国对各自的管理框架不够了解。教育输出国和接收国质量保障机构的责任不清。但跨境教育的利益相关者对跨境教育管理方法了解的需求日益强烈。

（三）加强沟通和合作是提高跨境高等教育质量保障效力的最好方法

加强不同地区质量保障机构之间的合作是促进信息共享、政策对话和高等教育管理的最好方法。加强合作也是消除输出国和接收国信任鸿沟的最好方法。跨境高等教育不仅带来挑战，而且为社会带来更多的机会，拓宽了高等教育的入学机会，提高了年轻人的能力，推动了全球公民的培养。项目为质量保障的实践者和研究者带来新的课题：探索通过合作充分利用跨境教育带来的机会，合理规避风险和劣质教育的方式。项目组共同的目标是促进跨境高等教育质量提升，避免政策及管理上的分歧和差异，使高等教育提供者和学生的利益最大化。

（四）提出操作性政策建议

由于缺乏跨境教育提供国和接收国的相关信息，导致跨境高等教育质量保障难以有效进行。政府在建立跨境教育输出或输入质量框架方面承担主要角色。制定政策框架的目的在于使高等教育的所有利益相关者免受低质量教育的侵害。为此，项目组在研究报告中针对跨境高等教育质量保障，分别对政府和欧洲决策者提出以下建议：

1. 对政府的建议

（1）支持学术机构充分利用跨境高等教育的机会。支持学术机构提供高质量的跨境教育，分享好的案例以及跨境高等教育质量保障的方法。

（2）支持质量保障机构为提高跨境高等教育质量保障能力进行机构之间的合作。包括参与国际质量保障网络活动，信息分享，建立相互信任，鼓励机构之间的跨境合作。跨境高等教育质量保障需要充足的资源、跨文化的技能和国际专家。

（3）促进国家层面建立关于跨境教育输入和输出的常规和可靠的数据收集系统。分析跨境教育的模式和趋势以获取质量保障活动需要的信息，保证教育系统免受劣质教育的干扰。

（4）促进质量保障机构对话，提出改革措施，促进跨境高等教育质量保障按照"质量保障机构工具包"中所提出的原则进行合作。

（5）与所有利益相关者共同建立清晰的政策框架。这些政策必须与2015 年质量保障标准和其他国际标准原则一致。

2. 对欧洲决策者的建议

（1）支持欧洲跨境高等教育质量保障的网络联系。支持国家层面建立跨境高等教育质量保障的数据收集系统和质量保障框架。

（2）支持跨境教育不同利益相关者之间的对话，加强相互信任。支持质量保障的地区网络活动，加强信息分享和合作。

（3）通过跨境高等教育质量保障工具包的全面实施，形成欧洲跨境高等教育质量保障方法；通过能力提升方案加强质量保障机构的能力，应对跨境高等教育质量保障带来的挑战。

五 提供跨境高等教育质量保障的最佳案例

英国质量保障署定期对在海外提供的高等教育进行评估以实现其维护和提高英国高等教育质量的使命。英国质量保障署除了对本国的教育机构进行评估，还在英国跨境教育的东道国进行实地考察。这一评估过程在国与国合作的基础上进行。每年都会在不同的国家和地区进行。这个过程比向海外不同的地方派出评估专家作为英国院校评估的主要方法更为有效。也希望能与东道国的质量保障机构进行深度合作。

2013—2014 年英国质量保障署在阿联酋评估了英国的跨境高等教育。阿联酋是全球拥有外部分校最多的国家，大多数都位于迪拜自由贸易区，主要来自英国的大学。2013 年两国签署了促进相互理解的备忘录，迪拜政府对外国提供的跨境教育在质量保障上有责任和权威。为了保障国际分校的质量，迪拜人力资源保障局基于"等价认证模型"对跨境教育进行了评估，主要目的在于保证在迪拜提供的教育与英国大学的教育质量相当。这一模型以英国的质量保障和认证为蓝本，充分考虑到跨境教育提供国质量保障机构的情况。两国质量保障机构联合对英国在迪拜的分校进行评估。评估通过信息分享和实地评估进行合作。合作基于两点进行：第一，主要采取跨境教育提供国的质量保障方法，第二，东道国支持每个阶段的评估过程。2013 年夏季，英国高等教育质量保障机构与迪拜人力资源发展局（KHDA）商量了评估的时间安排并就双方跨境高等教育质量保障的方法达成共识。在 2013 年秋季，迪拜人力资源发展局的工作人员去英国质量保障署简要介绍了迪拜和阿联酋高等教育体系和管理的相关信息。同时讨论了 2014 年 2 月的现场评估。KHDA 对迪拜自由贸易区所有高等教育的年度调查，可以为英国质量保障署提供相关的数据信息。利用东道国现有的数据不会造成资源浪费。英国质量保障署建立了明确的观察员制度，确保同行评估过程的独立性。观察员的角色仅限于观察，而不参与评估的整个过程。由于这一点对跨境教育的评估有点过于严格，于是进行修订，KHDA 的观察员在评估讨论会上可以提出问题，给英国质量保障署解释与当地教育背景相关的问题。英国质量保障署也可以在实地考察时与 KHDA 进行交流，以便基于地域知识，提出问题让评估专家讨论。英国的观察员限定草案根据具体情况进行了适当调整。评估报告由英国质量保障署评审团完成，KHDA 根据事实对报告的准确性进行了评审。重要的是，KHDA 可以将英国质量保障署的评估报告用于年度报告，以判断是否允许学术项目继续进行。评估发现，在国外提供的教育与在英国本土提供的教育在质量上没有差异。东道国的权威性使评估报告提上国家议事日程成为可能，输出国和接收国共同交流的策略非常重要。两国质量保障机构在进程安排，减轻双方负担方面的合作是跨境高等教育质量保障有效进行的最好例证。

　　欧洲跨境高等教育质量保障项目的研究报告对跨境高等教育质量保障的相关问题进行调研，不仅形成了国别研究报告，而且形成了质量保障机构工具包，这对政府和欧洲决策者提出了建议，列举了英国质量保障署和澳大利亚质量保障署与东道国合作进行跨境高等教育质量保障的案例，并且对质量保障机构工具包的实施进行了调研。这一项目的研究报告为欧洲跨境高等教育质量保障的有效进行提出了操作性的建议，也给其他国家和地区跨境高等教育质量保障提供了参考，成为跨境高等教育质量保障走向制度化的起点和标志，对跨境高等教育质量的提升具有里程碑的意义。

第五节　欧洲质量保障机构标准调查项目述评及启示

　　有效的质量保障是高等教育规范发展和质量提升的基本手段。质量保障机构是质量保障活动有效进行的组织保证。如何保证质量保障机构的规范发展是全球高等教育质量保障需要关注的重要问题。世界各地高等教育发展的程度不同，质量保障发展的专业化程度呈现较大差距。有的国家和地区质量保障机构还在建设阶段，有的质量保障机构的活动处在自由发展阶段，有的质量保障机构已经定期接受审核和规范性评估。对质量保障机构的规范性审核是质量保障专业化的重要标志，也是质量保障效力提升的基本路径。欧洲和北美等发达地区已经将对质量保障机构的周期性规范审核作为质量保障机构的常态管理方式。[①] ENQA 于 2013年启动了对欧洲地区质量保障机构遵守 ENQA 2009 年颁布的外部质量标准（ESG）执行情况的调查。[②] 并于 2015 年 5 月发布了项目研究报告《欧洲外部评估报告标准分析：系统性、资源和独立性》。该项目的研究过程和结果不但对欧洲高等教育质量保障潜能的开发有积极的促进作用，而且对其他国家和地区高等教育质量保障的规范发展产生了深刻的影响。

---

　　① 赵立莹、司晓宏：《国际化背景下高等教育质量保障发展趋势及中国选择》，《高等教育研究》2015 年第 6 期，第 42—48 页。

　　② ENQA, "Guidelines for External Reviews of Quality Assurance Agencies in the European Higher Education Area". 2013. 6（http：//www. enqa. eu/wp-content/uploads/2013/06/Guidelines-for－external－reviews－of－quality－assurance－agencies－in－the－EHEA. pdf）.

本节通过对该项目内容和结果的分析，为我国高等教育质量保障的规范和专业化发展提出对策建议。

一　欧洲质量保障机构规范性调查项目概述

（一）项目任务：调查欧洲质量保障机构外部标准执行情况

欧洲质量保障机构规范性调查项目由欧洲质量保障标准和指南（ESG）第三部分 KP3 委员会负责完成。KP3 委员会成立于 2013 年，是ENQA 关于高等教育质量保障和质量保障过程的咨询委员会，主要任务是对欧洲标准和指南第三部分的实践情况进行调查。为了调查质量保障机构遵守外部质量保障标准的实际情况，欧洲质量保障协会选派有经验的专业人员组成委员会。委员会的主要任务是了解质量保障机构的工作方式及其内部质量保障过程，对质量保障机构的相关问题进行研究、分析和讨论。KP3 委员会于 2014 年 6 月 2—3 日在布鲁塞尔讨论了欧洲质量保障标准和指南（ESG）执行情况。[①] 会议主题为：国际视野下欧洲质量保障机构遵守外部质量标准的方法；欧洲的维度：共创未来。讨论的结论和建议将用于专家培训。就此而言，委员会将为促进欧洲高等教育和质量保障机构内部评审未来的发展做出贡献。

（二）项目核心内容：质量保障机构的系统性、资源和独立性

项目研究报告《欧洲外部评估报告标准分析：系统性、资源和独立性》介绍了工作启动第一年的情况，KP3 委员会集中讨论了欧洲质量保障外部标准（ESG2009）第三部分的三个标准，分析了质量保障机构遵守规定的程度：系统性、资源和独立性。分析是基于对 2010—2013 年的 23项自评报告和外部评估报告的分析展开的。在被调查的 23 个质量保障机构中，18 个机构通过了审核，5 个机构还需要在改进之后重新考虑他们的会员身份。论坛不但展示了委员会的研究发现，而且使质量保障机构和工作人员分享了关于遵守这三个标准的最佳实践和观点。具体标准和指南见表 4 - 9：

---

① ENQA, "Analysis of the European Standards and Guidelines (ESG) In external Review Reports: System-wide analysis, resources, and Independence." 2015. 5. 18 (http://www.enqa.eu/indirme/ENQA_ workshop_ report_ 23_ final. pdf).

表 4 - 9　　　　　欧洲质量保障外部标准（ESG2009）第三部分的
三条标准及指南

项目	标准	指南
系统性	质量保障机构提供总结报告，描述评估结果	收集专业和学术机构的大量信息，为分析整个高等教育结构提供素材。这种分析能提供关于高等教育发展趋势，新出现的最佳案例，存在的困难及问题的信息，成为政策发展和质量改进的有用工具。质量保障机构考虑到质量保障的研究和发展功能，使质量保障活动效益最大化
资源	质量保障机构应该有充分的人力和物质资源	确保组织外部质量保障活动效率和效力、有足够的资源发展和改进评估过程
独立性	质量保障机构独立于其他机构。有独立评估，形成评估结论和建议的能力，不能被学术机构、行政机构或其他利益相关者影响	质量保障机构需要通过以下措施证明其独立性：通过文件的形式证明独立于学术机构和政府；评估的程序和方法以及专家提名、评估结论形成独立于政府、学术机构和其他机构。质量保障机构对最终的评估结论独立负责

KP3 委员会分析了自评报告和 23 个质量保障机构提供的总结报告。关于系统性、资源及独立性这三个标准的执行情况如表 4 - 10 所示：

表 4 - 10　　　　欧洲标准和指南第三部分知识委员会对 23 个机构
标准执行情况调查结果

项目	完全达标	基本达标	部分达标	不达标
系统性	12	5	4	1
资源	17	4	2	
独立性	12	11		

三　欧洲质量保障机构规范性调查项目分析和讨论

（一）关于系统性分析的讨论

对质量保障机构自评报告的分析表明部分质量保障机构将系统性分析解释为需要分析机构内部质量并寻找改进的策略，其他质量保障机构认为这一标准是考察机构对系统的推动作用或机构对改进系统做出的贡献。由此可见，即使评审委员会，对此也没有达成共识。分析表明，质量保障机构通过两个指标判断系统性标准的实现情况：形成报告，组织会议。

（1）质量报告。根据质量报告的描述，质量保障机构提供的质量报告根据目标可以分为四种类型：致力于改进机构内部质量保障过程；旨在提供质量保障机构和学术机构运行的系统信息；分析质量保障活动对整个高等教育系统的影响；为改进高等院校功能提出建议。为了形成这样的报告，质量保障机构主要对评估发现提出建议，对最佳实践进行分析。

（2）组织讨论会。一些质量保障机构通过组织专门的讨论会致力于改进学术机构内部质量保障体系；一些质量保障机构参与国际论坛与其他利益相关者讨论相关问题；一些质量保障机构利用社会媒体、质量类学术期刊、公共关系办公室、国际网络信息系统等作为系统性分析的主要方式。

评审委员会对质量保障机构系统性分析的结果并不十分满意。KP3委员会发现，质量保障机构更加关注质量保障的机制而不是结果或分析本身。质量报告中很少有促进收集的信息广泛传播和利用的解释和描述，因为大量全面的系统分析需要增加更多的人力和物质资源，大多数质量保障机构的分析集中于评估过程及其结论。只有几个机构集中于分析评估过程的影响。但是通过分析，也发现一些好的实践方式：提出根据"博洛尼亚进程"框架对高等教育结构改革实践进行评价；准备和发表关于高等教育和质量保障过程形成共识的系列报告；成立负责分析和推广评估结论的委员会；成立分析和促进发展的部门，通过具体的研究主题提供某一方面的信息，这一部门还提供关于战略规划和潜在优势的信息，支持政策发展，为促进高等教育的卓越发展做出贡献。委员会针对评估过程提出八条建议：促进信息的广泛交流，并提供英文版的质量报告；向学术机构解释和说明评估发现；对评估的有效性进行说明；在优劣分析（SWOT）中提出改进的策略，并以此为逻辑起点；周期性地进行系统分析；充分考虑并系统运用质量保障机构评估活动的成果；对质量保障机构的发现及其影响进行描述；在系统分析报告中提供机构发展困难和问题的详细信息，以便有效改进机构内部质量保障程序和学术机构的质量管理。

（二）关于资源的分析和讨论

资源主要指人力资源和物质资源。KP3 委员会对质量保障机构在形成报告过程中使用的人力资源分析表明，质量保障机构的职员是有责任心的，尽管有些质量保障机构对此没有明文规定。在分析的案例中表明，质量保障机构组成委员会，并邀请外部利益相关者参与。委员会对质量报告中经费资源的分析表明，大部分质量保障机构都是由政府支持的。只有两个机构没有得到政府资助。一个机构的质量保障功能类似于协会，收取会员年费；另一个机构获得欧洲项目资助或通过提供评估和鉴定活动收取费用以获得经费。关于经费问题委员会提出四条建议：继续寻求外部资源，支持质量保障机构的研究和评估活动；增加政府投资，保证质量保障机构获得充足的经费以支持质量保障的行政和技术工作；拓宽资金来源作为开发质量保障的策略，提高持续改进的能力；在欧洲层面和国际层面促进质量保障的持续发展；经费不但要满足当前评估活动的需求，而且要面向未来，前瞻性地引领欧洲质量保障发展。

委员会对质量报告中人力资源的分析表明，质量保障机构人力资源构成规模差距很大，从 10 人到 170 人不等。质量保障机构主要由技术人员构成，所有机构的行政管理人员相对较少。有些机构还外聘了技术人员。在比较质量报告的过程中，质量保障机构的规模并没有影响到根据这一标准对质量保障机构的评价。专家关于人力资源提出三条建议：为质量保障机构职员提供继续培训，比如在撰写鉴定报告方面提供支持培训；形成人力资源开发的策略；提高质量保障机构的能力以便更好地开展评估活动。KP3 委员会在增加质量保障的人力资源方面提出了更多的建议。基于对这一标准的分析，评审团对质量保障机构寻求外部资源的做法非常赞赏。许多质量报告中对于职员的资格或发展计划、行政关系、技术或外聘职员的角色等没有作分析和介绍。

（三）关于独立性的分析及主要发现

调查发现，并非所有机构都遵守了独立性的标准。尽管在评估报告中有批评的部分，但关于这一标准整体还是比较肯定的。对这一标准的解释主要从三个方面考虑：机构的独立性、运行的独立性和经济的独立性。

　　机构的独立性主要从法律框架、管理机构、职员招募等三个方面分析。KP3委员会发现质量保障机构的法律框架有不同之处，比如，有的机构是依法成立，有明确的法律明文规定，有的机构相对松散，独立于政府之外，有的质量保障机构成为政府和其他质量保障机构之间的鉴定机构。有的质量保障机构是独立的评估机构，大多数质量保障机构依法建立，机构的独立性受到法律条文的保护。质量保障机构一般由学生、雇主等利益相关者参与的执行委员会组成，也有外籍的专家。评审团会对政府参与董事会遴选或招募成员进行监督和建议。评审团经常会建议改变成员选举的过程。评审团为质量保障机构人员的组成提出四条建议：建立避免利益冲突的机制；在独立性和依赖性之间保持良好的平衡；建立避免否决的机制；通过"依赖性的平衡"平衡利益相关者的地位和关系。质量保障机构通常拥有自己的办公室和基础设施，有独立的办公场所。评审团对质量保障机构与政府部门办公地点或人力资源管理密切相关提出批评。

　　独立运行主要表现在质量保障的过程和程序、决策、专家委任三个方面。质量保障机构的过程和程序经常由理事会决定。评审团对以下现象提出批评：评估过程由质量保障机构设计但需要政府批准；核心过程由政府界定，其他部分由质量保障机构决定；没有申诉程序。许多评估报告指出质量保障机构应该自己确定评估标准，建立申诉程序。申诉程序虽然在独立性这一标准中没有明确提出，但是在"机构使用的外部质量保障标准和过程"中明确指出了这一点："能独立组织质量保障活动，形成质量保障结论的机构应该建立申诉程序"。关于鉴定和评估的决定，在评估报告中会进行详细的描述，比如，评估的决定由质量保障机构独立进行。评估报告会交给政府部门或鉴定机构对此进行判断。政府对鉴定或评估结果做出决定，但经常会遵循质量保障机构的建议。政府基于质量保障机构的建议进行决策。评审团对政府部门做出评估和鉴定的决定可以提出批评和建议。分析表明，多数质量保障机构建立了委任专家的程序。专家需要签署保密声明，并恪守评估的伦理准则。专家由学术机构推荐然后被质量保障机构委员会委任。评审团需要他们做出与质量保障机构没有利益冲突的声明。

委员会对经费独立的分析表明大多数质量保障机构是通过政府根据年度计划拨款，同时这些质量保障机构也受到学术机构的经费资助。还有一些例外情况：一些质量保障机构只受到高校的资助；一些质量保障机构根据分包的任务得到资助。审查组对经费只来源于政府资助的质量保障机构提出批评，希望能拓宽资金来源。

委员会发现独立性具有多维标准。质量保障机构的许多特征和做法达到欧洲质量保障外部标准和指南关于独立性的规定。质量保障机构的独立性突出表现在五个方面：质量保障机构在独立评估的基础上形成报告；建立了申诉程序；对专家团成员的独立性进行申明；专家团的组成独立于政府或学术机构；决策过程不受利益相关者的干扰。

四　欧洲质量保障机构规范性调查结论

KP3 委员会从系统分析、资源、独立性方面对质量保障机构遵循外部标准和指南的情况进行了调查。一些发现具有普适性，通过调查发现质量保障机构准备外部评审的情况。而且，这些问题可以用于欧洲质量保障协会评估专家培训。对自评报告的分析表明，对质量保障机构特征和过程的描述有助于审查团充分认识质量保障机构的运行过程，也有助于读者了解质量保障运行的背景和过程。而且，关于质量保障的要素的详尽描述有助于审查团了解质量保障机构遵守规定的程度，以便形成最终的决定并抓住从评估中学习的机会。KP3 委员会通过对 2010—2013 年质量报告的分析发现，质量保障机构遵守规定的情况较为乐观，并逐年提高。这表明通过培训可以有效改进评审活动，使其根据标准提供详细的证据和深入的分析。此外，对最佳实践范例的列举以及改进建议，质量保障机构面临的挑战和困难等对激发质量保障机构的潜能非常有用。KP3 委员会希望质量保障机构从评估报告中获益并持续改进。

五　启示和建议

KP3 委员会对欧洲质量保障机构规范性调查的方式及结果说明三个问题：第一，系统性、资源和独立性是质量保障组织规范发展的核心要素；第二，质量报告是质量保障组织活动的重要信息载体；第三，批判反思、定期审核和持续改进是质量保障组织能力建设的主要内容。因此，我国在高等教育质量质保障专业化进程中，应该结合我国高等教育质量保障的现实水平和欧洲高等教育质量保障组织的实践经验，从以下几个方面进行努力。

（一）将系统性、资源和独立性作为考察质量保障组织规范发展的核心要素

欧洲通过分析质量保障机构提供的质量保障报告调查质量保障机构外部标准的执行情况。参照标准和分析工具的选择有一定的推广价值。委员会从欧洲外部质量保障标准和指南（ESG）的众多标准中选择了与质量保障效果密切相关的三个核心指标：系统性、资源和独立性作为参照标准。委员会选择记录质量保障机构工作全过程，体现其工作水平的质量报告作为分析工具，说明系统分析能力、资源和独立性是质量保障组织有效运行的关键要素。质量保障机构实施的评估要从高等教育系统、学术机构系统的诸多方面分析质量问题，需要系统全面地分析和解决问题。专业的人力资源和足够的物质资源是质量保障组织运行的基本条件。因此，质量保障机构需要不断招募和培训专业的质量保障人员，持续提高质量保障人员的专业水平，并开发质量保障的相关培训教材，使质量保障人员能适应高等教育的环境变迁和挑战。充足的经费投入不但能维持质量保障机构的正常活动，而且能为挖掘质量保障潜能，为促进质量保障能力提升创造条件。独立性是质量保障组织获得社会公信力的前提。质量保障组织只有在独立于政府、高校和其他利益相关者时，才能自主设计质量保障方案，不受外界干扰和利益冲突的影响，对学校发展状况做出客观的判断，才会不断提升使命感和责任感。因此，我国在建立质量保障机构的过程中，可以将系统性、资源和独立性作为参照标准，首先要保证质量保障机构系统分析的能力，其次要充分认识到质量保障机构的专业性，为质量保障机构准备专业人员和充足的物质资源，为质量保障的顺利进行奠定良好的基础。而且要成立专业的独立性社会质量保障机构，确保质量保证组织的独立性，因为质量保障机构是独立的社会中介性组织，其质量保障活动不受政府、学校和其他利益相关者的干扰。

（二）提高质量报告的信息含量和专业水平

质量保障机构提供的质量报告虽然是说明被评学术机构的质量和存

在的问题，也能反映质量保障机构自身的质量或问题。委员会通过对23 个质量保障机构 2010—2013 年提供的质量报告进行分析，发现了这些机构在执行欧洲质量保障外部标准过程中的问题。质量报告介绍了质量保障机构的管理机构、资金来源、工作流程及其产生的影响，是了解质量保障机构的百科全书。每个被评的学术机构和质量保障机构都希望以最好的质量报告证明自己的质量，但是由于各自的水平不同，质量报告程度不同地暴露了质量保障机构的问题。因此，质量保障报告是质量保障活动的重要信息载体，是质量保障机构质量的重要指标，提高质量保障报告的质量，是质量保障机构的必要选择。质量保障机构应该遵循质量报告撰写标准指南，充分收集关于质量保障活动的信息，在质量报告撰写的过程中对质量保障机构的构成、运行方式、结果处理方式等进行充分说明，提高质量报告的信息含量。同时，需要加强对质量保障机构人员关于质量报告撰写指南的学习和讨论，以便他们在形成质量报告的过程中在规范性与灵活性之间保持适度的平衡。

（三）在批判反思和周期性审核中实现质量保障机构的规范化建设

虽然欧洲质量保障组织因其专业性和有效性而著称，但是欧洲关于质量保障机构的规范性调查和批判性反思一再将欧洲质量保障的问题公布于众。这种调查和对问题的自我暴露不但不会影响欧洲质量保障机构的国际声誉，反而充分说明欧洲质量保障组织批判反思、追求卓越的优秀品质，正是由于这些批判反思性调查，才使欧洲质量保障机构居安思危，定期邀请接受欧洲质量保障协会的审核，改进质量保障机构存在的问题。诸如，质量保障目标不明确，质量保障报告不清晰，质量保障机构系统分析能力不强，资源不足，独立性不够等问题都在调查中浮出水面，又在评审团的分析和讨论以及改进性建议中得到缓解。这种批判反思和持续改进的精神，是欧洲质量保障能力提升的动力源泉，也是重塑欧洲高等教育辉煌梦想的保障。因此，在质量保障组织建设和实践过程中，参照国际标准要求，持续进行批判反思，定期接受外部质量保障组织的规范性审核，不但是我国高等教育质量保障机构建设的现实选择，而且是我国高校内部质量保障体系建设的参考依据。

第六节　欧洲高等教育质量保障国际化进程

21 世纪，质量保障国际化成为高等教育国际化发展和质量保障效力提升的共同诉求。ENQA 为了实现重塑欧洲高等教育辉煌的梦想，组织了一系列推动欧洲高等教育质量保障国际化的项目。这些项目的有效实施，使欧洲质量保障机构严格遵守共享的欧洲质量保障标准，除了承担国内质量保障的责任，还提供跨境高等教育质量保障，积极参与国际合作，对全球高等教育质量保障的国际化和专业化产生了深刻的影响。本节基于对 ENQA 2015 年 11 月发布的项目报告《欧洲高等教育质量保障机构的国际化》及相关项目报告的分析，探索欧洲质量保障国际化的进程、现状及前景。

一　欧洲质量保障的国际化进程

2000 年以来，ENQA 发起了一系列推动欧洲质量保障国际化的行动计划，旨在推动高等教育质量保障机构在欧洲范围内的国际合作和流动。主要内容包括：建立欧洲质量保障基本框架和标准指南，鼓励质量保障机构跨国活动，推动欧洲质量保障机构国际化，组织欧洲质量保障机构国际化调查。因这些行动计划和项目调查集中在欧洲范围内而被称为"欧洲维的质量保障国际化"。

（一）建立标准：形成"欧洲维"的质量保障标准和指南

"博洛尼亚进程"伊始，欧洲的教育部长们就提倡"欧洲维"的高等教育质量保障。在 2001 年的论坛中，他们提出应该推进高等教育质量保障机构的国际合作，建立统一的参照框架。作为对这一行动计划的应对措施，丹麦评估委员会（EVA）在 2002 年展开了关于欧洲质量保障程序的调查。调查发现，欧洲各国质量保障机构程序和方法一致性越来越高。[1] 2003 年《柏林公报》指出，高等教育质量是未来建立欧洲高等教育区的核心问题，

---

① The Danish Evaluation Institute (2003), Quality Procedures in European Higher Education - An ENQA Survey. ENQA Occasional Papers 5. Helsinki: European Network for Quality Assurance in Higher Education (http://www.enqa.eu).

应积极支持各高校、国家和欧洲范围高等教育质量保障的发展，而且有必要建立相互认可的质量评估标准和方法。2005 年 ENQA 在卑尔根会议上签署了欧洲高等教育区的质量保障标准指南（ESG），旨在为高等院校和其他相关机构发展自身的质量保证文化提供支持和指导；为在欧洲高等教育区形成高等教育及其质量保证的共同基准框架做出贡献。会议发布了《卑尔根公报》，强调欧洲质量保障机构之间的合作，尤其是促进鉴定和评估结果的互认，增强院校内部质量保障体系建设，并注重与外国质量保障机构的紧密联系。这是欧洲质量保障从国家标准走向国际标准的转折点。[①] 欧洲质量保障标准和指南（ESG）不仅在国内质量保障中起着指导作用，在跨境高等教育质量保障中也发挥着引导作用。

（二）跨国认证：建立欧洲质量保障注册中心

欧洲的教育部长们通过支持欧洲质量保障机构的跨国活动实现国际化的目标。2007 年 5 月的伦敦会议上，欧洲高等教育质量保障协会（EN-QA）、欧洲学生联合会（ESU/ESIB）、欧洲大学联合会（EUA）和欧洲高等学校联合会（EURASHE）等四大组织共同提议建立欧洲质量保障注册中心（EQAR）。主要目的在于增进欧洲高等教育学术机构的相互信任，为促进学生流动奠定基础；提高认证的信度，避免"认证工厂"的出现；为高校选择合适的质量保障机构提供参考；为促进质量保障机构之间的相互信任和改进提供平台。[②] 所有遵循欧洲质量保障标准指南的机构都能通过认证并进行注册。高等教育的主要利益相关者承担机构的成立和运行的主要责任，同时欧洲各国政府承担欧洲高等教育质量保障和提升的责任，因此形成利益相关者和政府共同负责的治理结构。科思特思·恩（Costes，N 等，2008）认为，欧洲质量保障机构的跨国认证通过鼓励质量保障机构在辖区之外进行质量保障活动，如同把演员置于聚光灯下，使质量保障的国际化不再局限于一套标准。[③] 欧洲质量保障注册中心的成

---

① ENQA, Standards and Guidelines for Quality Assurance in the European Higher Education Area (2015) (http: //www. enqa. eu/index. php/home/esg/) .

② European Quality Assurance Register：https：//www. eqar. eu/about/introduction. html 2015.

③ Costes, N. , et al. (2008), Quality Procedures in the EHEA and beyond-Second ENQA Survey. ENQA Occasional Papers 14. Helsinki：European Association for Quality Assurance in Higher Education. (http: //www. enqa. eu/indirme/papers-and-reports/occasional-papers/ENQA 2014. pdf) .

立可以视为欧洲高等教育区质量保障市场的制度化合作，因为它向外界展示国家高等教育系统，使高等教育质量保障机构之间展开竞争。

（三）反思重构：欧洲质量标准实施的调查和修订

为了解欧洲质量保障标准和指南（ESG）的实施状况以及质量保证机构的运行，2010 年欧洲四大组织启动 "欧洲高等教育区的质量保证标准和指南实施与应用图景"（MAP – ESG）项目。该项目通过对专家和高等教育利益相关者、教师和学生、高校管理人员、内部质量保障机构、外部质量保障机构等的调查，旨在修订 ESG，以提高其清晰度、适用性和实用性。① 2012 年欧洲 ENQA 启动了第三次调查 "质量程序：未来的愿景"，总结了确立欧洲高等教育区之后质量保障领域的变化，明确了社会对高等教育的需求和期待，收集了欧洲质量保障区的最佳实践案例，出版了《欧洲高等教育质量程序——未来的愿景》;② 揭示了欧洲质量保障的多元化及其特征，指出欧洲应该在促进欧洲质量保障的国际化方面进行积极的努力，为欧洲组织质量保障国际化调查奠定了基础。ENQA 于 2013 年启动了对欧洲地区质量保障机构遵守 ENQA2009 年颁布的欧洲质量保障标准和指南（ESG）执行情况的调查。并于 2015 年 5 月发布了项目研究报告《欧洲外部评估报告标准分析：系统性、资源和独立性》。③ 欧洲教育培训合作框架协议在 2013 年提出了 "提高教育和培训的质量和效率" 的战略目标，质量评估是实现这一目标的重要措施。为了满足利益相关者对有效信息的需求，ENQA 负责实施了这一由欧盟资助的研究项目。欧洲质量保障协会在 2013 年开始对质量报告进行调查。历时两年，于 2015 年形成研究报告《通过公开质量报告保证欧洲高等教育信息透明》，总体目标是了解不同利益相关者的需求，提高质量报告的质量。项目组基于调查研究，从利益相关者的角度分析了其用途，为欧洲评估质

---

① ENQA, "Mapping the Implementation and Application of the European Standards and Guidelines on Quality Assurance in Higher Education. " 2015. 12. 20（http：//www. enqa. eu/index. php/publications/papers – reports/）.

② Grifoll, J. et al. Quality Procedures in the EHEA and beyond-Visions for the future. Brussels：European Association for Quality Assurance in Higher Education. 2012.

③ ENQA, Guidelines for external reviews of quality assurance agencies in the European higher education area. Occasional Papers 19, 2009 （http： //www. enqa. eu/index. php/publications/papers – reports/occasional – papers/）.

量报告形成了指南，并为起草综合报告提出建议。这些指南与欧洲质量保障标准和指南共同促进评估效力提升。①

（四）前景探索：欧洲质量保障国际化调查

2013 年 ENQA 启动了第四次欧洲质量保障程序调查项目。该项目是前面三次质量程序调查的传承和创新。主要是关于质量保障国际化现状及问题的调查。项目的主要目标是记录和分析当前欧洲高等教育区外部质量保障方法和策略的国际化。旨在提供欧洲高等教育区国家层面高等教育国际化的政策信息。主要目的在于学习不同质量保障机构国际化的方法，形成共享的价值观，促进质量保障机构之间的国际合作。收集质量保障机构关于跨境活动的观点，关于质量保障机构引进来或走出去之间的平衡策略，关于国际质量保障资源使用和高等教育国际化质量保障的问题。2013—2015 年 ENQA 关于欧洲质量保障机构国际化的调查为全面了解欧洲质量保障的发展概况、政府和利益相关者对质量保障国际化的态度、质量保障国际化的优势及潜在的风险等提供了详实的资料，为探索欧洲高等教育质量保障未来的发展前景提供了现实的依据。

二　欧洲质量保障机构国际化现状

"欧洲维"的质量保障标准和认证使欧洲质量保障机构之间的合作日益频繁，国际化成为欧洲质量保障机构政策中的核心要素。欧洲各国政府及利益相关者对质量保障国际化持积极的态度和多元的期待，尽管质量保障国际化的利益和风险并存，但重塑欧洲高等教育辉煌的愿景已使国际化成为欧洲质量保障最明显的特征。现从实践形式、利益相关者的态度、国际化的利益和风险等三个方面进行分析。

（一）欧洲高等教育质量保障国际化的实践形式：国内国际化和国外的国际化

2013—2015 年欧洲质量保障国际化调查发现，欧洲质量保障国际化主要体现在政策、投入、人员构成、评估方法等不同方面。质量保障机

①　Quality and Qualifications Ireland（2014）．"Review of Reviews: Report of the Independent Review Team"（2014）（www. qqi. ie/Downloads/ReviewsWEB. pdf. ）．

构在制定国际化政策的过程中，鼓励采用国际标准，聘请外国专家，与其他质量保障机构合作制定等独立多维的国际化程序。同时，通过制订有效的措施实现国际化的计划，比如使命描述、年度计划、外部指令、战略规划等。因此，制定国际化政策的主要责任在于质量保障机构自身。质量保障机构得到的资源主要来源于三个方面：常规的预算、高校为质量保障服务支付的费用、国际资源资助，比如国际组织的项目资助等。机构用常规经费支出出席国际质量保障协会的活动，参加标准化管理或培训，包括国际专家参与质量保障活动，国内的国际化和在国外的国际化等。比如具体的项目或国际评估和鉴定活动。质量保障方法的国际化主要是欧洲质量保障标准和指南（ESG）在欧洲范围内的通用和普及，使欧洲质量保障机构方法高度一致。

　　欧洲质量保障机构国际化在实践上分为国内国际化和国外国际化。国内国际化指质量保障机构在本国范围内采用国际标准，邀请外国专家参与评估。国外国际化指质量保障机构在国外进行质量保障活动，跨国评估。国内质量保障和跨国质量保障最大的区别在于跨国质量保障经常是致力于改进的，而不仅仅是满足既定的目标和要求。为了促进学术机构的发展，跨国质量保障尽量采取灵活的方式。许多质量保障机构通过参与跨国评估获得国际认可，拓展职能。[①] 欧洲质量保障机构正以不同的形式实践着国际化的使命。欧洲高等教育质量保障协会 26 个成员机构在国外开展了大范围的工作：进行质量保障专业培训、实施院校评审、进行质量审核、提供高校内部质量保障指导和咨询。大约三分之一的质量保障机构表明他们的活动与专业层面或院校层面的评审相关。4 个机构除了在国内履行质量保障义务外，还负责对国内提供的国外教育进行质量评估，依据联合国教科文组织 2007 年修订的《提供跨境教育的最佳实践准则》"跨境教育专业的学术质量和标准应该与在国内学术机构提供的质量相当，尊重接收国质量保障和鉴定的标准，得到接收国对境外教育的认证"，以及"颁发证书的机构和提供教育的机构对质量保障和监控都负

---

　　① Grifoll, J., Hopbach, A., etc, A Quality procedures in the European Higher Education area and beyond-Internationalisation of Quality Assurance Agencies, Brussels, Belgium. 2015.

有责任"等原则实施跨境高等教育质量保障。① 德国鉴定委员会（GAC）清楚地表明了其国际化的愿景："在德国认证系统内为外国机构提供跨境高等教育质量保障活动的框架是德国鉴定委员会独特的使命。"跨境活动的范围非常广泛，包括专业的质量保障、院校评审、质量审核、学术机构内部质量保障系统和咨询等，以专业评审和院校评审为主。政府希望通过质量保障机构认证注册（EQAR）向国外提供质量保障服务，但实践上这种方式并不常见，也许还没有成为机构内部优先考虑的事情，机构更多考虑遵守欧洲质量标准让政府相信质量保障机构的信度。

（二）欧洲质量保障组织的主要特征是专家构成的国际化

欧洲质量保障国际化最常见的方式是吸纳国际成员成为外部评估小组成员。根据 2009 年"博洛尼亚进程"评估报告统计，"博洛尼亚进程"成员国和地区中有 16 个成员国和地区的国际成员参与了四个层面的质量保障：对国家质量保证机构的外部评审；对国家质量保证机构的治理；国家质量保证机构成为欧洲高等教育质量保障协会或其他国际质量保证网络的正式会员；担任高等教育机构或项目外部质量评审小组的成员或观察员。另有 30 个国家和地区至少在上述的质量保障活动中，有一到两种质量保障活动有国际成员参与。只有两个国家至今还没有发展任何形式的国际力量参与到本国质量保证工作中来。② 在此以希腊质量保障机构（Hellenic Quality Assurance and Accreditation Agency，HQA）2009 年 5 月21 公开招聘国际专家的启示为例，HQA 以独立的专家评审为主。专家由希腊著名的学者和国外懂得希腊语并了解希腊的学者、高等院校的教师、在希腊或国外杰出的研究者组成。专家组成评审团，对希腊高等教育系统内部的高等院校进行外部评审。为了补充专家队伍，质量保障机构诚聘国际专家加入，具体标准如下：熟悉欧洲高等教育区相关质量保障程序；具备参与高等院校质量保障的精力或参与高等教育治理的经历；能读懂用希腊语写的管理文件。同时，许多质量保障机构表明他们经常邀

---

① Council of Europe and UNESCO, "Revised Code of Good Practice in the Provision of TransnationalEducation." 2007 (http: //www. enic − naric. net/fileusers/REVISED_ CODE_ OF_ GOOD_ PRACTICE_ TNE. pdf).

② 周满生、褚艾晶：《成就、挑战与展望——欧洲高等教育区质量保证十年发展回顾》，《北京大学教育评论》2011 年第 2 期，第 118—131 页。

请外籍专家参加质量保障活动。最近几年来质量保障机构国际成员的数量在不断增加。由此观之，邀请国际专家加盟国家级质量保障机构，从多元的视角对本国高等教育质量进行评估和鉴定，已经成为欧洲国家的常态。评审团组成的国际化是欧洲质量保障国际化的主要特征。

（三）欧洲对质量保障国际化的态度和期待

欧洲各国政府、质量保障机构、其他利益相关者对质量保障国际化都持积极的态度。第一，欧洲各国政府积极推动质量保障国际化。政府对质量保障国际化的态度，主要以政策文件或行动计划的形式体现，也包括政府工作人员对这一问题的主流观点。欧洲高等教育区的许多国家介绍了关于质量保障机构的政策，大多数已经通过立法推动质量保障国际化成为正式的制度。政府在设计国家质量保障体系，建立质量保障机构，确定质量保障机构的使命方面扮演着重要的角色。欧洲各国政府鼓励本国学术机构接受外国质量保障机构的认证，允许本国质量保障机构在其他国家进行质量保障活动，允许国际专家进入评审团。第二，质量保障机构是国际化的驱动者。欧洲质量保障机构与其他机构的国际合作程度日益提高。比如欧洲中东质量保障协作组织（CEENQA）、北欧质量保障协会（NOQA）、欧洲高等教育质量鉴定联盟（ECA）、国际高等教育质量保障协会（INQAAHE）之间频繁的国际活动说明质量保障机构已经将国际化当作他们工作的一项重要策略。调查显示，质量保障机构是国际化政策最主要的驱动者。质量保障机构国际化政策的核心要素包括：采用国际标准，外国专家设计国际维度的评估程序，国际高等教育质量保障协会与同行合作。国际化政策应该包括在战略规划中，同时应该有具体的国际化措施，将国际化理念渗透到日常工作中去。第三，利益相关者对质量保障的多元期待。利益相关者的参与是欧洲高等教育区质量保障最明显的特征。因此，不仅政府，其他利益相关者也应该了解质量保障机构国际维度的工作。在调查的高等教育质量保障机构中，大约三分之二的机构认为学术机构等利益相关者应该表达对国际化的期待。学术机构希望和质量保障机构一起参与国际项目，通过参与国际项目了解跨境高等教育质量保障的相关规定，评价学术机构的国际化程度。但是，学术机构在高等教育质量保障国际化对自身发展，比如资格认证等的影响上并没有达成共识。许多学术机构认为，国际评估期望较高，注重质量标准，国际评估认可度不断提高。关于是否应该在评估中采用国际质量标准，被调查的质量保障机构态度不统一，有的机构对此保持中立的态度，有的机构对此表现出积极的热情。①

（四）跨境高等教育质量保障评估的利益和风险

关于外国质量保障机构在本国辖区进行质量保障活动的利益和风险，受访者指出了外部机构在他国权力范围内实施评估在行为方式上的矛盾。本国质量保障机构相对于外国质量保障机构具有优势。"所有专业都依法接受本国质量保障机构的认证，是否选择国外质量保障机构是高等学校自己的事情"。如果市场竞争的逻辑与外部质量保障的规定性要求不相符，最终会导致在竞争中落后的风险。受访者也提到了潜在的风险，因为国家权威机构正寻找标准的方法和绩效以便进行比较："本国机构有重要的责任却不能很好地实现，因为有的高等院校选择了国外质量保障机构。"有的国家机构提出了批评意见："大多数机构提供了具体的质量标准"，"通常很贵，不清楚他们是否能促进改进，而且是利益导向的，他们不一定会起到积极的作用"。应该区分必要的自愿的质量保障过程。对那些进行自愿性评估的机构，肯定的评价更多。外国机构在其他国家的质量保障是外部质量保障的增值评价，而不是被强制的评价，没有直接的后果。在与外国机构进行项目合作的过程中参与者都会受益。如果外国机构提供的质量标准超越了本国标准的水平，本国的质量保障机构就不会反对外国质量保障机构在本国进行质量保障活动。质量保障机构参与国际评估活动最大的障碍就是缺乏经费资源。尽管政府都积极支持国际化，但是对国际化的财政预算却不足，而且质量保障机构也不希望增加下一年度国际预算的开支。同时，许多成员在境外参加了评估实践，但是他们的收入普遍比预期的低。此外，参与过国际质量保障培训的专家相对较少，也影响了质量保障国际化。质量保障机构的管辖范围也制约了其国际化发展。学术机构对国际质量保障服务有强烈的需求，这些要求还没有引起国家质量保障机构的重视。学术机构是促进质量保障机构国际化最积极的因素。就国外质量保障服务而言，许多机构对跨境认

---

① Grifoll, J., Hopbach, A., etc., A Quality procedures in the European Higher Education area and beyond-Internationalisation of Quality Assurance Agencies, Brussels, Belgium. 2015.

证持积极的态度。[①]

从欧洲高等教育质量保障协会成立到欧洲高等教育质量保障国际化调查项目报告发布的 15 年间，欧洲质量保障机构走过了欧洲标准共建共用，质量保障国际活动探索与实践，欧洲质量保障反思与重构，以及国际化调查与探索等四个阶段。2001 年建立的质量标准和指南，使欧洲各国质量保障机构对高等院校的评审有了共同的参照标准，也使欧洲高等院校发展有了共同的质量指南。2005 年建立的欧洲质量保障标准指南（ESG）为各国质量保障机构的规范发展，提供了参照标准，减少了欧洲各国质量保障组织国际合作的壁垒，为欧洲高等教育质量保障机构的国际流动奠定了基础。2007 年成立的欧洲质量保障注册中心（EQAR）使欧洲高等教育质量保障机构的国际认证和跨国实践成为可能，提高了欧洲质量保障机构的信度和国际影响力。2010 年建立的欧洲高等教育质量保障案例库，为欧洲高等教育质量保障机构提供了相互学习和参照的实践依据，促进欧洲质量保障机构之间的国际交流。2015 年发布的欧洲质量报告标准指南为欧洲质量保障机构提供了参考。

欧洲质量保障协会成立 16 年来运行的轨迹表明，国际化既是欧洲高等教育质量保障的初衷，也是其在发展过程中最明显的特征。尽管欧洲高等教育质量保障机构在国际化过程中存在着利益和风险，但是这些风险却限制不了欧洲高等教育质量保障机构国际化的脚步。

第七节　欧洲高等教育质量保障协会发展趋势

成立 16 年来，欧洲高等教育质量保障协会通过积极发展会员单位，制定质量保障标准，按照相关标准对质量保障机构进行规范性评估，组织大型质量保障项目调研，发布了近百份与高等教育质量保障密切相关的出版物。作为最成熟的地区性国际高等教育质量保障组织，ENQA 在促进欧洲高等教育质量保障规范化、专业化、国际化的

---

① Grifoll, J., Hopbach, A., etc., A Quality procedures in the European Higher Education area and beyond – Internationalisation of Quality Assurance Agencies, Brussels, Belgium. 2015.

过程中发挥了积极的作用，对全球高等教育质量保障的专业化、规范化、国际化发展也产生了深刻的影响。现根据 ENQA 的活动轨迹对其发展趋势总结如下。

一　欧洲质量保障机构专业化程度不断提高

欧洲高等教育区质量保障机构 16 年发展的主要特征是专业化程度不断提高。专业化主要体现在欧洲高等教育质量保障有专业的机构负责，有质量保障的学术共同体，有专业的学术期刊，最突出的是有根据质量保障实践需求，不断修改完善的质量保障标准。欧洲质量保障活动有可以参照的标准和指南，而且根据高等教育发展环境的变化，周期性地对指南进行修正和完善。比如，在 2005 年发布了《欧洲高等教育质量保障机构外部评估指南》，包括评估程序、评估专家构成、评估标准、评估报告的要求等，都提出了详细具体的要求，用于规范和指导成员机构对高等教育学术机构的评估活动。在实践中，随着高等教育发展环境的变化，质量保障机构在评估过程中遇到新的问题和挑战，ENQA 又在 2013 年组织专业研究人员，对质量保障标准进行再次修订，形成 2015 版《欧洲高等教育质量保障机构外部评估指南》，并对这两个相隔十年的规范进行了比较分析，形成分析报告，以便质量保障机构在评估实践中能更加清楚新旧标准的不同，更好地保证质量保障活动的规范性。同时，为了保证质量保障人员评估活动的规范性，对评估专家的能力结构、伦理准则都有明确的规定，2016 年发布的《质量保障专业人员核心能力框架》不但对欧洲质量保障人员具有规范和指导作用，对全球高等教育质量保障人员都有约束和指导作用。而且，欧洲高等教育质量保障指南不局限于书面的文件和理论学习的资料，而是真正用于指导实践，因为欧洲高等教育质量保障协会定期对质量保障标准的执行情况进行调研，并发布调研报告，分析质量保障机构没有执行标准的原因，根据教育环境的变化对质量保障标准做出调整；对新发布的标准与之前的标准从背景、目标、范围、原则等方面进行分析、比较、说明，以便机构能更好地执行新标准。与时俱进，传承创新的欧洲高等教育质量保障标准在欧洲高等教育质量保障机构的实践活动中发挥着有效的规范和指导作用。同时，欧洲质量保障专业化还体现在评估标准与高等教育质量的相关性不断增强、标准收集的方法不断接近质量目标。比如，欧洲评估标准从最初对教育投入的关注转向对教育过程和教育结果的关注，尤其是对学生学习绩效的关注。注重教师教学的效果和学生学习的产出，并致力于开展基于证据的评价。为了使评估能够相对客观准确，形成具有信息价值的评估报告，欧洲外部质量评估指南提出评估应该注重证据，基于以下原则进行：评估由独立的专家在收集充分证据的基础上实施基于证据的评估；正常情况下认为机构自身提供的证据是可靠的，除非有证据认为与事实相反；评估是对自评报告提供的材料进行证实的过程；并试图发现证明材料中没有列出的信息；与 ENQA 成员标准基本一致就可以了，不必追求完全相同。欧洲高等教育质量保障协会专业的实践和运行将对全球高等教育质量保障机构的专业化发展发挥良好的示范作用。

二   对质量保障机构的周期性审核成为管理的常态

随着公众对质量保障活动效力的关注，"证明质量保障机构的质量"成为质量保障机构日益关注的话题。质量保障机构的质量保障方法包括外部质量保障和内部质量保障。外部质量保障和内部质量保障都会在质量保障机构决策上发挥积极的作用。欧洲高等教育质量保障协会（EN-QA）在 2011 年形成《欧洲高等教育区质量保障机构的外部评估指南》，规定质量保障机构在进行外部评估的时候应该坚持的标准，指出评估的目的应该从基准评价到质量提高，评估应该由独立专家在收集充分证据的基础上实施。并规定，为了证明机构达到成员需要具备的标准，在评审中需要考虑到以下因素：评估过程的管理必须完全独立于评审机构；评估管理过程应该公开透明，接受 ENQA 的检查；评估报告应该详尽、公开，并证明质量保障过程的可靠性；报告必须提供足够能证明机构已经达到标准的信息。质量保障组织通过用一系列标准对质量保障机构进行外部评审获得或保持会员身份。欧洲质量保障机构是首家对其成员状态进行外部评审的机构，包括对高等教育保障的程序、合法状态、活动、资源、使命描述、独立性、标准和过程、问责等。强调外部评审必须客观并提供充分的证据证明符合欧洲外部质量保障的标准及欧洲质量保障组织的标准。① 内部质量保障是质量保障机构质量保障的主要组成部分。但是，欧洲质量保障机构通过对 34 个欧洲质量保障机构自评报告的分析发现，只有 65% 的质量保障机构达到规定的标准，说明质量保障机构的内部质量保障机制还有待完善。内部质量保障机构认识自身劣势和优势的方法还不完善。一些质量保障机构通过对被评机构的满意度调查，召开利益相关者讨论会等内部质量保障方法征求反馈意见，寻求提高的策略。② 一些质量保障机构通过组织元评估以发现评估过程中存在的问题。但是，这种快捷有效的方式很难保证他们提供的信息是否客观正确。③ 质量保障机构寻求有声望的组织对其进行认证是应答社会问责的重要措施。为了提高质量保障活动的信度，反思和改进质量保障实践中存在的问题，使质量保障活动在促进高等教育质量提升中发挥更大的作用，不同国家和地区的质量保障机构自愿加入国际或地区质量保障协作组织，并遵循质量保障质量框架的实践原则以向社会说明其质量标准，周期性地邀请国际质量保障组织对实践活动、质量报告、评审专家等进行审核和检查，最终以《质量保障机构的质量报告》的形式公开透明地向社会说明该机构在质量保障实践活动中的绩效，存在的问题，开诚布公地提出需要改进的地方。国际高等教育质量保障协会和欧洲高等教育区的标准和指南为质量保障机构的规范发展提供了参考依据，为质量保障机构自评和接受外部审核建立了标准。质量保障机构在自评和外部审核的基础上，应答社会问责，寻求规范发展。

三　欧洲质量保障机构国际化特征日益明显

欧洲高等教育质量保障协会近十年来，组织了关于欧洲高等教育质量保障国际化的四次调研，欧洲高等教育质量保障机构国际化调查结果表明，欧洲高等教育质量保障国际化正以多元的形式进行探索与实践。

---

① ENQA：http：//www. enqa. eu/indirme/papers-and-reports/occasional-papers/ENQA _ op18. pdf.

② Marcos，S. Learning from each other-using benchmarking to develop Internal quality assurance，Helsinki：ENQA，2012：13 - 16.

③ Szanto，T. Background and purposes of external reviews of quality assurance agencies：ENQA 2010.

主要包括，参考欧洲国际通用的质量标准，按照欧洲质量保障标准规范
质量保障机构的质量保障活动，在本国质量保障活动中邀请国际专家参
与，在共同参与中学习不同国家质量保障的优点，在质量保障实践中扬
长避短。此外，质量保障机构走出国门，跨国进行质量保障活动也是高
等教育质量保障机构未来的主要实践形式，相对于标准共建共享和组成
国际专家评审团，质量保障机构整体走出国门进行跨境高等教育质量保
障活动虽然是高等教育质量保障国际化最理想的实践形式，能激励高等
教育质量保障国际市场的发展，使各国质量保障机构在国际竞争中持续
加强质量保障能力建设，但是根据当前欧洲各国高等教育质量保障的国
际化程度，质量保障组织的跨国流动也存在着一系列壁垒和风险，比如，
质量保障机构的地方保护主义，对他国高等教育发展背景的熟悉程度等
都是质量保障机构跨国合作面临的风险，然而，利益相关者支持的方式
不尽相同。政府似乎更集中于支持"国内国际化"，鼓励机构采取国际标
准，参与国际质量保障组织。利益相关者似乎对国际合作和共享的标准
都比较满意。质量保障国际化最主要的活动是质量保障机构参与国际协
会和与国际同行的合作，包括邀请外国专家进入评审团。此外，还开展
了一系列的国际质量保障活动，包括专业质量保障、院校评审、质量审
核、高校的外部审核以及咨询等。这些都集中在专业和院校层面。质量
保障活动的多样化说明质量保障的国际化不是简单的，单一的概念。向
国外提供高等教育质量保障服务是高等教育质量保障国际化努力的方向，
目前质量保障的国际服务还没有普及。因此，质量保障专家标准的国际
通用和专家的国际流动，是当前质量保障国际合作最常见的表现形式，
而质量保障机构全面的跨国活动则是未来发展的方向。随着全球高等教
育国际化程度的不断提高和国际化形式的多样化，跨境高等教育质量保
障成为高等教育质量保障面临的最大挑战，高等教育质量保障的国际化
也成为必然的趋势。由于欧洲首先成立了地区性国际质量保障组织——
欧洲高等教育质量保障协会，为欧洲高等教育质量保障的国际合作提供
了组织保证，形成共享的价值观，建立统一的质量标准，组织促进质量
保障国际化的质量调查。质量保障机构进行了大量的国际活动：组织质
量保障的相关项目，提供院校评审、质量审核、高校内部质量保障和咨
询，参与国际质量保障协会，与国际同行合作，在评审团中请进外国专

家。欧洲质量保障机构进行的一系列活动都与国际化密切相关。虽然活动只局限在欧洲范围内，但是"欧洲维"的质量保障国际化同样为世界不同国家和地区质量保障国际化提供了参照。欧洲质量保障机构不断提高国际化程度，其多样的实践形式，共享的价值观将会对全球高等教育质量保障国际化提供现实的参考，产生深刻的影响。

在欧洲高等教育质量保障协会的推动下，欧洲共享的质量标准、质量保障标准指南、认证标准以及质量保障的最佳实践，使欧洲高等教育质量保障机构的统一性逐渐提高，形成合力的欧洲质量保障机构始终走在国际化的前沿，而且从各种项目计划的实施效果来看，欧洲质量保障国际化程度在探索与实践中将会不断提高。从欧洲高等教育质量保障国际化发展的进程及现状调查结果来看，尽管质量保障国际化在实践过程中面临许多困难与障碍，利益与风险并存，但欧洲高等教育质量保障国际化的前景却非常乐观，欧洲质量保障机构国际化程度将不断提高；欧洲质量保障机构国际化合作形式日益多元；欧洲质量保障国际化将会推动全球质量保障国际化。

欧洲高等教育质量保障协会带着重塑欧洲高等教育辉煌的梦想，以持续追求欧洲高等教育卓越为目标，在其专业化、规范化、国际化的发展进程中为全球高等教育质量保障机构的发展起到了良好的榜样示范效应；该组织在促进高等教育质量保障效力持续提升的进程中用其 16 年的努力成为全球最有影响的地区性国际高等教育质量保障组织。

第五章

亚太地区高等教育质量保障协会

亚太地区高等教育质量保障协会（Asia-Pacific Quality Network，APQN）是教育领域非政府、专业性、区域性国际组织。亚太地区高等教育质量保障协会成立于 2003 年，虽然成立时间相对较晚，但却是与中国联系最密切，对中国影响最大的高等教育质量保障组织。现从该机构的成立背景、组织架构、组织使命、组织活动、对中国的影响等方面进行介绍。

第一节　亚太地区高等教育质量保障协会的发展

在全球高等教育国际化进程中，各国对高等教育质量保障的重视程度越来越高。全球性高等教育质量保障组织和地区性高等教育质量保障组织相继成立，1991 年成立的国际高等教育质量保障协会，2001 年成立的欧洲高等教育质量保障协会等在促进全球和地区高等教育质量保障专业化和国际化方面发挥了积极的作用。亚太地区作为全球最大的区域，高等教育发展和质量保障能力却与世界发达国家和地区有一定的差距。在全球高等教育国际化和质量提升的进程中，在亚太地区建立质量保障组织，负责规范亚太地区质量保障活动，成为全球高等教育质量保障能力均衡发展的现实需求。亚太地区高等教育质量保障协会（APQN）在2003 年诞生，其成立背景及发展历程如下。

一　亚太地区高等教育质量保障协会成立的背景

（一）高等教育资源不能满足多样性需求

亚太地区人口占全球人口总数的 60%，但只拥有 28% 的财富，因而导致高等教育资源相对贫乏，其高等教育注册人数仅为世界高等教育注册人数的三分之一。亚太地区在社会制度、语言文化、民族习俗等方面存在多样性，这些多样性又充分反映到各国的高等教育体系上，形成高等教育体系的多样性。相对于其他地区，亚太地区高等教育合作，尤其是高等教育质量保障合作的困难较大。然而，大量成员国的教育基础设施不充分，学生受教育需求得不到满足，公共财政支持不仅没有增强，有的甚至还降低了。经济和社会变革对高等教育提出了多种挑战。亚太地区许多国家认识到教育体制需要进行改革，需要不断发掘新的高等教育资源，在充分发挥现有资源作用的基础上，使高等教育的规模不断扩张。因而，国家的政策框架，整体计划需要重新确定。高等学校的录取政策、课程内容、课程讲授、学生学习方法需要进行改进。欧美等国所接受的国际学生大多数来自亚太地区，这意味着亚太地区高等教育仍然面临进一步扩张的压力。

（二）亚太地区对高等教育质量保障需求强烈

20 世纪 90 年代以来全球和亚太地区高等教育蓬勃发展，大众化、多元化和国际化特征日益明显，教育质量及其保障方式、方法等越来越受到重视，新成立的专业性教育质量保障机构或相关的教育行政部门急需与同行进行经验交流，加强能力建设。在亚太地区高等教育扩张中，质量和质量保障已经成为各国政府关注的重要问题，许多国家提出要确保学生能够受到高质量的教育，以保证其学历、学位被广泛认可，不仅要被本国政府认可，而且还要被外国大学认可。亚太地区的许多成员国近年已经建立或增强了它们的高等教育质量保障的国家机制，并尝试制定新的高等教育质量指标。这样的背景和需要推动着亚太区域高等教育质量保障的国际合作。2003 年 1 月，带着"加强亚洲太平洋地区教育质量保障机构工作的交流与合作，共同提升该地区高等教育质量"的使命，亚太地区教育质量保障协会成立于中国香港，其愿景是"到 2010 年成为一个可持续发展的自我完善的组织，成为亚太地区在教育质量保障方面寻求咨询或支持的首选组织"。在全体 APQN 成员的努力下，这一使命与愿景不久就达到了，成为一个非政府、专业性、区域性的教育质量保障共同体，并"在改进区域内各国的质量保障机制、交流理论与经验、推动成员机构之间实质性合作等方面产生了巨大的影响"。经过 13 年的发

展，APQN 已经成为亚洲和太平洋沿岸地区高等教育质量保障领域最庞
大、最具影响力的国际组织，正显示出巨大的生命力和多样性。APQN 吸
引着越来越多的国家或地区参与教育质量保障的活动。目前，已经有来
自 38 个国家的 166 个成员单位，成为亚太地区高等教育质量保障最有影
响的非营利性组织。在全体会员的努力下，APQN 已经完成 30 多个大项
目。在 APQN 的发展过程中，世界银行和联合国教科文组织等为其发展
提供了发展资助经费（DGF）和全球教育质量保障能力行动计划项目
（GIQAC）支持。2009 年 3 月以来，APQN 秘书处由上海市教育评估院接
手。亚太地区质量注册中心（APQR）从 2013 年开始筹建，2015 年 1 月
在中国澳门成立。APQR 第一次理事会 2015 年 4 月在中国昆明召开。联
合国教科文组织和其他地区性组织代表的参与增加了 APQR 的公信力。
亚太质量信息门户（APQIP）是 APQN 的另一个智囊机构，2015 年在昆
明会议上宣布成立。① APQN 正以专业化的质量保障服务，规范着亚太地
区高等质量保障机构的发展和高等教育质量的提升。

第二节　亚太地区高等教育质量保障协会的概况

一　目标及使命

亚太地区高等教育质量保障协会（APQN）的目标是，促进亚太地区
高等教育质量保持和提升中最好的实践；为亚太地区质量保障机构提供
规范指南和指导性建议；促进质量保障机构之间的密切联系，促进不同
质量保障机构之间的沟通和协调；帮助成员确定教育机构跨国提供教育
或进行质量保障的实践参照标准；促进亚太地区学历证书相互认可；促
进学生在地区内教育机构和成员国之间的流动，提高地区国际化程度。

APQN 的使命是通过加强亚太地区质量保障机构的能力建设，推动相
互合作，提高本地区高等教育质量。围绕加强能力建设的使命，APQN 积
极开展了信息传播、人员培训、课题研究、咨询服务、规范引领等方面
的活动。

---

①　APQN, "APQN Mission statement". 2016. 5. 30（http：//www.apqn.org/）.

二　亚太地区高等教育质量保障协会章程

APQN 虽然已经成立了 13 年，但是 2014 年才在越南举行的年度总会上经过反复讨论通过了章程，主要包括原则、方法、经费管理、会员管理等 9 个方面，通过章程中的细则，指导该机构实现其使命，规范其行为准则。章程具体细则见表 5 – 1。

表 5 – 1　　亚太地区高等教育质量保障协会 2014 年制定的章程

项目	细则
名称	1. 机构命名为亚太地区高等教育质量保障协会（APQN）。 2. APQN 作为地区性质量保障机构与国际高等教育质量保障协会联系合作。 3. APQN 是非营利性组织
目的	4. 促进和保持亚太地区高等教育质量的持续提高。 　• 促进亚太地区高等教育质量管理研究在实践中的应用及其在提高本地区高等教育质量中的有效性； 　• 为本地区新成立的质量保障机构提供建议和帮助； 　• 促进质量保障机构之间的交流，以及对彼此决策和判断的理解接受； 　• 为成员机构进行跨境高等教育质量保障提供支持和标准； 　• 促进对信息更为详细的国际认可标准的理解和认可； 　• 促进学生跨国流动学分互认的发展； 　• 使成员机构免受可疑认证活动机构的干扰； 　• 促进本地区与其他国际机构的联系
方法	5. 通过发布纸质版或电子版的简报、文件、期刊和书籍，分享信息。 　• 通过讨论会、工作坊、会议或职员活动进行培训和发展； 　• 为数据库和 INQAAHE 以及其他机构资源提供参考； 　• 其他董事会决定的合适的方法
经费	6. 每年的经费从 1 月 1 日到 12 月 31 日。 7. 经费使用情况会在年度报告中审核和公布。 8. 经费来源于基金、会费、捐赠或其他收入。协会也许会寻求捐赠，也有可能获得董事会的支持。 9. 有可能从提供的产品或服务中收取费用。 10. 会费由董事会决定。 11. 经费的使用只服务于其目标的实现，不能移作他用

项目	细则
会员	12. 全会员是负责对高等教育机构或专业进行学术质量保障的机构，或者是对外部质量保障机构进行质量保障的机构。根据董事会判断，能够达到全会员单位的标准和要求。 • 中级会员或者对学术机构的质量负责，或者对质量保障机构负责，但是不能完全满足 APQN 规定的标准和要求； • 副会员必须证明对质量保障有兴趣并能积极参与，但是没有保障学术机构、教育专业和外部质量保障机构的义务； • 院校会员是本地区的高等教育机构，与本地区质量保障机构建立了良好的关系。 13. APQN 也有亚太地区以外的观察员组织，包括外部质量保障机构；对评估有兴趣的学术机构；其他与该机构保持密切联系的组织。 14. 在亚太地区达到会员标准的单位在通过网上申请，提交会费后可以成为会员。 15. 申请程序如下：秘书处根据申请材料及其标准，建议会员类型；秘书处建议呈交董事会审核。 16. 只有全会员和中级会员可以参与机构治理和行政管理。 17. 副会员和院校会员能参与年度总会或其他总会，但是没有选举权。 18. 所有会员具有以下权利：参与组织活动；合作实现组织目标；根据章程规定行使权利。 19. 所有会员义务：遵守章程；遵守组织决策；根据章程规定提交年费。 20. 会员必须遵守相关规定。 21. 在下列情况撤销会员资格：会员向秘书处提出申请；根据章程规定不能满足要求；不能履行章程规定的义务；未经授权代表组织行为。 22. 所有会员会在网站公布。 23. 所有会员都可以阅读相关文件。 24. 任何会员都必须遵守组织章程，不得违反组织规定
治理机构	25. 治理机构由总理事会和董事组成。 26. 总理事会由全会员、中级会员、副会员和院校会员组成。每种会员由一个被提名的人代表。 27. 总理事会每年开一次会，至少提前 21 天邮件通知。 28. 所有通知都会通过邮件和网站发布。 29. 全会员和副会员必须参加相关会议

项目	细则
治理机构	30. 全会员和副会员有选举的权利。 31. 通过电子投票选举董事会成员。 32. 总理事会的责任：选举会长、副会长、秘书和经费负责人以及董事会其他成员；负责完成董事会报告；收集会员年费；完成年度经费使用说明报告；对组织的正常运行进行决策；根据董事会建议排除不遵守规定的成员。 33. 理事会会长召集会员大会。 34. 重要决策经过会员投票进行。 35. 章程修订需要四分之三的会员投票通过
董事会	36. 董事会由会长、前任会长、副会长、秘书长和财务主管，另外，四个选出的会员代表及其他董事会指派的会员组成。 37. 每个董事会成员都是全会员或中级会员。 38. 没有两个董事会成员来自同一个机构。 39. 董事会由总理事会三年选举一次。 40. 董事会角色：积极促进组织功能的实施；执行总理事会的决策。 41. 成立委员会促进组织目标的实现。 42. 董事会召集项目的负责人，如果不是董事会成员，可以委任为董事会成员。 43. 董事会设立秘书处，秘书处必须是全会员或中级会员。 44. 董事会每年至少开一次会。 45. 会长的责任：积极参与相关论坛；主持总理事会；代表组织与其他机构联系。 46. 副会长的职责是：由会长任命履行职责；监督项目进展；主管经费开支。 47. 秘书处的责任：负责出版物和网站；准备年度报告；保持相关记录；安排并做好董事会记录；收集年费；按照需要支付相关费用；准备年会开支情况说明并在年会上汇报；执行董事会决定。 48. 所有账单或草案必须由两个董事会成员授权。 49. 董事会成员负责监管所有相关文件。在董事会成员离职时，所有文件必须提交董事会成员。 50. 当董事会成员出现缺席时，应该向外界公布。 51. 董事会应该及时组织招募填补空缺
解散	52. APQN 在年度总会上可以被四分之三的会员解散。 53. 任何 APQN 的资产在解散的时候都应移交交给 INQAAHE

续表

项目	细则
争议 解决	54. 对本章程的任何争议可以在理事会上讨论解决。 55. APQN 及其成员之间的申诉问题，或会员之间的争议等，都应以书面形式提交秘书处，呈董事会讨论，从提出申诉到所有机构参与不能超过 14 天。 　• 不能成功处理的申诉可以申请独立的仲裁机构进行调解，在 14 天内进行； 　• 所有机构应该努力通过调解解决问题； 　• 处理申诉必须采取公平的原则

资料来源：APQN，"Constitution version no. 8.0"，2014.3，http：//www. apqn. org/virtual_ library/constitution Constitution：2014.3 version No. 8.0.

三　组织结构及会员

APQN 是亚太地区高等教育质量保障最有影响的非营利性国际组织。依据章程，APQN 组织结构主要包括会员大会、理事会及其下设的专业委会或项目组及秘书处等。其中会员大会为 APQN 的最高权力机关，理事会为 APQN 的决策机构，专业委会或项目组是具体事项管理或执行机构。秘书处是 APQN 的日常行政和财务管理中心，具体工作包括理事会服务、会员服务、会议组织、项目管理、财务管理、信息咨询与发布、网络开发与维护、外部联系等。

目前已经有 166 个机构成为 APQN 会员，他们分别来自中国、菲律宾、印度、泰国、马来西亚、澳大利亚、新西兰、日本等近 40 个国家或地区的高等教育质量保障机构或高等院校，其中不丹、文莱、印度尼西亚等 11 个国家或地区分别有 1 个机构或院校会员，其他 138 个会员来自 22 个国家或地区。巴基斯坦占比最高，达到了 34%，其次是印度，占 9%，第三位是越南与中国，分别占 5%。虽然巴基斯坦与印度占总数的 43%，但这两个国家 95% 的会员都是院校会员，而"副会员和院校会员有权参加年会和其他的总理事会会议，但无权投票"。[①] 成为 APQN 的会员，必须达到规定的标准：全会员必须提供能达到标准的证明；中级会员必须提供证据证明满足标准 1 和 2 的规定；副会员必须证明对质量保障

---

① Asia-Pacific Quality Network. APQN Constitution. March 2014 (version no. 8.0)：1；article 12.1；article 17.

有积极性和兴趣；院校会员提供证明表示对质量保障有浓厚的兴趣。会员单位申报标准见表 5－2。

表 5－2　　　　亚太地区高等教育质量保障协会会员单位申报标准①

标准	措施	文件
1. 机构运行状况	负责对高等教育机构进行院校评估，或专业评估，或对高等教育质量保障机构进行评审	法规、成立的文件、工作计划、年度报告
2. 使命描述和目标	形成与质量保障机构性质相符的使命描述和具体目标	战略规划
3. 机构职员数量、简况、角色	人员概况与使命描述一致	年度报告
4. 评估专家概况	评估专家概况与使命描述一致	年度报告、评估手册
5. 独立性	质量保障机构提供的报告中的判断和建议不能被第三方机构改变	法规、评估手册
6. 资源	机构有足够的资源按照使命和目标运行	工作记录、工作计划
7. 外部质量保障标准和过程	过程描述和采用的标准应该透明公开，通常包括：自评、实地观察、公开报告和后续措施	评估手册网站；出版物列表
8. 质量保障	机构有合适的质量保障措施并形成质量保障文化	

第三节　亚太地区高等教育质量保障协会实践活动

APQN 主要通过分享关于质量保障的相关信息、组织质量保障机构学术会议、制定相关规定和指南等实现组织目标和使命。

一　建立网站和论坛，分享质量保障相关信息

APQN 建立了网站，致力于把网站打造成亚太地区高等教育质量保障方面的信息中心，同时成为 APQN 开展各项活动的基本平台。目前 APQN 网站已经开辟了开放性公共服务区、会员专属服务区和理事会专属服务

---

① http：//www. apqn. org/membership/criteria/2016. 9. 20.

区。在不同的服务区，负载的信息和功能有所区别。同时，APQN 借助网络平台积极开展有专家辅导的网上论坛。论坛主题涉及高等教育内部与外部质量保障、质量保障的实践范例、评估报告撰写、评估结果与问责等方面。网络论坛成本比较低，时间更加灵活，因此参与人数更多，影响面也更大。APQN 网站及时发布关于高等教育质量保障组织的信息动态，交流分享关于质量保障的热点问题，成为亚太地区高等教育质量保障信息的主要发源地和载体。①

二　根据实践需求，组织质量保障相关学术会议

自 2005 年起，APQN 每年都定期举办年度学术会议暨会员大会，这些会议围绕高等教育质量发展的现实需求，在亚太地区不同国家和地区举行，已经成为亚太地区高等教育质量保障方面的盛会。会议主题紧扣亚太地区教育质量保障方面共同关心的热点和难点问题，注重总结、反思亚太地区高等教育质量保障的经验，推动成员机构之间分享经验。十年来年会召开的情况如下。

（一）会议地点分别在亚太地区的不同城市

2005 年 3 月 31 日，首次 APQN 会议在中国香港举行，随后在中国上海、马来西亚吉隆坡、日本千叶、越南河内、泰国曼谷、印度班加罗尔、柬埔寨吴哥、中国台北、中国昆明、印度新德里等城市举行了 APQN 国际学术研讨会，在促进亚太地区高等教育质量保障机构的交流与合作、改革亚太地区高等教育质量保障机构治理以及提升亚太地区高等教育质量等方面取得了可喜的成绩。

（二）会议形式及流程

自 2006 年起，APQN 年会以全体会议、分论坛、专题研讨、工作坊、圆桌会、代表大会等多种形式展开。APQN 的代表大会（AGM）通常与国际学术研讨会同期召开。基本流程是：第一天报到并召开董事会议；第二天上午以全体会议形式拉开学术研讨会序幕，随后学术分论坛、专题研讨、工作坊、圆桌会等多种类型会议交替穿插进行；最后一天以代表大会收尾结束。有时会安排考察学习环节，比如 2006 年中国上海会议、

---

① APQN, APQN Mission Statement, (http://www.apqn.org/about/mission/. 2015. 12. 28).

2008 年泰国曼谷会议等。从 2013 年起，增加了颁奖典礼，分别从"质量保障创新""利益相关者参与""质量保障信息和通信技术""质量保障学生参与""质量信息系统"等五个方面进行评选并颁奖。会议的形式日益多样化，使得与会代表能够更加充分地参与到会议中来。

（三）会议主题始终围绕"质量保障"

研讨会的主题是 APQN 国际学术研讨会最重要的部分，决定着国际研讨会的主旨内容与方向。APQN 理事会及举办方每年都围绕亚太地区高等教育质量保障这一中心，结合当下时代背景、教育变革、实践经验等多方面的因素，反复讨论，挑选适当的议题作为大会的主题。与会代表与参会学者围绕主题发言讨论，表达交流各自对亚太地区高等教育质量保障议题的观点，或分享成功案例经验，以促进成员间的相互学习，推进亚太地区高等教育质量保障的发展。会议最突出的共性是"质量保障"，这也是其核心内容。因此，每一年的第一个关键词均为"质量保障"，其中 2012 年、2013 年特别强调"外部质量保障"，这与 APQN 组织的使命及功能密切相关。第二个关键词是"国际区域性"，其中 6 年都突出了"亚太地区""国际""区域流动""发展中国家"，这与 APQN"打破质量保障的国际壁垒"的使命契合。第三个关键词是"高等教育"，这是质量保障服务的对象。第四个关键词是"历史性"，2012 年、2013 年恰逢 APQN 的 10 周年庆典，连续两年的主题均聚焦于回溯其成长历程。第五个关键词是"发展性"，其中 3 年都聚焦于"新挑战""质量期望""展望未来"，2016 年跨境高等教育质量保障成为重点，因此 2016 年在印度召开的全球峰会以"高等教育质量全球峰会：共享价值建立跨国界相互信任"为主题。这一主题旨在讨论跨境教育相互认证的决策问题、国家资格框架、地区联盟和内部资格框架的操作性，希望政府组织和质量保障网络能积极参与跨境高等教育质量保障，建立跨境高等教育质量保障的国际信任，促进国际学生流动，等等。这也正是 APQN 引领亚太地区质量保障发展的趋势和方向。①

---

① 张建新、曹潇吟、张馨娜：《APQN 在亚太地区教育质量保障进程中的特点及影响》，《上海教育评估研究》2015 年第 4 期，第 35—39 页。

三 组织培训和实习，促进质量保障专家能力提升

为了促进亚太地区高等教育质量保障组织质量保障专家能力的持续提升，APQN定期组织质量保障培训工作坊，开发、出版相关培训教材，组织质量保障的新手跨国参与质量保障机构的实习和实践。

（一）提供质量保障专家培训项目及教材

2005年至2015年，APQN在澳大利亚、菲律宾、蒙古、越南、中国香港、柬埔寨、孟加拉、印度、巴基斯坦、老挝、斐济等国家或地区举办了50多次培训工作坊，主题涉及内部与外部质量保障过程、质量认证与审核、学生参与质量保障、教育质量保障信息系统、开放与远程教育质量保障、跨境教育、资历框架、教育质量保障范例以及质量保障机构的质量管理等。2015年7月29—31日在巴基斯坦首都伊斯兰堡组织了为期三天的培训工作坊，负责人是张建新。她是具有丰富国际专业评估和质量保障经验的专家，是APQN的董事会成员、国际质量组的咨询者（CIQG）、云南大学教育研究院的主任。30人参与了培训。这是APQN组织的第三次培训，前两次共有60人参与了专业评估培训。第三次培训主要集中在以下方面：专业外语评估和认证的主要特征；参与式SWOT分析的主要特征；专业认证的最佳实践。主要目的是：提高评估专家在进行外部评估认证时的能力；了解参与式SWOT分析的主要特征和外部评估实践。同时，APQN还注重培训材料开发与出版专家培训教材，为专家培养提供学术支撑。2008年以来，APQN持续进行了教育评估专家培训材料开发项目。目前这些培训材料已经以电子书的形式放在APQN网站，供成员机构学习和使用。

（二）组织质量保障实习项目

APQN还不断地组织实习生项目，该项目安排新成立教育质量保障机构的人员到比较成熟的机构进行为期10天左右的实地观摩学习，接受面对面辅导、参加现场评估等。实习生主要来自柬埔寨、老挝、尼泊尔、东帝汶、中国、越南、孟加拉、巴基斯坦等16个国家和地区的教育质量保障机构或教育行政部门，接收单位主要为中国、澳大利亚、日本等相对比较成熟的教育质量保障机构。通过实地观察和参与学习，实习生亲历不同国家和地区质量保障的实践环节，促进了国家之间质量保障的交

流和学习，有效推动了亚太地区高等教育质量保障组织的均衡发展。

四　提供咨询服务

APQN 与国际高等教育质量保障协会（INQAAHE）和海湾阿拉伯国家高等教育质量保障协会（ANQAHE）一起建立了全球性的教育质量保障咨询专家库。该库的资料信息放在 APQN 网站上。2015 年又与国际质量保障协会建立合作关系，以提高咨询数据库的水平。鼓励两个质量保障机构为专家库的建立提名三种不同的专家，共有 87 位专家被提名。至2015 年底，专家数量已经达到 188 位，涉及 46 个国家和地区。这些专家可以在机构结构、评估过程、评估者培训、学术机构联络等方面发挥作用。

五　课题研究

APQN 于 2005 年至 2008 年组织开展了资历框架研究、远程与电子学习的质量保障研究、质量指标研究、跨境教育监管调研等课题研究。这些课题研究丰富了教育质量保障领域的知识，推动了亚太地区高等教育质量保障机构以及高校的能力建设。评估结果相互认可一直是 APQN 关注和研究的问题。自 2010 年起，澳大利亚大学，马来西亚、印度和新西兰的教育质量保障机构作为试点单位参加了该项研究。总而言之，试点单位成员对于 APQN 的质量保障过程比较有信心。

六　参与国际项目——质量保障能力全球提升计划

质量保障能力全球提升计划（Global Initiative on Quality Assurance Capacity，GIQAC）的资金是世界银行通过联合国教科文组织提供的。其目标是支持地区性或全球促进质量保障理论和实践在从业者之间分享的创新性计划（高等学校、质量保障机构、政府机构），致力于质量保障。APQN 自 2008 年起参与 GIQAC 计划，成为受益者之一。APQN 从 2008 年5 月至 2009 年 4 月完成了 GIQAC 项目计划的如下内容：第一，建立了APQN 网站：增加、维护和发展数据；第二，实习和跨地区人员交流项目；第三，培训材料和资源包；第四，中文翻译项目。2009 年 12 月至2010 年 10 月完成了下列计划：第一，网站建设：扩大、发展和维护数据。与联合国教育规划所合作组织论坛，建立咨询数据库，建设网站。第二，组织实习项目。第三，为外部评估者建立工作坊。第四，建立外部质量保障与内部质量保障的联动机制。第五，积极与 APQN 成员和地区网络组织联系。

APQN 质量标签和质量证书项目是另外两个正在进行中的项目，APQN 所做的工作已经得到全球认可，并与 INQAAHE 建立了密切的关系，在建立全球性评估咨询数据库方面进行了合作。与教育证书评估（ECA）和 ENQA 也建立了合作关系。

七 对教育质量保障机构的外部评审

在范例引领方面，APQN 还积极试点开展了对于质量保障机构的外部评审。2012 年 6 月，斯里兰卡质量保障与认证理事会（QAAC）参加并通过了 APQN 的试点单位。评审标准综合考虑了 APQN 的会员标准、"千叶原则"以及国际高等教育质量保障组织《关于质量保障实践范例指南》。

八 设置亚太地区质量保障奖

2013 年 3 月，APQN 首次组织了会员单位有关教育质量保障奖的评选工作。此次设置了九类奖项，包括教育质量信息系统奖、质量保障创新奖、内部质量保障范例奖等。评奖活动得到了会员单位的热烈响应，对推广教育质量保障范例起到了积极作用。

九 建立质量信息网站

APQN 质量信息网站（APQN Quality Information Portal, AQIP）是对亚太地区国家教育系统质量信息需求的积极反应。AQIP 是一个工具，旨在使 APQN 会员和更多利益相关者受益，包括学生、雇主、公共组织和研究者。AQIP 的目的是：提供获得高等教育系统质量可靠的、可及时更新的信息通道，包括亚太地区质量保障系统；亚太地区质量保障机构之间的合作；质量保障专家数据库和信息获取通道。通过实现这些目标，信息数据库将会促进亚太地区好的实践和全球范围内的同行学习。作为潜在的目标，信息数据库将会通过提供可靠的信息和质量保障过程标准增进亚太地区的信任。该项目的网站由在斯里兰卡的大学负责管理和维护。截至 2015 年底，已经有 12113 人访问过该网站。[1] 主要包括地区层面、国家层面、国际层面的有用链接。在国际层面，包括澳大利亚、中国、印度、日本等 31 个国家的高等教育系统。上述国家的学术机构概况和国家的其他信息都在建设之中。该信息系统还包括高等教育系统、专业认证机构、经过认证的高等教育机构和学位、质量保障机构、国家资格框架、学生信息和各国的联系方式，学生有意在上述国家学习的可以获得签证、生活成本和语言要求的详细信息。

十　亚太地区质量标签项目

国际学生数量在持续增长。在亚太地区，许多高等教育学术机构都在为国际学生提供课程。这一现象推动了高等教育国际认证的发展。APQN 在安哥娜思·柏特尔（Agannath Patil）博士和张建新教授的推动下，发起了质量标签项目（Quality Label），主要目的如下：建立发布合法的教育机构和专业获得质量标签的信息系统；有意向的学术机构和专业根据标准进行验证并获得证书；为有意向的机构建立标准指南以获得 APQN 的质量标签；建立周期性评估制度，确保已获得 APQN 质量标签的机构维持和确保质量；加强质量保障机构和学术机构的能力建设，通过质量保障认证系统和证书改进标准。2015 年形成了 APQN 质量标签的草案。APQN 已经为全球化建立了基本的国际标准，确保课程、学分互换、雇佣、留学生基础设施的全球认证。质量标签将在学术机构和项目层次展开。初评经过反复修改之后确定在 2016 年进行，标准和程序将会不断改进。

十一　创办专业学术期刊

《高等教育评估和发展》（Higher Education Evaluation and Development，HEED）是台湾高等教育评估和认证委员会（Higher Education Evaluation and Accreditation Council of Taiwan，HEEACT）资助的期刊，2014 年由 APQN 负责出版，是一个旨在鼓励高等教育评估发展研究，提高评估研究水平，在全球范围内分享评估和高等教育绩效的学术期刊。

---

[1]　APQN，"qualityinformationportal"．2016. 9. 10（http：//www. qualityinformationportal. org）．

到 2015 年已发表 80 篇英语学术论文，下载 1220 次。2015 年发表了 8 篇英文文章，4 篇中文文章。2016 年期刊重点关注三个方面的内容：高等教育质量保障和评估、高等教育研究发展和实践，以及高等教育发展的其他主题。每篇文章都是由质量保障和高等教育领域不同的学者完成。

十二　职员互换项目

为了提高亚太地区高等教育质量，加强高等教育质量保障机构之间的合作，APQN 发起了互换项目。主要目的在于促进质量保障系统能力建设，满足多元化的需求。项目交流将在成熟的会员机构之间选择职员与新成立的机构职员进行交换，通过质量保障实践活动的互换参与，学习一手经验。[①]

第四节　亚太地区高等教育质量保障协会发布指南

为了规范亚太地区高等教育质量保障协会的活动，APQN 通过发布指南和指导框架实现其规范引领亚太地区高等教育保障的功能。亚太地区主要有两个文本，即《亚太地区高等教育质量保障协会会员资格》和《亚洲与太平洋地区高等教育质量保障的原则框架》，后者又称 "千叶原则"。

一　跨境高等教育质量监管的实用手册

推广有关保障和提高教育质量的范例是 APQN 的重要目标。APQN 与联合国教科文组织（UNESCO）曼谷办公室合作开展跨境高等教育质量保障监管方面的研究，推出了《跨境教育质量监管的实用手册》。该手册是对联合国教科文组织和经济合作与发展组织（OECD）合作推出的《提供优质跨境教育指导方针》的补充，为政府决策者构建和实施跨境教育监管体系提供了较为具体的参考建议。

---

① APQN, "APQN Annual Report 2015. Issue11" (http://www.apqn.org/files/virtual library/other_ reports/apqn_ annual_ report_ 2015).

二　《亚洲与太平洋地区高等教育质量保障的原则框架》

（一）《亚洲与太平洋地区高等教育质量保障的原则框架》概况

2008 年 2 月在日本千叶市，APQN 年度学术会议讨论形成了《亚洲与太平洋地区高等教育质量保障的原则框架》（简称"千叶原则"）。"千叶原则"的一个核心理念是质量保障的首要责任者在于每一所高校自身。该原则涉及高校内部质量保障机构、外部质量保障机构以及质量保障活动三个方面的原则和建议。其中质量保障活动的原则既适用于内部质量保障，也适用于外部质量保障。① "千叶原则"为亚太地区高等教育质量管理提供了各国共同认可的相对统一的质量管理标准与原则。制定"千叶原则"的目的在于既为高等教育机构，又为质量保障机构提供导向。为国家质量保障、资格认证机构、课程和教育项目，以及为教育机构、课程和质量保障机构的相关框架提供补充。"千叶原则"的前提是高等教育机构自治，"千叶原则"同样适用于整个高等教育部门。其内容范围广阔，包括了质量保障的各个维度，既包括学术机构层面的评估，又包括专业层面的评估。"千叶原则"为高等教育机构的运行和产出的质量保障提供了一个指导性原则。这个原则对于亚太地区不同国家的高等教育系统可能适用，但对于某些教育机构可能就不适用，还需要调整和改进。因此，"千叶原则"应该被看作一个进一步提高教育质量的，推进国际性高等教育质量保障良好实践的，亚太各国融合的参照和指南。"千叶原则"与其他的地区性原则、标准和指导方针一样，是以各国高等教育及其质量保障实践自治为前提的。

（二）"千叶原则"的主要内容

"千叶原则"共包含三个部分，并分别制定出标准。

（1）高等教育机构内部质量保障的主要原则：创建、界定、支持和宣传质量保障文化；将质量保障与大学独立办学的目标和使命密切结合；建立内部质量保障的管理系统、制定质量保障的政策和工作程序；周期

---

① Australia International Education, "Higher Education Quality Assurance Principles for the Asia Pacific Region". 2015. 11. 20（https：//www. aei. gov. au/About-AEI/Policy/Pages/Brisbane-Communiqu% C3% A9. Aspx）.

性地检查和评价专业；制定和执行不断改进质量的战略；保持教职员工的质量；公开教育机构的教育项目、奖励和工作成绩。

（2）质量保障机构进行外部质量保障的原则：质量保障机构独立自主地运作，其关于教育质量的判断不应该受到任何第三方的影响；清楚地定义质量保障机构的任务和目标；可获得充足的人力与财力资源；将其评价政策、程序和评价与评估报告完整、清楚地向社会公开；有正式文件清楚地说明评价标准、程序、评判准则和申诉过程；定期评价教育机构的相关活动，及其影响和价值；与其他国家的质量保障机构和重要的质量保障活动者合作；开展教育评价研究，并提供信息和建议。

（3）教育质量评估的主要原则：以周期性活动为基础，在学校和专业层面开展质量保障活动；评估标准与准则的制定必须有所有利益相关者共同参与；标准和准则是公开的，并具有长期适应性；应有正式的评估程序，以避免评估者被卷入利益冲突；评估通常应包括教育机构的自我评估，由一组专家评估及巡视的外部评估，公布评价报告，对教育机构根据专家建议意见整改情况复查的后续程序，应建立申诉机制，给质量保障机构和学术机构申诉的机会。①

这些原则关注六个焦点问题：第一，致力于建立质量保障问题和实践的地区联盟；第二，提供共享的质量保障参考点和基准；第三，促进亚太地区学生和教师的流动；第四，促进亚太地区高等教育系统的相互信任和理解；第五，提高高等教育机构及其实践的透明度和责任感；第六，在亚太地区发展高等教育质量保障的国际联盟。

三 "千叶原则"的主要目的

"千叶原则"的主要目的在于维护和促进亚太地区高等教育质量的公众信誉，帮助高等教育机构提高教育质量；为学生和其他跨区域接收高等教育者提供教育项目的质量信息；确保具有清晰的和透明的质量保障过程和结果；促进质量改进文化的形成；提供一种可计量的测度，包括对于公共投入和私人基金的可计量测度；汇集关于高等教育机构，及其

---

① APQN, Higher Education Quality Assurance Principles for the Asia Pacific Region. Japan: Chiba, 2008 – 03 – 15 (http://www.apqn.org).

教育项目和奖学金信息，为国内、国际潜在的学生、雇主、父母、政府、高等教育机构和专业实体提供质量保障过程的可靠的公共信息；通告和促进质量保障机构的工作；支持提升质量保障机构能力，加强与其他跨国界重要质量保障参与者的合作，制定"千叶原则"的动机是增强亚太区域质量保障的协作与合作。

四　"千叶原则"的意义及启示

"千叶原则"的制定符合国际高等教育质量保障组织发展的趋势，以教育机构自治，政府、大学、质量保障机构彼此独立为前提。这一地区性高等教育质量管理标准与原则同样适用于我国，这不仅因为我国是亚太区域高等教育质量保障协会（APQN）的成员，在"千叶原则"的拟订中有我国的代表参加，反映了我国的意见，还因为相对统一的高等教育质量标准为实行《亚太区域高等教育学历、文凭与学位认证公约》提供了基础，有利于我国学生和教师的国际交流，以及我国劳动力市场与亚太地区劳动力市场的整合，在促进我国经济与亚太区域经济与世界经济的进一步融合方面，对于我国经济的发展具有深远意义。"千叶原则"结构清晰，明确规定了大学等教育机构和外部质量保障机构在质量评估中需要注意的各个方面，为我国高等教育质量保障中评估程序与方法的采用、评估标准与准则的制定与应用、利益相关者关系的处理等提供了原则性指导。无论对于教育主管部门的质量管理，还是对于高等院校的自我评估都具有参考和指导意义。

第五节　亚太地区高等教育质量保障协会与中国的关系

尽管亚太地区高等教育质量保障协会（APQN）不是全球影响力最大的国际质量保障组织，但却是与中国关系最密切的国际质量保障组织。主要原因集中表现在两个方面：第一，APQN 提升了中国质量保障的专业能力，对中国质量保障的专业化发展产生了深刻的影响力；第二，中国的教育质量保障机构为 APQN 的创建和发展也做出了突出贡献，在参与中提升了国际影响力。

一　对中国高等教育质量保障能力的提升产生了积极的影响

APQN 资助中国代表参加会议或培训，在中国开展了一系列重要活动，带来了先进的教育质量保障理念，培训了一批教育质量保障人员，推动了中国教育质量保障机构和高校质量保障能力的建设，扩大了中国教育质量保障的国际影响力。亚太地区高等教育质量保障协会（APQN）虽然是非政府的地区性、专业性国际组织，但在中国产生了重要影响，并且也是中国第一个注册的主体在境外的教育类国际组织。通过参与和承办 APQN 活动，中国教育质量保障机构加强了能力建设，并很快融入国际社会。

二　中国教育质量保障机构为 APQN 发展做出突出贡献

来自中国的代表积极参加或承办了 APQN 的重要活动，担任了 APQN 理事会的主席、副主席和秘书长/财务总监等重要职务。2009 年 3 月以来，上海市教育评估院承担了 APQN 的秘书处工作，负责 APQN 的日常工作。2015 年 4 月中国云南大学还承办了 APQN 的大会。尽管加入 APQN 的时间有先后，但来自中国的会员都积极参加 APQN 的年度学术会议和会员大会、培训工作坊和人员实习交流项目及网上论坛。借助 APQN 的平台，来自中国的会员与国际上其他会员建立了合作关系。中国的会员积极承办了 APQN 的重要活动。为了借助 APQN 的平台加强能力建设，同时为 APQN 做出更大贡献，2009 年 3 月以来，上海市教育评估院先后三次成功竞标 APQN 秘书处工作，并于 2011 年 6 月把 APQN 秘书处正式注册成为"亚太地区高等教育质量保障组织（APQN）上海总部"。这标志着第一家会员主体在境外的教育类国际组织正式落户上海。上海市教育评估院承担的 APQN 秘书处坚持"两个服务，两个满意"的工作理念，一方面对外服务，做好发布信息、组织协调和规范制定工作，围绕 APQN 加强教育质量保障能力建设的核心理念，积极服务亚太地区教育、经济、文化发展；另一方面对内服务，做好信息汇报、机会争取和诉求表达。在秘书处的积极努力下，2009—2013 年 APQN 新增会员达到 78 家；2011 年会员费收入首次高于秘书处运行经费，这标志着 APQN 已经实现了可持续发展。APQN 秘书处也为我国教育评估机构参加 APQN 创造了条件。

三　中国与 APQN 未来的发展关系探索

在高等教育国际化进程中，充分利用地区或国际质量保障组织平台，提升本国高等教育质量保障能力是各国共同的需求。尤其是发展中国家，在高等教育质量保障专业化发展不均衡的情况下，更应该积极参与国际质量保障组织活动，学习先进经验，在质量保障能力方面，缩小与发达国家的差距。我国作为高等教育质量保障的后发外生型国家，更应该充分借助 APQN 的平台继续加强能力建设，同时以适当的方式向国际社会传递中国的声音。因此，政府、质量保障机构、高校应该从以下几个方面进行努力。

（一）参与跨境高等教育质量框架的构建

跨境教育的发展必然要求构建相对统一的教育质量保障框架和资历框架。作为世界上最大的教育输入国和新兴的教育输出国，中国必须关注和参与跨境高等教育质量保障规范的制定。而作为亚太地区受到普遍认可的质量保障组织，APQN 必将在亚太地区国际教育标准修订和制定过程中发挥重要作用。吸引 APQN 落户上海，并提供人财物方面的资源保障，有助于确立上海在亚太地区教育质量保障信息发布、规范制定、组织协调中的枢纽地位，主导国际教育质量保障领域游戏规则的设计和制定，从而提升中国在其中的话语权。

（二）利用 APQN 的智力资源和国际平台优势

这方面澳大利亚和越南的经验值得中国借鉴。2012 年 9 月，澳大利亚工业、创新、科技、研究与高等教育部（DIISRTE）委托 APQN 协助其组织东亚峰会国家（EAS）教育质量保障能力建设培训项目。项目的目的在于通过人员培训形成本地区对于高等教育质量保障的共识，并最终提高本区域高等教育的质量和透明度。澳大利亚借助 APQN 这一国际性平台，巧妙地把本国的一些理念与设想融入地区性规范以及质量保障人员培训当中，从而为其进一步推动教育服务贸易的发展奠定基础。越南于 2010 年和 2011 年通过联合国教科文组织河内办公室委托 APQN 对教育部、有关高校的教育质量保障人员进行专业培训，并邀请 APQN 的专家为设计国家教育质量保障体系提供咨询建议。通过这些做法，越南有效地加强了国家教育质量保障能力建设。目前我国可以借鉴越南的做法，借助 APQN 的智力资源优势加强自身能力建设。但随着中国国际综合影响力的提升，我国有实力也有义务从单方面的国际公共产品的受益者逐步发展成为国际公共产品的供应者。

（三）教育质量保障机构积极参与 APQN 活动

目前我国有 5 家教育质量保障机构加入了 APQN，并成为正式会员。尤其值得指出的是，教育部高等教育教学评估中心和教育部学位与研究生教育发展中心两大全国性的教育质量保障机构的加入将带动更多的省级教育评估机构和高校的加入。目前还不是 APQN 会员的机构应该积极加入。其次是应逐步提升参加 APQN 活动的广度和深度，参加专题研讨会，参与人员培训、咨询服务和规范制定，参加 APQN 组织对教育质量保障机构的外部评审等。在国内实施和推广学到的先进理念和经验，在交流和实践中，切实加强我国教育质量保障能力建设。目前中国大陆仅有上海对外经贸大学加入 APQN。加入 APQN 意味着进入国际性的致力于高等教育质量保障的同行群体，意味着学校的质量是有保障的。因此，建议我国高校积极加入 APQN，以推动学校国际化进程，加强质量文化建设。[1] 通过 APQN，我国教育质量保障体系将继续建设发展，发挥自身优势，吸纳他人所长，不断提高科学性、可行性、合理性和准确性，持续、稳定、健康地发展，以实现人才培养与服务社会的最终目的。[2]

第六节　亚太地区高等教育质量保障发展趋势

亚太地区高等教育质量保障协会活动的轨迹表明，该地区各国对高等教育质量保障的重视程度正不断提高，虽然各国高等教育发展的背景不同，质量保障的水平各异，但在交流与合作中加强了理解，最终将从多样走向统一与和谐。从研究的主题来看，高校内部质量保障体系建设将是未来关注的重点问题。各国高等教育质量保障的专业化程度正逐步

---

[1] 方乐：《亚太地区教育质量保障能力建设的推动者——亚太地区教育质量保障组织（APQN）研究》，《江苏高教》2014 年第 2 期，第 32—34 页。

[2] 范露露、李耀刚：《亚太地区教育质量保障的十年变革——APQN2012 学术研讨会暨年度会员大会综述》，《上海教育评估研究》2012 年第 2 期，第 72—74 页。

提高。具体如下。

一　亚太地区各国对教育质量保障的重视程度不断提高

各国对教育质量保障国际交流高度重视。在此以 2012 年年会为例说明。第一，从参会的各界政要来看，柬埔寨国家副首相兼内务大臣出席了开幕式，这为会议的高规格定下了基调。第二，亚太地区 30 个国家（地区）派出了 268 位代表参会，从数字上来看会议的规模较大。第三，从参会代表结构来看，上至 APQN 主席及理事，下至一般代表，全部都是教育评估方面富有经验的专家与实践者，这些充分体现各国对教育质量保障国际交流高度重视。各代表团参与程度深、参与范围较广、参与形式多，充分体现了各会员期望借助 APQN 这个平台，继续加强国际交流，深入推动各方面合作，在互惠共赢中把教育质量保障事业做强、做精。在学术交流方面充分展现了国际教育评估中的实践与探索，在业务工作方面充分展现了国际教育评估交流建设中所做的努力。

二　通过交流为进一步发展积累更多资源

各代表团交流了本国在教育保障体系建设方面的经验与教训，其中有制度方面的，也有社会方面的和经济发展方面的，这些经验与教训值得研究借鉴。本次会议对每位会员而言都是一次宝贵的学习机会，让大家既了解了亚太地区高等教育质量保障的成就，又分享了质量保障机构成功的经验；既加强了各机构之间的合作，又分享了高等教育质量保障的地区观点，更看到了高等教育质量保障的问题和挑战。以 2012 年成立十年大会主要内容分析为例，APQN 及其相关组织近几年来关注的主要问题如下。

（一）国家或地区质量保障经验介绍案例分享

巴基斯坦、柬埔寨、新西兰、印度、印度尼西亚、中国、中国香港、中国台湾等国家或地区代表分别作了有关质量保障的报告。例如新西兰大学学术评审机构（The New Iealand Universities Academic Audit Unif，NZUAAU）的代表海瑟·科克乌德（Heather Kirkwood）介绍了新西兰质量保障的经验。NZUAAU 成立于 1993 年，旨在为高校提供质量保障和质量提升服务。2000 年至 2011 年，NZUAAU 共承担了 4 轮 23 大类评审，提出了超过 700 项的建议和意见。NZUAAU 的评审报告以高校提供的佐证材料，以及管理者、教师及学生的访谈和现场考察等实证材料为基础，由 4 位至 5 位独立的评审委员（其中至少包括 1 位国际委员）给出由证实部分、优势部分和建议部分三部分组成的评审意见。在第四轮学术评审结束前，NZUAAU 结合国内国际形势，考虑了评审实际取得的效益，提出于 2013 年开展的第五轮评审将聚焦"教、学与学生支持"，其他可以预期的评审重点课程的国际化，贯彻成功计划，学员期望的达到以及高校本身的社会形象等。NZUAAU 将致力于采用更为科学的方法来开展学术评审。

（二）元评估体系构建与实践经验分享

日本国家学位和大学评审机构的代表介绍了日本方面的经验。随着教育评估实践活动的大量开展，对于评估本身的反思和评价，即元评估也逐渐受到重视，元评估的目的是改进评估活动，提升教育评估质量，最大限度地发挥教育评估功能。目前日本元评估在高教领域大学评审中的需要与日俱增，日本国家学位和大学评审机构也已经开展了相关领域的评审，为了获得更好的评审效果，找出自评和外部评审之间的差异非常重要，因此日本代表分析了高校自评报告以及外部评审机构评审报告之间的差异。他们采取的方法是，分析 2005 年至 2009 年间高校自评报告与日本评审报告中"高校优势"与"需改进之处"的数量。其中比较的项目有 11 项，包括大学目标，教育和研究组织机构，学术与教育支持人员，学生准入，学术项目，机构工作效率，学生支持，设施设备，内部质量保障体系，财务状况，教师管理情况。比较结果显示：自评报告中提到的优势最多的项目是"学术项目"，数量约有 680 个；最少的项目是"大学目标"，数量约有 100 个。评审报告中提到优势最多的项目是"学术项目"，数量约有 700 个；较少的项目有"大学目标"、"学生准入"、"机构工作效率"、"财务状况"和"管理情况"等，其中"财务状况"提到的数量几乎为零。自评报告中提到的改进建议最多的项目是"学术项目"，数量约有 180 个；最少的项目是"大学目标"，数量约有 50 个。评审报告中提到的改进建议最多的项目是"学生准入"，数量约有 90 个；较少的项目有"大学目标""财务状况""管理情况"等，数量大约不超过 10 个。

（三）教育质量保障区域合作

德国、马来西亚、印度、联合国教科文组织、太平洋地区教育评估秘书处的代表就这个问题交流了看法。太平洋地区教育评估秘书处的代表介绍了 2001 年至 2010 年的十年间，太平洋地区在发展国家质量保障框架中所做的努力。例如斐济、巴布亚新几内亚、南太平洋萨摩亚群岛以及汤加都已经发展了 NQFS 并且成立了专门的组织优化相关工作：在评审实践中整合学术诚信政策，强调具体贯彻实施。瓦努阿图共和国专门为它的职业技术教育以及培训建立了质量保障框架，同时也为此成立了专门的工作委员会。所罗门群岛于 2010 年将所有的技术工作部门聚集起来以适应国家质量保障框架的需要。基里巴斯共和国通过其劳动与人力资源发展部，已经使内阁专门命名了工作委员会来发展国家质量保障框架。瑙鲁表示将在这方面与澳大利亚新南威尔士州达成联盟。另外，图瓦卢、密克罗尼西亚、马绍尔群岛等均已做出了不懈的努力，并取得了相应的成果。

三　APQN 未来发展面临的挑战及选择

2004—2012 年 6 月，世界银行通过联合国教科文组织为 APQN 组织发展提供经费支持。2012 年 7 月，世界银行对 APQN 的经费支持正式结束，APQN 进入自筹经费发展阶段。当前 APQN 面临的最大挑战是，在缺乏外部资金，而会员期待提高的情况下，如何继续开展能力建设活动。APQN 的优势在于会员的专业特长以及会员乐于奉献的精神。只要加以正确引导，APQN 必将走上发展和复兴的道路。相比其他地区性质量保障组织，APQN 与本区域政治、经济或院校协会组织的联系不够紧密。例如，欧洲高等教育质量保障协会（ENQA）与欧盟，拉美高等教育质量保障（RIACES）与南方共同市场（MERCOSUR），加勒比地区高等教育质量保证网络（CANQATE）与加勒比共同体（CARI-COM）等都有着非常密切的合作关系。这种紧密的合作关系也保障了这些组织具有较为稳定的经费，从而得以可持续发展。APQN 缺乏这种紧密联系也是其经费短缺、面临可持续发展问题的重要原因。在亚太地区范围内，亚太经济合作与发展组织（APEC）应当是 APQN 寻求合作

的一个重要对象。一方面，APEC 21 个成员国和地区当中有 16 个属于
APQN 覆盖的范围；另一方面，APEC 2012 年第 20 次领导人非正式会
议通过的《融合谋发展，创新促繁荣》宣言，重申推动贸易投资自由
化和便利化、深化区域经济一体化的意愿，专门强调提升教育质量对于
创新和可持续发展的重要作用；呼吁 APEC 成员国加强跨境教育方面的
合作，尤其是教育质量保障、信息交流和数据收集等方面的合作。应该
说，APQN 在这方面具有专业优势。因此，APQN 可积极与 APEC 进行
联系和沟通，利用 APQN 的专业优势为其提供专业服务，从而缓解
APQN 经费短缺的压力，实现 APQN 的专业化发展。

第七节　亚太地区高等教育质量保障组织
开展活动对教育质量保障的影响

“国际组织的规模越大，它与外界相联系的战略便越多”；“国际组织
越多样化，它与外界相联系的战略也越多”。[1] 这是勒普雷斯特关于环境
性质与国际组织的目标、结构、行为的第 6 个和第 7 个典型假设。仅从
APQN 组织的区域规模以及其崇尚的多样化宗旨，我们可以推断其对亚太
地区教育界的联系以及影响会越来越大。从成立以来的发展轨迹来看，
APQN 在推动成员间开展质量保障的交流和实质性合作等方面做出了积极
的贡献。在质量保障制度建设及其规范引领方面，APQN 与联合国教科文
组织（UNESCO）曼谷教育署合作开展了跨境高等教育质量保障监管方面
的研究，推出了《跨境教育质量监管实用手册》，为高等院校的海外校
园、合作办学、电子校园等日趋多样的新兴跨境高等教育形式提供了全
球性的合作和协调机制，使得全球化的跨境高等教育活动能够在质量监
督和认证系统的约束之中开展。

2008 年，由澳大利亚政府牵头、亚太地区教育部长参加的布里斯
班国际教育论坛签署的《布里斯班公报》（2006），APQN 在日本千叶
学术研讨会上，推出了《亚洲与太平洋地区高等教育质量保障的原则

---

① 菲利普·G. 勒普雷斯特、赵炳昌：《关于国际组织问题》，《国际社会学》1987 年第 1
期，第 139 页。

框架》（简称"千叶原则"），"千叶原则"的影响主要聚焦于建立质量保障问题与实践的地区联盟等六个方面，在推广教育质量保障和提高教育质量规范性方面建立了"有章可循"的标准。2012 年，在 UNESCO 全球质量保障能力建设行动计划资助下，APQN 制定了《高等教育评估质量》。这些制度建设都为亚太地区高等教育质量保障起到了规范及引领的作用。

本着"通过加强亚太地区质量机构的能力建设，推动相互合作，提高地区高等教育质量"的宗旨，APQN 自成立以来，开发了全球性的教育评估咨询专家数据库，专家人数不断增加；通过定期举办年度大会、专题研讨会、课题研究、人员挂职实习和在线培训等 40 多项活动，有力地加强了亚太地区教育质量保障机构之间的经验交流和业务合作，保障和促进了亚太地区的教育质量，为"改进区域间各国的质量保障机制，交流理论与经验，推动成员国机构之间实质性合作等"做出了积极的贡献。[①]

经过 13 年的发展，亚太地区教育质量保障组织（APQN）已经成为亚太地区高等教育质量保障领域内最庞大、最具影响力的国际组织。首先，根据全球教育质量保障需求诞生的 APQN 虽然成立时间不长，但是却显示出巨大的生命力；其次是 APQN 十年国际学术会议突显"教育质量保障"核心；最后是 APQN 吸引着越来越多的国家或地区参与教育质量保障的活动。2008 年初，APQN 邀请独立的外部评审专家对 APQN 的活动进行了全面评审，《评审报告》显示，APQN 在改进区域内各国的质量保障机制、交流理论与经验、推动成员机构之间实质性合作等方面发挥了巨大的作用。2010 年与 2011 年，UNESCO 对 APQN 实施全球教育质量保障能力行动计划项目进行了两次评审，高度肯定了 APQN 的总体管理能力与协调能力，认为 APQN 在区域性质量保障组织中起到了示范带头作用。[②]

---

① Asia-Pacific Quality Network：Annual Report：Members（General Council）. Annual Report 2004–2005，Issue 1，Asia-Pacific Quality Network Inc. 2005：p. 27.

② 张建新、曹潇吟、张馨娜：《APQN 在亚太地区教育质量保障进程中的特点及影响》，《上海教育评估研究》2015 年第 4 期，第 35—39 页。

　　当前，高等教育大众化、国际化、多元化等特征使得"标准化"与"质量保障"领域活跃着一批非营利性质的国际组织，APQN 就是其中最突出的代表，它正在努力使教育质量变得更"卓越"。

第 六 章

美国高等教育认证理事会

尽管美国高等教育认证理事会不是国际性质量保障组织，但是美国是全球认证开始最早的国家，认证在美国有 100 多年的历史。美国认证机构在美国 25 个州和全球 125 个国家评估了大学，还评估了成千上万的专业。联邦政府和州政府都认为认证是判断学术质量的最权威的方式。美国社会只承认从经过有效认证的大学和专业获得证书的毕业生。长期以来，美国高等教育认证制度作为一种独特的教育管理与质量保障模式，保障并提高了美国高等教育的质量。美国高等教育机构质量保障系统是多角度、立体、全方位的，其中以高等教育质量认证最具特色。经过百余年的发展，美国高等教育质量认证制度日趋成熟。联邦政府希望通过认证确保政府资助的大学提供令人满意的教育。在高等教育的开始阶段，大多数州政府在没有认证的情况下颁发了办学许可证，接受新办专业的申请。但是，政府随后逐步对大学和专业进行评审，以保证投资的有效性。

美国的高等教育认证并非由一个或少数几个机构承担，而是由 49 家高等教育质量认证机构共同承担。美国有四种认证机构：

（1）地区性认证机构。认证公立和私立大学、非营利授予学位的大学，包括两年制和四年制大学。

（2）国家信仰认证机构（National faith-related accreditors）。认证与宗教相关的学术机构，主要是非营利的学位授予机构。

（3）国家职业认证机构（National career-related accreditors）。营利性，基于职业能力培养的单一目标，不授予学位的机构。

（4）专业认证。认证具体的专业、职业和独立的学校，比如法学、药学、工程和健康领域。[①]

　　虽然美国认证机构名目繁多，但是保证认证对象的学术质量则是其共同目的。质量认证机构有无质量监督，以什么方式进行，不但与认证机构的社会形象有关，而且最终将影响高等教育的质量。美国高等教育认证是质量保障和质量提升的基本手段，是检查高等教育机构和专业的过程。认证在美国是对大学质量和效力的审视。认证机构接受美国高等教育认证理事会和美国教育部的审核。1996年，美国成立了"美国高等教育质量认证理事会"，负责协调各认证机构的工作。这是一家以质量认证机构的资格认可为主要任务的民间机构。[②]目前已经完成了对美国4/5的认证机构的审核。随着经济全球化与高等教育国际化趋势不断增强，美国高等教育认证组织已不仅对美国本国高等教育机构实施认证，还开始国际质量审核与认证活动，成为全球最具国际影响力的国家质量保障组织之一。

第一节　美国高等教育认证理事会发展概况

　　美国高等教育认证理事会是通过认证促进学术质量提升的国家级组织，会员单位包括美国3000多所大学和60多个院校及专业认证机构，是美国最大的认证组织，是代表美国国会和教育部进行认证和质量保障的权威机构。通过认证，代表公众、学生和家长的利益，代表美国评估领域进行国际对话。

一　美国高等教育质量认证理事会的发展历程

　　美国高等教育质量认证协调工作经历了三个阶段，第一个是二战前夕的萌芽期，第二个是二战后的发展期，第三个是90年代的动荡期。全国性的质量认证协调机构以规范质量认证机构的认证工作为目的，以认证机构的资格认可为手段。在美国高等教育认证发展过程中，具有较大

---

① Judith S. Eaton, "An Overview of U. S. Accreditation". 2015. 11（http：//www. chea. org/）.

② 洪成文：《美国高等教育认证理事会：认可目标、标准和程序》，《比较教育研究》2002年第9期，第13—17页。

影响的协调机构主要有"美国质量认证委员会""高等教育质量认证理事会"。最早的质量协调机构成立于 1938 年，当时由"美国大学协会"、"赠地学院及大学协会"和"美国州立大学协会"联合组建，取名为"美国质量认证委员会"。该机构的成立确定了美国高等教育质量认证协调机构的非政府和自愿性质。1975 年，在"美国质量认证委员会"的基础上成立了"中学后教育质量认证理事会"，负责全国高等教育认证机构的协调工作；协调高等学校与联邦、州政府之间的关系。1993 年，在该理事会旧金山年会上，理事会宣告解体。之后美国的质量认证工作仍在继续，但由于没有统一的组织，协调工作相对比较困难。之后三年，高等教育界基本达成共识：必须建立一家全国性的机构统一协调质量认证工作。1996 年，在全国质量认证协调会议上，1603 所高等学校的负责人最后以 94% 的赞同票，决定成立新的全国质量认证协调机构。于是在1996 年成立了美国高等教育认证理事会（Council of Higher Education Accreditation，CHEA）。①

二　组织目标

美国高等教育质量认证理事会的目标是努力取得高等教育界的信任，提高该组织的公信力。为此，新机构约法三章：

> 第一，提高高校参与的积极性，不能将高等院校作为被动性的工作对象，要尽可能多地邀请高校参与高等教育认证理事会的工作和决策；第二，要精心设计协调机构的组织结构，以便能够平衡高校、质量保障机构等利益相关者的利益；第三，最终目标是服务高校。质量认证协调机构不仅向认证机构负责，而且要向高等学校负责，因此高等教育认证理事会是代表高等学校利益的机构，而不是限制高等学校利益的组织。②

---

① Judith S. Eaton, "An Overview of U. S. Accreditation". 2015. 11（http：//www. chea. org/）.
② CHEA，（http：//www. chea. org/pdf/chea-at-a-glance_ 2015. pdf）. 2015. 12. 19.

1. 组织的总目标

通过正式的对高等教育质量认证机构的资格认可，改善学术质量；通过协调和努力，倡导质量认证的自主性，从而最终服务于学生及家长、学院和大学、赞助机构、政府和雇主。

2. 实现目标的路径

围绕以下五个方面的工作实现目标：第一，为改善高等教育质量认证，组织相关研讨活动，协调相关研究；第二，收集和传播质量认证的相关资料和信息，特别是宣传质量保障的优秀经验；第三，在高等教育质量认证方面促进专业对话和交流；第四，调节和解决质量认证机构与高等学校之间的纠纷和冲突；第五，借助质量认证确保高等教育质量改善及高等教育多样化。

三　服务范围

美国高等教育认证理事会通过组织对认证机构的规范性审核以服务高校发展，提升学术质量。具体服务范围集中在四个方面：第一，承担在认证和质量保障方面国家级领导机构的责任，组织高等教育质量认证方面的国家级论坛及会议，促进全美甚至全球对高等教育质量认证的关注和理解；第二，发布地区、高校、专业认证的权威信息数据，让利益相关者了解认证机构的运行状态，以便确定认证的有效性和合法性，通过发布数据，分享认证结果，提高认证影响力；第三，启动增强认证服务公众利益能力的项目计划，提高认证的专业水平和影响力；第四，通过国际质量工作组讨论认证和质量保障的国际问题，推动美国质量认证的国际化发展。

四　服务宗旨

美国高等教育认证理事会基于质量保障、领导力、主张、服务、核心价值观、独立性、包容性等 7 项原则实现协调和改进质量保障的使命。这 7 项原则是美国高等教育认证理事会（CHEA）的使命和功能的核心内容，也是 CHEA 章程和认可政策的基础。具体见表 6 - 1。

表 6 – 1　　　　　　　　　美国高等教育认证理事会的服务宗旨

原则	内容
质量保障	采用认证标准，坚持对认证机构进行周期性审核，确保组织质量绩效
领导力	领导质量保障相关问题的发展；提出必要的工具和策略以确保质量保障对学术机构、评估者和学生的价值；促进高等教育质量保障必要的变革和改进
主张	成为向公众、政府和其他对此感兴趣的个体、团体和国家公布高等教育资源认证结果最权威的机构
服务	坚持向会员、认证组织、学生和公众提供高质量研究、政策分析和服务
核心价值观	坚持与高等教育质量保障密切相关的核心价值观：共享教育价值观、共同治理和学术自由
独立性	通过强化认证来强化高等教育独立权威性机构
包容性	积极营造成员机构沟通讨论的氛围，鼓励学术机构和保障机构之间的交流

资料来源：CHEA，http://www.chea.org/pdf/chea-at-a-glance_ 2015.pdf. 2015.12.19.

第二节　美国高等教育认证理事会的
认可标准和程序

美国高等教育认证理事会通过对认证机构的认可，使认证机构的认证结果得到社会承认。美国认证机构对其认证的院校和专业负责。认证机构向社会和政府证明他们投资的高等教育达到了预期的质量目标。认证机构同样要经历自评并接受申诉程序，认证机构需经历周期性的外部评审，即"认可"。认可由高等教育认证理事会或美国教育部进行。尽管认证从严格意义上讲是非政府活动，但认可却并非如此。认可的过程与认证非常相似。高等教育认证理事会和美国教育部都有自己规定的认证机构应该达到的认可标准。认证机构基于认可标准进行自评；高等教育认证理事会需要组织专业人员对认证机构进行现场考察，并提供认证报告；高等教育认证理事会和美国教育部最后发布通过认可或不能通过认可的结果。认证机构需要接受周期性审核以保持认可结果的有效性。2013 年，有 18 所院校认证机构通过了高等教育认证理事会或美国教育部的认可。美国的高等教育认证机构大约认证了美国高等教育系统的 7896

所院校，67 个专业认证机构认证了 42686 个专业。① 对这些认证机构的认可都是美国高等教育认证理事会基于以下标准和程序进行的。

一   美国高等教育认证理事会认可标准

认可是对质量保障机构认证质量的认可。美国高等教育认证理事会是美国承担这一重任的唯一非政府高等教育组织。联邦政府通过美国教育部实行政府认可性评价。一个质量认证机构尽管其传统及社会声誉不同，但能否获得权威机构的资格认可则是提高其信誉和社会影响的关键。认证机构要从高等教育质量认证理事会获得资格认可，必须满足三个条件，首先是实现认证机构的基本目标。按照理事会的要求，高等教育质量认证机构要获得资格认可必须致力于改善高等教育学术质量，向公众和高校负责，鼓励改革，促进高等教育多样化发展。另外两个条件是认证机构须达到资格评估的初始标准和获得周期性资格认可标准。

（一）初始标准资格

初始标准是认证机构接受资格评估的前提。其中最重要的是认证机构的性质和工作对象，即认证机构必须是自愿团体和非政府机构，所认证的对象必须是高等教育机构，至少也要以高等教育机构质量认证为主要对象。初始标准如下：

1. 认证机构的目标和范围符合规定。认证机构的目标和认证范围要与高等教育质量认证理事会的《机构资格和认可政策》一致，主要有两点：一是该认证机构以高等学校为主要评估对象；二是注重质量认证本身的效力。

2. 认证机构为非政府民间组织，具有独立性，认证结果不受第三方干预。

3. 认证的学校必须达到基本的标准。所认证的对象应为具有学位授予权的两年制或四年制高等学校。

4. 认证机构具有相关的政策文本。认证机构须出具书面材料，

---

① CHEA, CHEA Almanac of External Quality Review. Washington, D. C. Council for Higher Education Accreditation, 2015.

以反映其决策过程、主要政策、认证程序和标准及其他认证相关内容。

5. 认证机构必须有自我评估、专家实地评估或相类似的评估证明材料。

6. 认证机构要在认证资格决策过程中保持自主性，保持其决策不受任何机构所干扰。

7. 认证机构要建立明确而公正的申诉渠道，在申诉没有得到彻底解决之前，不可更改被认证机构的认证资格。[①]

（二）周期性资格认可标准

美国高等教育认证理事会对认证机构周期性审核和不定期审核的标准主要从提高学术质量、证明质量、鼓励高校多样化发展、决策程序、反思和改进等五个方面进行，具体遵循标准见表6-2。

表6-2　　　　　美国高等教育认证理事会周期性资格认可标准

标准	指南
提高学术质量	认证机构能清晰描述对学术机构学术质量和专业满足标准情况的要求。 明确界定学术质量。 明确制定质量标准及高等学校如何达到标准的基本程序。 鼓励高等学校将质量认证标准与高等学校目标规划、战略决策相关联。 对高等学校学术质量的评估要与其办学的远景目标相一致
证明质量	认证机构有使学术机构和专业提供一致、可靠的学术质量信息和学术绩效的标准，能继续赢得公众的信任和投资。 高等学校向公众提供可信的资料和信息。 有相关政策规定及程序，邀请公众代表参与其决策。 向公众通报其认证决定及其程序。 有适当的程序反映公众的意见，接受公众申诉

---

① CHEA, "CHEA's Recognition Policy and Procedures". 2015. 11. 27（http://www.chea.orgut/recognition, cfm）.

续表

标准	指南
鼓励高校探索办学特色，促进高等教育多样化	有相关政策及程序，鼓励被认证机构进行自我评估。 有相关政策及程序，鼓励被认证机构不断反思。 调整办学目标，将改革纳入其规划之中。 鼓励高等学校大胆而慎重地进行各种实验和革新。 制定政策及程序，将获得质量认证资格所要作出的努力与进一步改善其质量的努力相区别
决策程序要公正、合理	要求质量认证机构达到收支平衡；邀请同行和社会代表参与其决策过程；严防认证决策过程受到外界干扰。 吸收高教界和社会代表参与认证的决策过程。 在认证过程中合理掌握认证标准的一致性。 在决策中使用合适公平的程序
认证机构对认证活动持续反思改进	质量认证要求被认证学校进行自我评估，认证机构不断反思。 认证工作是否拥有足够的资源支持；认证专家对高等学校所产生的影响；对社会各界需求所作出的回应。 拥有人力和财力，确保质量认证的效率。 反思认证过程及效果，对各种需求的回应、认证过程的灵活性以及认证的责任性；与其他认证机构进行必要的专业合作。 不断反思认证机构的高等教育价值观。 检查认证机构所制定的认证标准与程序及其对高等学校所产生的影响

资料来源：CHEA，http://www.chea.org/.

二　周期性资格认可的程序

资格认可一般由认证机构提出申请，待高等教育质量认证理事会审查后，再决定是否同意对其进行资格认可。资格认可每 10 年进行一次。每隔 5 年，认证机构须向理事会提交一份自我评估报告。遇到特殊情况，美国高等教育认证理事会将对认证机构进行非周期性的实地考察和评估。一是认证机构出现业务变动；二是社会对认证机构的抱怨和申诉频繁出现。

质量认证机构要获得资格认可，必须完成三个步骤的工作。第一步是认证机构向认证理事会提出认可申请，并根据周期性资格认可五项标准进行自评。第二步是认证理事会组织专家进行实地考察。但在下面三种情况下，将不再对认证机构组织实地考察：一是申请机构第一次提出申请时不必进行实地考察；二是资格认可委员会认为申请机构提交的材料不全；三是资格认可委员会认为认证机构做出的评价有明显的问题。第三步是资格决定阶段。在做出决定之前，一般都要举行一次听证会，邀请各方代表表达自己的观点。之后，资格认可委员会将做出认可资格与否的决定。认可资格分为三个等级，即初始资格、再度认可资格和业务变更资格。在每一级资格中，资格认可委员会将有四种不同的结论：（1）认可合格；（2）有条件的认可，比如需要补交一份或若干份材料或报告；（3）暂缓认证资格；（4）取消资格。做出这些决定后，资格认可委员会将其递交给董事会。而董事会的决策也分为四种情况，即同意推荐、拒绝推荐、复议或采取其他特别措施。总之，资格认可评估的具体过程和细节可分述如下：

- 认证机构提出申请意向，并交纳资格认可费。
- 由高等教育质量认证理事会向申请机构寄送资格认可评估材料。
- 认证机构将正式申请送交质量认证理事会。
- 认可委员会向高等教育质量认证理事会董事会提出考虑该机构申请的要求。
- 董事会考虑其申请，必要时可邀请申请机构与董事会面涉。
- 申请机构进行自我评估，并报告给高等教育质量认证理事会办公室。必要时，可向申请机构提供咨询。
- 请资格认可委员会审阅自评报告。
- 必要时，将组织专家组对申请机构进行实地考察，随后将实地考察报告、理事会约请的第三方对自评报告的审查意见、专家审查意见以及主要的相关文件，一并送给申请机构。
- 将申请机构及相关审查意见集中交给资格认可委员会；征求申请机构意见，邀请社会代表出席资格认可委员会的会议；资格认可委员会作出决定，并将决定呈送给董事会。
- 申请机构的意见反馈。

●董事会予以审批，特殊情况也可邀请申请机构派代表参加会议。[1]

质量认证是高等教育机构质量保证的一种手段，实际上只是最低标准要求。然而质量认证并不只限于最低质量标准。相反，质量认证被很多高校视为高校的重要资源。之所以将其作为资源来看，是因为质量认证已经取得了社会信任。质量认证之所以能够得到社会信任，既有认证过程本身的科学性和规范性，也与认证机构是否得到资格认可有关。可见，美国高等教育质量认证为公众提供了相信高等教育质量的证据，增加了公众对高等教育质量的信心，是美国高等教育认证质量的见证。[2]

第三节　美国高等教育认证理事会认可实践和案例

一　美国认证机构的角色

美国认证机构在美国 25 个州和全球 125 个国家评估了大学。他们评估了成千上万个专业。联邦政府和州政府都认为认证是判断学术质量最权威的方式。联邦政府希望通过认证确保政府资助的大学提供了令人满意的教育质量。在高等教育开始阶段，大多数州政府都在没有认证的情况下颁发了办学许可证，接受新办专业的申请。但是，政府随后逐步对大学和专业进行评审，以保证投资的有效性。社会上只认可从经过有效认证的大学和专业获得证书的毕业生。美国的质量认证在高等教育发展中担任质量保障、获得资助、增加信任、简化转学手续等四大角色。

（一）保障质量

认证是大学和专业向学生和公众保障质量的主要方式。认证状态是学生和社会证明学校和专业达到基本要求的标志，说明在师资、课程、学生服务和图书馆建设等方面都达标。只有学校提供了财务稳定等各方面达标的证据才能通过认证。

---

① 洪成文：《美国高等教育认证理事会：认可目标、标准和程序》，《比较教育研究》2002 年第 9 期，第 13—17 页。

② 同上。

（二）获得政府资助

认证是学生、专业和院校获得资助的必要条件。只有通过认证的专业和院校的学生才可以获得资助。在 2013—2014 年，联邦政府为经过认证的大学的学生提供了 1640 亿美元的资助。[①]

（三）增加私营部门的信心

院校和专业的认证状态对雇主判断应聘者资格或为在职者提供继续教育机会的时候非常重要。私人和基金会在决定投资教育的时候需要参考认证的证据。

（四）简化转学手续

认证对学生顺利转学非常重要。接受学生转学的学校只会承认在经过认证的大学获得的学分。尽管会考虑其他因素，但是之前在经过认证的学校或专业学习是高校接受转学学生时考虑的最重要因素。

二　美国高等教育认证理事会认可的案例

美国高等教育认证机构每十年一次申请接受美国高等教育认证理事会的认可。经过申请、自评、专家现场考察之后，最终会对认证机构形成简短的认证报告，说明认证的过程和结果，以及认证机构是否符合规定的标准。因此，美国高等教育认证理事会在对认证机构认证结束之后形成的认证报告，既是认证机构认证质量的体现；也是美国高等教育专业认证理事会认证过程的见证。现以对美国工程教育专业认证委员会和美国教师教育认证委员会认证的报告为例进行说明。

（一）对美国工程教育专业认证委员会审核的案例

美国工程教育专业认证委员会（Authentication Board for Engineering and Technology，ABET），主要负责对全美 3369 个工程教育的专业进行认证。当前认证的范围主要包括：本科层次和硕士层次的工程专业、副学士层次和学士层次的工程技术专业、应用科学专业、美国和国外其他国家的所有专业。美国高等教育认证理事会 2003 年 1 月对 ABET 进行了认证。最近的认证状态是 2015 年 1 月 26 日美国高等教育认证理事会召开董事会，宣布 ABET 通过认可，认可结果十年有效。具体内容如下：

---

① Baum，Elliott & Ma，Trends in Student Aid. New York：The College Board. 2014.

美国高等教育认证理事会（CHEA）根据 2010 年颁布的认可政策和程序第 12 段第 5 条，对美国工程教育专业认证委员会（ABET）进行了认证。美国高等教育认证理事会董事会接受认证委员准予通过认可的意见。[①]

ABET 首先提出认可的申请，美国高等教育认证理事会于 2014 年 1 月 27 日召开董事会，评审委员会和董事会审核了 ABET 的认证资格。审核基于 CHEA 周期性认可标准进行，证明认证机构及其认证过程促进了学术质量提升，证明了绩效，激励学术机构自查和规划，运用公平合理的程序，能持续进行评估，拥有足够的资源完成认证过程（2006 年认证标准，12A - 12F，pp. 5 - 8）。委员会推迟提供认可结果主要是为了获得更多关于该认可机构的证据，以便为结论形成提供具体理由。[②]

（二）美国教师教育认证委员会案例

根据 2010 年美国认证协会政策和程序 43 条，该认可结论描述了美国教师教育认证委员会认证的状态。

教师教育认证委员会属于专业认证机构，对 11 个专业进行认证。当前认可的范围主要包括本科层次、硕士层次和博士层次教师教育专业，包括在美国境内、国外和以远程教育形式提供的各种专业。

教师教育认证委员会于 2001 年 5 月通过美国高等教育认证理事会的认可。最近的认可行动是在 2012 年。2012 年 4 月 30 日，CHEA 召开董事会。认可结论为：

> 教师教育认证委员会通过认可，认可有效期为十年。评审基于 CHEA 的认可标准进行，需要认证机构证明认证过程促进了学术质量提升，证明了绩效，激励学术机构自查和规划，运用公平合理的程序，能持续进行评估，拥有足够的资源完成认证过程。根据 2006 年

---

① CHEA，"Recognition Decision Summaries." 2015.6.30（http：//www. chea. org/pdf/Recognition/Summaries% 202016% 20Feb/ABET. pdf. ）.

② 同上。

版的认可政策和程序，评估结果证明美国教师教育认证委员会达到了 CHEA 关于促进学术机构和证明质量的标准。2012 年 4 月 30 日，CHEA 董事会认为教师教育认证委员会应该十年接受一次 CHEA 的认可。CHEA 认可政策要求认证机构每十年接受一次审核，提交两次中期报告。①

从美国高等教育认证理事会对美国工程教育专业委员会和教师教育认证委员会的认证报告来看，认证机构大约十年接受一次周期性的认可。由认证机构自愿向美国高等教育认证理事会提出申请。美国高等教育认证理事会在阅读认证机构自评材料的基础上，组织专家对认证机构进行实地考察，然后根据美国高等教育认证理事会既定的政策和程序，依据提出的五项标准对认证机构进行审核。最终结果由认证事理会和董事会共同商量，达到标准才能通过认可。认可的有效期一般为十年。认证理事会在认证结束一年后才给出评价结果和评价报告，以便能有效处理申述，给认证机构合理的评价。评价报告主要包括对认证机构的简介，对认证过程和依据的描述，最主要是对认证结果"通过认可"或"不通过认可"及其有效期的公布。

第四节　美国高等教育认证的国际化发展

美国高等教育认证组织的国际质量审核与认证活动显示，美国高等教育认证组织除对国内高等教育机构实施质量审核与认证外，还将认证活动范围扩展到全球。这种扩展满足了世界各国高等教育机构对美国高等教育认证的需求，同时保障了部分高等教育机构的质量，促进了美国本土外运营的非美国高等教育机构的发展。同时，为更好地实施国际质量审核与认证，美国高等教育认证组织形成了优势与特色。由于美国高等教育评估具有悠久的历史和较高的专业化水平，越来越多的非美国高等教育机构开始寻求接受美国高等教育认证组织的认证。此外，美国作

① CHEA, "Recognition Decision Summaries". 2015. 5 (http://www.chea.org/pdf/Recognition/Summaries /TEAC. pdf. 2015. 5).

为最大跨境教育资源输出国，大量美国高等教育机构在本土以外运营，这些学术机构迫于国际竞争的压力，开始需要美国认证组织对其国际运营的机构或项目进行认证。而在美国高等教育认证组织内部，由于认证组织需要依靠认证获得经费来支持组织发展，巨大利益的驱动使得美国认证组织开始涉足国际高等教育认证市场，开展国际质量审核与认证。①以专业化为主要特征的美国高等教育质量认证为了保证其国际高等教育质量认证的质量，针对国际高等教育质量认证，制定了一系列指导原则和资格框架。

一   美国高等教育认证组织国际质量审核与认证的指导原则

为了顺应国际国内市场的需求，20 世纪末，美国高等教育认证组织逐步开展了国际质量审核与认证活动。但是，大部分认证活动属于认证机构的个体行为，美国高等教育认证理事会和联邦教育部并未予以指导与规范。随着国际认证活动次数和频率的增加，制定跨国认证的行为规范指南成为美国认证组织跨国行动的现实需求。为此，美国高等教育认证理事会（CHEA）作为美国高等教育认证组织的主要管理机构，于2001 年制定了《美国认证组织认证非美国教育机构和项目的原则》。该原则为美国高等教育认证组织认证非美国教育机构提供了政策框架，同时也为其认证美国高等教育机构在美国本土以外运营的机构或项目提供了指导思想。主要包括四个部分。

（一）美国认证组织参与跨国认证的资格

美国认证组织决定认可非美国教育机构和项目时，需考虑的因素和行动包括：确保本机构有承担国际审查的能力（如语言、训练有素的工作人员和评估者、预算、经验、被评国家的基本信息等）；公布明确的评估范围以及其他国家机构和项目对经美国认可地位的使用，尤其是在学分互换和学位或学历对等方面；确保清楚了解美国审查与其他任何有关认证和质量保障的国际协定的关系；明确了解国际评审组织之间的优先次序关系；与美国其他认证组织就国际评审有关的问题进行交流。

---

① CHEA International Quality Review and Accreditation, "The Role of U. S. Recognized Accrediting Organizations". (2009 - 08 - 16) (http://www.chea.org/ pdf/ presltriqr 2002. pdf).

（二）美国质量保障组织参与跨国认证的范围

美国认证组织对非美国教育机构和项目的预期包括：将寻求与被认证机构所在国质量保障机构的合作，以期从这些机构寻求相关信息和指导；与被认证机构的校长、副校长以及学校其他行政人员交流；保证美国评估人员充分了解被评国家的高等教育和质量保障，以避免出现因文化不同所导致的问题；充分沟通，明确告知认证需要的合理费用。

（三）美国认证组织对跨国项目期待的标准

美国认证组织对美国输出到其他国家的远程教育的期望包括：将与美国此类教育的提供者密切合作，以保障在不同国家提供教育的质量，特别是在此类教育不为东道国所熟悉时；与美国教育提供者合作，告知潜在的学生与此类教育相关的各类要求；与美国教育提供者共同审查该类教育潜在学生的语言、文学和学习技能水平，如有特殊需要，准备专门材料对其进行审核。

（四）美国认证组织跨国合作的责任

美国认证组织与非美国教育机构和项目对学生和其他国家同事的责任包括：将同其他国家的同事一起，提供关于美国高等教育机构向其他国家提供高等教育的全面准确的信息，以避免"认证工厂"和"文凭工厂"出现；建立指导原则协助各国审查从美国引进的高等教育。① 在该原则指导下，美国高等教育认证组织开展了大量的国际质量审核与认证的活动，比如，早在2006—2007年度，有15个认证组织在美国以外的90个国家展开认证活动，共认证了749个项目和机构。② 目前，随着美国高等教育国际化程度的加强，美国在境外认证的项目越来越多。

二 美国高等教育认证委员会国际质量合作组

随着美国提供的跨境教育规模的扩大，跨境教育发展中出现的问题

---

① CHEA, "Principles for United States Accreditors. Working Internationally: A ccreditation of Non-United States Institutions and Programs". 2009 – 08 – 16 (http://www.chea.org/pdf/international principles 01.pdf).

② 黄建如：《美国高等教育认证组织的国际质量审核与认证活动》，《高等教育研究》2010年第1期，第100—104页。

也逐渐增多。为了积极有效地解决跨境高等教育质量保障的诸多问题，美国高等教育认证委员会在 2012 年成立了国际质量合作组，负责讨论国际高等教育质量认证的相关问题。

（一）国际质量合作组成立的背景和目的

国际化是当前学术领域最强大的力量和最明显的特征。学生和教师交流的人数正在快速扩大。越来越多的研究正由国际学术组织完成。培养学生参与国际事务的能力成为本科生课程学习的基本特征。在会议、在线论坛上，通过出版物和报告，成员交流共同感兴趣的问题，包括公众问责、学生学习绩效、教学提供的新模式、对国际质量期待、政府角色、学术自由、非正规教育、单一质量标准排名、"认证工厂"等，成为高等教育发展的新常态。[1] 促进高等教育质量的国际理解，对于在当今竞争激烈的国际化背景下提高高等教育质量非常重要，于是美国高等教育认证理事会在 2012 年 12 月成立了国际质量合作组（The CHEA International Quality Group，CIQG）。CIQG 是一个非营利性、非政府性，致力于于美国认证和全球高等教育质量保障的组织。CIQG 是为高校、质量保障机构和其他认证机构提供讨论国际化背景下高等教育质量保障挑战及相关问题的重要论坛。CIQG 主要有三个目的：

（1）帮助高校和机构提高学术质量和能力；

（2）促进高等教育质量保障的国际理解；

（3）提供质量保障研究和政策导向。[2]

CIQG 设立了论坛，这个令人兴奋的论坛将来自世界各地的人、观点和资源整合在一起，致力于关于国际质量期待、排名、教育提供的新模式、政府和质量、"文凭工厂"的监管等问题的讨论。

（二）国际质量合作组的会员资格和权利

国际质量合作组会员身份资格如下：

---

① CIQG：http：//www.cheainternational.org/pdf/ciqg-fact%20sheet - 2014.pdf.

② CIQG：http：//www.cheainternational.org/pdf/ciqg_brochure.pdf.

美国受过联邦教育部或认证理事会认证的高等学校或认证机构；其他国家经过其国家认证机构认证且声誉良好的高等学校；受政府或其他权威机构委托的高等教育认证和质量保障机构；高等教育协会；政府机构、企业和公司、基金会、没有在学术机构或认证机构工作的个体。①

会员权利如下：获得国际质量的时事通讯；政策描述；在 CIQG 和 CHEA 会议中享有折扣；被邀请参加在线研讨会和其他特殊活动；在咨询服务中享受折扣。

（三）服务内容和范围

CIQG 通过多元的形式促进高等教育质量保障国际化发展。CIQG 通过提供一系列出版物，组织系列活动完成其使命。主要包括：

（1）发布出版物：国际质量、CIQG 的时事通讯；CIQG 政策简述；深度分析的论文。

（2）组织会议或特殊的活动：CIQG 年会；在线主题论坛，比如"非正式教育机构提供者的质量评估探索"。

（3）CIQG 的特殊活动，比如关于质量保障国际化主要问题的调查。

（4）CIQG 网站内容：质量保障机构的国际名单；2013—2014 年年会的资料；CHEA 之前国际活动的资料，包括美国认证理事会国际促进会与其他国际相关资源的链接，包括联合国教科文组织《高等学校认证和质量保障手册》。

（5）美国认证理事会的国际部分，外部质量评审。

（6）CHEA 咨询服务有一定的收费标准，根据工作的类型和范围确定服务费，会员咨询在费用上享有折扣。②

---

① CIQG, http：//www.cheainternational.org/pdf/ciqg_ brochure.pdf.

② CIQG, http：//www.cheainternational.org/members/index.asp.

三 美国认证理事会跨国认证的原则

2015 年 5 月美国高等教育认证理事会国际质量工作组在协商的基础上，形成国际认证的 6 项原则。这 6 项原则不仅对美国高等教育质量保障的国际化有规范的作用，而且对全球高等教育质量保障机构的跨国认证也具有一定的参考价值。

（一）跨国认证原则建立的背景

21 世纪，高等教育领域内国际活动日益活跃，学生流动数量增加，教师交流和合作研究范围扩大，院校之间的跨境合作和网络在线教育的发展使形成共享的教育质量观变得十分必要。从单一维度对全球教育质量进行界定非常困难而且不现实，建立共享的质量标准变得非常必要。这些指导原则将会从质量维度促进对不同国家形成教育制度的历史、文化、信仰和价值观的理解。

（二）建立跨国认证原则的目的

建立跨国认证指导原则旨在形成高等教育质量的国际框架，对质量达成共识。这些原则可以用于地区、国家和国际层面关于质量的讨论，质量保障和质量资格的确定。目标读者包括学校和高等教育机构相关人员、学生、雇主、政府职员和公众。希望他们能认可并使用这些原则持续提高高等教育质量和效力。

（三）跨国认证原则的内容

该原则从质量与高等教育提供者、社会、学生、政府、问责和质量保障机构 6 个维度对高等教育质量进行了分析，这些原则与当前的国际质量标准基本一致，比如 2005 年联合国教科文组织和经合组织（UNESCO – OECD）的《提供跨境高等教育质量指南》[1]，2007 年欧洲高等教育质量保障协会的《质量保障范例指南》[2]，2008 年亚太质量保障组织的"千叶原则"，2015 年修订的《欧洲质量保障标准》等。具体内容

---

[1] UNESCO-OECD，"Guidelines for Quality Provision in Cross-Border Higher Education"，2005（http：//www. unesco. org/education/guidelines_ E. indd. pdf）．

[2] INQAAHE, Guidelines of Good Practice for Quality Assurance. 2007. 9（http：//www. in-qaahe. org/main/professionaldevelopment/guidelines – of – good – practice）．

见表 6 - 3。

表 6 - 3　　　　　美国认证理事会国际质量合作组跨国认证原则①

项目	细则
高等教育提供者	保障和实现质量目标是高等教育提供者及其职员的主要责任
质量和学生	无论追求哪些学术绩效都应该始终为学生提供高质量的教育
质量和社会	衡量高等教育的标准是教育质量符合社会需要的程度，根据教育符合社会需要的程度赢得公信力
质量和政府	政府有义务鼓励和支持高等教育质量
质量和问责	高等教育提供者和认证机构有义务提供质量证据应答社会问责
质量和质量保障机构的角色	质量保障和认证机构与高等教育提供者及其领导部门、职员、学生对促进共享的质量标准的实行过程负责

第五节　美国高等教育认证理事会和联合国教科文组织联合抵制"文凭工厂"的实践

随着高等教育国际化发展，一些不合格的"跨境教育"也相继出现，在美国甚至出现了"文凭工厂"。"文凭工厂"严重损害了高等教育国际化的形象，侵犯了受教育者的利益。"文凭工厂"具有什么特征？"文凭工厂"出现的原因是什么？"文凭工厂"会产生哪些危害？应如何有效抵制"文凭工厂"呢？美国高等教育认证理事会（CHEA）和联合国教科文组织（UNESCO）对此进行了分析和说明。

一　"文凭工厂"的特征

"文凭工厂"是为不具有接受高等教育或学位资格的学生颁发学位的机构；学生参与学习的机会非常少；学生几乎不用完成作业就可以获得学分和学位。"文凭工厂"不能提供关于学术机构地理位置的信息，不能

---

① CHEA International Quality Group. "International Quality Principles". 2015. 5（http://www.cheainternational.org/）.

清楚地描述所有权和治理结构；在宣传网站上提供的联系方式非常少；发布虚假的评估结果。"文凭工厂"颁发的问题学位在本国不被承认；获得者学术资格不被认可；网站上剽窃其他机构的材料。"文凭工厂"在国际市场存在了许多年，但却很少引起学术界、质量保障和认证人员的注意。"文凭工厂"为几乎没有参与高等教育活动的人发放文凭。这种事情出现很容易，但要消除却很困难，管理难度较大。在全球追求高等教育卓越的进程中，为什么会出现"文凭工厂"呢？

二 "文凭工厂"出现的原因

"文凭工厂"是学术腐败的一部分，全球化进程中高等教育规模的增加和公众对跨境高等教育需求的增长，增加了"文凭工厂"出现的可能性。劳动力市场对创新型人才的需求导致就业中"唯学历论"的出现，增加了学生接受高等教育的压力。学生为了就业而寻找获得学历的捷径。有的学生受到"文凭工厂"的误导，付出高额费用获得假文凭；网络也为"文凭工厂"的运作提供了方便，学生不能分辨网络学习机会的合法性；有的学生由于缺乏判断真伪的能力，在不知情的情况下选择了"文凭工厂"。以高额费用和较少的学习投入获得学位，在国内和国际就业市场得不到认可。有的学生为了以较少的投入快速获得学位，主动选择"文凭工厂"。学生主动或被动的选择，为"文凭工厂"的出现提供了市场。而"文凭工厂"的创办者和经营者，则更多的是为了从中谋取高额利润。[①]

三 "文凭工厂"的危害

"文凭工厂"对学生和社会都有害。学生在不知情的情况下投入高额学费获得假文凭，最终不能升学，不能就业，耽误了时间，丧失了机会，造成很大的经济损失。有的学生主动选择"文凭工厂"，以轻松的方式、较少的投入获得假文凭，没有掌握基本的知识和技能，在就业市场即使

---

① Johnson, C. Credentialism and the proliferation of fake degrees: The employer pretends to need a degree; The employee pretends to have one. Hofstra Labor & Employment Law Journal, 23. 2006a.

能蒙混过关，由于不具备工作岗位应有的胜任能力，会造成工作无法顺利完成，对用人单位造成损失，从而造成不良的社会影响。假文凭对国际高等教育带来的负面影响，会造成社会对整个跨境高等教育质量的质疑，引起"文凭工厂"发生国高等教育质量在全球的"信任危机"。国际高等教育提供者的合法性，对学位获得者的评价，成功的学分互换等都会受到"文凭工厂"的影响。

四　有效抵制"文凭工厂"的建议

2008 年，CHEA 和 UNESCO 召集认证和质量保障方面的评估专家，以应对高等教育"文凭工厂"和"假文凭"问题带来的挑战，因为这些问题影响了高等教育的国际化发展。专家试图促进国际对话，为这一领域的有效实践提出一系列建议，促进美国认证理事会关于防止"文凭工厂"的有效实践。[①] 提出这些建议的目的在于引起学术职业和管理人员、认证和质量保障专业人员、评估专家、国家政府和国际组织对国际化背景下高等教育质量问题的关注。同时引导发展中国家学生在国际教育中做出正确的选择。这些建议是联合国教科文组织《跨境教育质量指南》（2005）的继续，与指南要求一致。建议指出，将来全球各国都会审核法律和管理框架以防止"文凭工厂"的发生。[②] 以下是关于防止"文凭工厂"的建议和指南，供高等教育质量保障机构、国家政府和国际团体参考。

（一）建立识别"文凭工厂"的信息系统

在地区、国家、全球范围内发布"文凭工厂"的主要特征；形成"文凭工厂"的统一定义；在国家范围内发布"文凭工厂"的定义；建立高等教育证书的国际安全认证标准并不断更新获得者的姓名；利用现代信息技术、采取简单可行的手段识别学位。

[①]　CHEA, UNESCO Toward Effective Practice: Discouraging Degree Mills in Higher Education. Conference of the European Association for International Education. Krakow, Poland. May 21, 2009（http: //www. eaie. org/pdf/krakow/203）.

[②]　UNESCO-OECD, Guidelines for Quality Provision in Cross-Border Higher Education（http: //www. unesco. org/education/guidelines_ E. indd. pdf 2005）.

（二）提供被有信誉的质量保障机构认证的证据

高等教育提供者经过高等教育质量保障机构认证；提供经过质量保障机构认证的可靠的高等教育机构和专业的名单；采用国家提供的合法高等教育机构的名单。

（三）建议政府和企业的高等教育资助不投向"文凭工厂"及其学生

建议国家采取行动确保不给"文凭工厂"投入公共资金；建议国家支持院校认证，不在境内给"文凭工厂"以政治信任；建议国家采取行动确保不给"文凭工厂"的学生任何资助；建议企业不要为"文凭工厂"的学生提供任何奖学金或资助；确保多国机构不要给"文凭工厂"或学生提供经济资助。

（四）向公众告知"文凭工厂"的情况

告知学生、家长和学校"文凭工厂"的危害；告知负责大学广告印刷的机构只能发布合法高等教育提供者的资料而不是"文凭工厂"的资料；识别并向公众告知有问题的招生市场；告知网络提供者提醒公众当心"文凭工厂"的电子广告；通过公众的共同努力暴露"文凭工厂"，打击"文凭工厂"；告知雇主使用工具识别文凭真伪。

（五）对"文凭工厂"和假文凭获得者采取法律手段

帮助在国家层面形成打击"文凭工厂"的法律；宣布假文凭获得者是非法的，不能继续升学或就业；起诉"文凭工厂"或聘用假文凭获得者的单位；对高等教育的关键词"大学""认证"等词语进行法律保护；取消"认证工厂"或"文凭工厂"提供的劣质高等教育质量保障；建议政府出台移民政策，防止对假文凭获得者的滥用。

（六）致力于跨境"文凭工厂"的治理

建立国家之间的跨境协议，共同打击"文凭工厂"；国家和地区机构提高对"认证工厂"的认识并提供工具防止其发生；促进联合国教科文组织指南的使用并使其深入所有国家高等教育机构和质量保障机构；在全球范围内发布关于"文凭工厂"特征和实践形式的出版物；建立全球防止"文凭工厂"的网络组织；通过管理、激励和合作支持合法的跨境高等教育。

"文凭工厂"将是学生、家长、雇主、公众、合法的高等教育提供者、国家政府和高等教育认证机构长期面临的一个国际问题。提出这些建议的主要目的在于有效促进"文凭工厂"的国际治理，保障高等教育质量。[1]

第六节 国际化背景下美国高等教育认证的发展趋势

美国认证组织为国际质量审核与认证活动做出了积极的贡献，不断改进国际质量审核和认证的标准，随着认证实践效力的逐步提升，其国际认证活动的针对性逐渐增强。美国高等教育质量认证虽然在 100 多年的发展过程中始终走在各国质量保障发展水平的前列，能积极应对时代的挑战，形成自己的特色和优势，但作为全球跨境教育最大的资源国，美国高等教育质量保障水平仍然面临新的挑战。在时代变迁中美国高等教育认证组织采取的应对措施，对其他国家有一定的参考价值。

一 国际化背景下美国高等教育认证的特征

（一）针对国际认证活动的特殊背景

国际化背景下美国高等教育认证机构的国际认证活动逐渐频繁。国际认证活动实施的对象具有在美国本土外运营的特殊性，美国认证组织将这一特殊性作为制定相关标准的基础。对于在美国本土外运营的美国机构或项目，认证标准明确规定该类机构或项目除了符合美国机构的使命以外还要与所在地的文化相适应；机构或项目须获得东道国的接受与批准；对其他国家高等教育机构实施认证时，要求与其他国家质量保障机构相关国际组织密切联系；对申请认证的高等教育机构按性质、属性等进行分类。这些是国际认证活动能顺利进行的基本条件。

（二）坚守美国高等教育质量的底线

美国认证机构实施跨国认证时在考虑到东道国教育发展特殊背景的同时并没有降低美国教学和学术质量标准要求。虽然国际教育机构或项目并不在美国本土进行，但由于美国是项目的输出国，学生将获得美国

---

[1] CHEA, UNESCO Toward Effective Practice: Discouraging Degree Mills in Higher Education Conference of the European Association for International Education. Krakow, Poland. May 21, 2009 (http://www.eaie.org/pdf/krakow/203.pdf).

高等教育文凭或学位，在招生、录取和教学等方面这些机构必须满足美国的学术质量标准才能达到高等教育质量的基本要求。因此，在认证国际机构或项目时，美国认证组织对国际认证活动部分采取与美国本土机构相同的标准，同时制定更为细致的具体标准。总体看来，整个国际高等教育认证活动更为严格，在实施跨国认证的时候坚守了美国高等教育的学术质量底线，并没有因为跨国服务降低质量要求。

（三）建立具有操作性的认证标准

由于国际机构或项目不在美国本土运营，和美国本土机构相比，认证组织对其实施评审的难度加大。因此，美国认证组织通过跨国教育质量标准的制定，使质量控制的主要实施过程由高校自身执行，加大院校自评的力度，高等教育机构的教师和管理者承担起质量审核和控制的责任，认证组织对其实施监管。这些措施使国际机构或项目质量控制的可操作性加大。对于在其他国家运营的美国教育机构而言，将其国际机构或项目的质量与美国境内的大学联合发展，也有利于与美国校园保持一定的质量标准。

正因为在国际化进程中美国建立了严格的、具有操作性的跨国认证质量标准和程序，美国的跨境教育才得到世界各地的认可和青睐。美国成为全球跨境教育最大的资源输出国。但是，跨境教育现象的复杂性也时刻挑战美国高等教育质量认证能力的极限，美国跨国认证同样遭遇"质量危机"。

二　美国跨国认证的"质量危机"

国际认证活动由于其跨国操作的复杂性，出现了诸如用统一的标准衡量多样的教育现象，利益导向的"认证工厂"，认证的地位被边缘化等问题。

（一）统一标准与多样教育现象的矛盾冲突

美国认证机构在对跨境教育进行认证的过程中，由于长期按照美国标准在本国境内认证的惯性作用，以美式教育标准衡量其他国家高等教育的现象依然存在，忽略了东道国生源、文化和教育发展水平的特殊性，如果这些国家和地区做出了最大的努力，仍达不到认证机构规定的基本标准，有可能挫伤这些机构改进的积极性。有些认证组织虽然已在实施国际认证活动，但并未制定专门标准或对标准做出灵活的改变。美式教育的标准不能适应全世界所有高等教育类型，通过这种认证获得的认证地位不能成为符合质量的高等教育的代表。

（二）出现利益导向的"认证工厂"

由于美国高等教育认证具有较高的国际声誉，在全球得到广泛认可，一些高等教育认证组织将实施国际认证当作牟利的手段，制定了相对较低的标准，甚至没有任何标准，只要交付一定费用即使不合格的学术机构也可通过认证。这种认证活动成为利益导向的商业活动，而不是坚守高等教育质量的基本手段。由于高等教育市场国际生源竞争日益激烈，一些不合格的高等教育机构出于招生、就业的需要，选择市场利益导向的认证机构作为向社会证明质量的手段，这种低标准甚至无标准的认证在追求利益的同时，为不合格的跨境高等教育机构和专业做了伪证，欺骗了消费者，损害了美国高等教育认证的国际形象，也损害了美国高等教育的国际形象，更损害了东道国学生和社会的利益。

（三）出现高等教育认证的"边缘地带"

美国向世界许多国家提供了高等教育，提供跨境教育的主要目的是获得足够的经费，以缓解大学发展中因国内财政经费削减造成的教育资源不足的问题。这种以教育贸易为主，商业利益驱动的高等教育国际化在其发展过程中，出现了严重的质量问题。美国的顶尖大学由于其良好的声誉在国内一般不会出现生源和经费不足的问题，而一些二流大学往往更容易出现资金短缺和生源不足的问题。因此，提供跨境教育的主要是美国的二流大学，这些大学在国内接受美国高等教育认证机构的认证，在国外却降低标准提供教育、颁发学位，由于担心这部分不能通过认证，只要求认证机构对其美国境内的校区进行认证，而不对在美国本土外运营的高等教育机构进行认证，出现了美国高等教育认证的"边缘地带"。由于这类大学主要是在美国本土实施高等教育，只是部分向其他国家提供高等教育，因此，这些获得认证地位的大学向其他国家提供高等教育的部分往往会出现认证地位"边缘化"现象。① 向其他国家提供的这些高

---

① Laurel McFarland, International Accreditation Issues: NASPAA White Paper. 2009 - 08 - 16 (http://www.naspaa.org/accreditation/ document/ NASPAA pdf）．

等教育往往与美国本土高等教育相关度不高或者并不直接相关。

三　美国高等教育认证理事会的责任和探索

面对美国认证机构在国际认证中出现的质量问题，作为美国高等教育认证的全国性认证机构，美国高等教育认证理事会从权威性和专业性上都有责任和能力及时治理这些问题。通过建立规范和指南，建立跨境认证的案例库，引导高等学校形成自律的质量文化既是美国高等教育认证理事会的责任和义务，也是其多年来的实践和探索。

（一）不断完善美国认证机构跨国认证的规范和指南

理论是灰色的，而生活之树长青。虽然美国高等教育认证理事会已经建立了美国认证机构跨国认证的质量标准，但是标准的制定总是在事实发生之前，依据的是已有的或预测的事实，对高等教育国际化实践中的多样性和复杂性考虑不足。因此，标准的制定只是一种框架和范围，具体执行时，还需充分调研东道国的具体国情，包括当地的政治、经济、文化特点，尤其是教育的发展水平。因此，只有不断充实和完善认证标准，才能提高认证的针对性，避免用静止统一的标准衡量多样的教育现象，出现意料之外的认证偏差。

（二）建立美国认证机构跨国认证案例库

澄清事实是最好的监督手段。为了有效监督和规范美国认证机构在国际认证活动中的行为，最好的方式是让这些机构将其认证的标准、程序、过程和结果进行描述，并进行反思和评价，在反思的基础上提出改进性建议。美国高等教育质量认证理事会通过发布这些机构跨国认证的案例，不但能做到认证过程的公开透明，保证利益相关者对认证过程的监督，而且能为其他组织认证活动提供参照，督促机构之间相互交流经验，吸取教训，在比较和借鉴中不断提高。这样，利益驱动的认证机构或学术机构的侥幸心理将会自行消失。

（三）引导高等学校自律和规范发展

美国高等教育基本的价值取向就是学术机构是其学术质量的第一责任主体，大学自治是美国高等教育的基本特征。因此，引导高校形成自律的质量文化，按照既定标准规范发展是质量保障的最有效方式。除需要美国高等教育认证组织在实施国际质量审核与认证过程中对自身认证标准与认证活动不断改革与完善外，学术机构首先要对自己提供的学术质量负责，高等教育管理机构也应负起监管责任。其他国家的高等教育质量保障机构则要加强与美国高等教育认证组织的合作，共同保障高等教育的质量。

美国高等教育认证是质量保障和质量提升的基本手段，是检查高等教育机构和专业的过程。认证是非营利的非政府行为，是高等教育发展的必然结果而不是政府意志。认证由参加认证的高等学校和专业提供经费。认证与政府和高等院校有密切的关系。通过保障质量，让政府对大学进行判断，然后基于评估结果进行投资，为企业对学生和学校投资提供决策依据，为学生在不同大学之间转学简化手续。认证在美国是对大学质量和效力的审视。认证机构接受美国认证理事会和美国教育部的审核。美国认证理事会的认可费用由会员支出，美国教育部的认可费用由美国国会资助。两种认可的目的不同：美国认证理事会的认证是保障认证机构为促进学术质量提升持续努力，美国教育部的认证是确保获得政府投资的大学和专业运行良好。两种认证的过程非常相似：基于标准的自评，现场考察和报告，发布认证状态。认可增加了认证的社会价值，是对认证机构的认证。

第 七 章

美国评估协会

虽然美国评估协会不是高等教育质量保障组织，其成立三十多年来从不组织高等教育质量保障的实践活动，但评估却是高等教育质量保障的基本方法，美国评估协会作为全球最早、成员最多的评估专业学术组织，为提高评估效力进行的研究，为改进评估实践提出的建议和指南对促进高等教育质量保障的专业化发展发挥了积极的作用，是全球高等教育质量保障强有力的技术支撑组织。对美国评估协会发展概况、实践动态的研究，将为高等教育质量保障组织的未来发展发挥引领性的作用。

第一节 美国评估协会概述

一 美国评估协会的发展

美国评估协会（American Evaluation Association, AEA）成立于 1986 年，其前身是美国评估研究协会（Evaluation Research Society）和评估协会（Evaluation Network），是评估的国际性专业组织，长期致力于评估效力的提升并促进评估专家专业发展。虽然名为美国评估协会，但促进成员的多样化和国际化一直是这一专业学术组织的追求目标，成立三十多年来，已经吸引了来自 60 多个国家和美国 50 多个州的 7700 名成员。成员包括对评估领域感兴趣的评估实践人员、教师、学生、投资者、经理和决策者。①

---

① AEA：(About us). 2016. 8. 10 (http://www.eval.org/aboutus/organization/aboutus.asp).

二　美国评估协会的使命愿景

美国评估协会致力于不同形式评估的实践和理论探索，以及评估专业、政策、人力资源、产品、组织机构的优势和劣势以提高其效力。其使命在于改进评估实践和方法，促进评估结果的交流和使用，促进评估专业化，支持评估为提高人们行动效力生成的理论和方法。AEA 通过规范评估行为，组织不同主题的、以提升评估效力为目的的年会来实现自身的使命。AEA 也提供最佳评估实践的培训，负责出版评估学术期刊等实践活动，促进评估专业化发展，提高评估的效力。美国评估学会的愿景是希望形成包容、多样、国际化的评估实践以及评估领域研究和信息资源共享的共同体。

三　美国评估协会的价值观及目标

价值观决定组织的行为目标及其行为。美国评估协会的价值观及其目标体系对其三十年的发展产生了积极的影响。

（一）美国评估协会价值观

美国评估协会的价值观是致力于改进评估实践，促进评估发现交流使用，追求评估领域包容和多样化的卓越。其价值观具体体现在以下几个方面：

（1）崇尚高质量，遵守伦理道德，代表不同文化并能促进有效的组织管理，最终能提高公共利益的评估实践；

（2）崇尚高质量，遵守伦理道德，代表不同文化并能促进决策制度、专业改进、政策形成的评估实践；

（3）崇尚促进全球和国际评估沟通理解的评估实践；

（4）崇尚能持续促进评估者专业发展以及吸引不同群体参与的评估实践；

（5）崇尚包容和多样性，欢迎任何职业、任何背景、任何地区的成员参加；

（6）崇尚有效、灵活、透明以及有社会责任感的实践活动。①

（二）美国评估协会的目标

美国评估协会的最终目标是通过学术研究和实践对评估活动产生积极的影响，最终提高评估的效力，促进评估结果正确运用，服务于社会公众利益。目标主要体现在以下几个方面：

（1）形成由多元文化、学科、不同群体组成的学术共同体；

（2）培养有评估知识，能有效工作，能理解不同文化，能遵守评估伦理准则的专业人员；

（3）在不同专业背景下学习和传授评估知识；

（4）形成评估的新知识并广泛宣传；

（5）用多元文化有效参与多样评估环境，促进多元文化之间的理解；

（6）促进利益相关者交流和利用评估发现；

（7）培养团体或组织参与评估的能力；

（8）丰富评估组织的活动内容。②

第二节　美国评估协会的实践活动

一　美国评估协会实践活动概要

（一）美国评估协会通过以下活动实现评估政策目标

（1）组织年会。美国评估学会每年都会在不同的地方举办年会，邀请世界各地评估研究和实践领域的专家学者参会。讨论评估领域当年最关注的问题。

（2）建设评估团队。美国评估学会致力于评估专家队伍建设，以优

---

① AEA, "AEA Mission, Vision, Values and Governing Policies." 2016. 10. 18 (http://www. eval. org).

② Ibid.

越的政策吸引不同的成员参加。会员可以获得美国评估学会四种学术期刊的阅读权，并在参加年会中享有折扣，而且可以参与美国许多评估领域专家参与的在线论坛。

（3）促进信息交流。评估协会以多样的交流手段促进组织政策目标的实现。

（4）加强网站建设。美国评估学会建立了自己的网站（http：//www. eval. org），并不断加强网站建设，及时更新网站内容，将最新成果发布在网站上，建立了网上讨论组（eval talk），评估协会的会员可以针对任何一个评估问题发起讨论，权威专家随时会进行解答，还有其他的交流手段和资料。

（5）拥有独立的办公地点和组织机构，美国评估协会总部设在美国华盛顿哥伦比亚特区。同时，在美国三十多个州都设立了分支机构。

（6）设立了名目繁多的奖励项目，以追求评估领域的卓越。不但为评估领域的杰出专家提供了获得奖励的机会，而且为评估领域的学生，发展中国家的评估成员提供了参与评估年会获得国际旅费的机会，充分体现其追求多样化和民主公平的理念。

（7）提供多样主题集中的培训项目。美国评估学会提供不同的培训项目，为研究生教育提供多样的实习项目，为学生和专业人员提供培训机会，除了年会期间的评估人员工作坊之外，还会在暑假期间提供不同形式的暑期培训。

（8）促进评估实践规范发展。美国评估学会为评估结果使用者提供获取资源的途径，支持评估结果使用者的各种活动，使评估结果使用者具有关于评估适应和评估实施的正确知识，对评估的角色形成积极现实的观点，在组织操作层面使评估成为标准规范的实践；使评估结果使用者熟悉在实践和运用中评估的伦理准则，努力影响评估决策和实施。[1]

二 美国评估协会多元的主题年会

1986 年以来，美国评估学会每年都根据评估发展中遇到的具体

---

[1] AEA, "Annual Conference History", 2016. 10. 1（http：//www. eval. org/p/cm/ld/fid = 106）.

问题，召开与现实问题密切相关的主题年会。年会的内容由会员提出，同行评审确定，有时也由评估学会主席提出。每次年会都会针对会议主题，分为不同的类别，以便参会人员选择自己感兴趣的主题。参会人员可以根据兴趣选择五个不同的主题，兴趣主题分类的数量不受限制。为了增加参与人员的多样性，评估学会还为发展中国家提供了申请资助参会的机会。在此以 2014 年年会和 2015 年年会进行说明。

2014 年美国评估协会年会在丹佛召开。分为 51 个主题，每个主题都致力于通过不同的手段推动评估的理论和实践：政策变革、高等教育评估、合作、参与以及评估赋权、多层次的评估、评估的成本效益分析、评估政策分析、评估的用途、评估中的性别问题、政府评估、研究生以及新的评估者、人力资源评估、内部评估、国际化和跨文化评估、评估的综合方法、组织学习和评估能力建设、评估研究、评估系统、评估教学、评估理论、评估的跨国研究等，围绕评估发展的基础和前沿问题进行了讨论。与会者 40% 是初次参会，15% 是学生。年会包括四天的会议，三天的职业发展培训，以及多样的联谊活动，还有四个主题会议：为了持续发展，公平的未来，开展有远见的评估；适合未来的合作视野，对评估的启示；社会影响的评价对有远见的评估的意义；美国评估协会在持续发展、公平发展的未来的角色：学术共同体的对话。①

2015 年，全球 30 多个评估专业化自愿者组织（Voluntary Organizations of Professional Evaluation，VOPEs）宣布 2015 年为国际评估年，邀请评估者、评估领域学者、学生、评估赞助者以及世界各地评估的利益相关者参加 2015 年的年会，分享国际评估学科和实践的成功经验，参会者有机会学习评估案例、评估环境、评估政策、评估理论和方法以及不同地区评估研究的成果。鼓励参会者反思评估实践，分享评估的成功案例及其在不同国家面临的挑战，探索评估的影响因素，行为以及成功的动力。以评估案例为主题，目的在于鼓励来自世界各地的评估专家关

---

① AEA, "Visionary Evaluation for a Sustainable, Equitable Future". 2016. 8. 10（http：// www. eval. org/p/cm/ld/fid = 226）.

注评估的发展现状，当参会者听取不同的经历时，主要是为了倾听其成功的部分——这些评估实践是如何组织的？评估者是如何吸引利益相关者参与的？评估结论是如何获得的？如何获得信度，如何促进评估结果的利用？那些高质量、恪守评估伦理、尊重文化传统的评估实践对决策的形成、专业的改进、政策的制定、有效并且具有人性化的组织，发挥了积极的作用，最终实现了公众利益。鼓励参会者在进行这些研究的时候，积极运用评估协会关于评估文化能力及其指导的原则。此外，还有对评估的环境分析，利用技术提高评估的成功经验，评估方案设计及方法，关于评估的研究、评估的政策、有远见的评估案例等。也希望评估者学习运用评估理论、模型和方法的成功案例，包括积极的评估方法、有文化特征的评估、民主的评估、发展的评估、赋权的评估、基于社会公平的评估、理论驱动的评估、致力于效用的评估等。过去曾经对如何实施评估、常见的或典型的评估实践、评估的问题和挑战等进行过分析，虽然这些讨论是非常有价值的，但是并没有致力于对案例的学习和深度分析，而且总是局限于几个地区，而不是面向全球的。2015 年，世界各地的评估专家和利益相关者在年会上学习评估的最佳案例，展望未来评估的发展趋势，使全球评估实践在传承的基础上创新。这次年会是一个令人振奋、关照多元文化、非同凡响的评估年会。美国评估协会年会为全球评估领域的学者建立了良好的交流平台，也是评估协会实现其愿景的最好机会，在年会上，世界各地的评估者聚集在一起分享评估的职业经历。每年的年会都会根据现实需要确定不同的主题。具体见表7 - 1。

表 7 - 1　　　　　　　　美国评估协会年会主题

时间	主题	地点
2015.11.9 - 14	多元文化评估案例：学习全球评估的成功经验	芝加哥
2014.10.13 - 19	实施有远见的评估，为了持续发展，公平的未来	丹佛
2013.10.14 - 19	21 世纪评估的发展现状	华盛顿
2012.10.22 - 27	复杂生态学背景下的评估	明尼苏达
2011.11.1 - 6	价值和赋值（Values and Valuing）	阿纳海姆
2010.11.8 - 13	评估质量（Evaluation Quality）	圣安东尼奥

续表

时间	主题	地点
2009. 11. 9 – 14	背景和评估（Context and Evaluation）	奥兰多
2008. 11. 5 – 8	评估政策和评估实践	丹佛
2007. 11. 7 – 10	评估和学习	巴尔的摩
2006. 11. 1 – 4	评估结果（The Consequences of Evaluation）	波特兰

资料来源：AEA，"Annual Conference History"，2016. 10. 1（http://www. eval. org/p/cm/ld/fid = 106）.

三　美国评估协会前沿的学术期刊

美国评估协会负责出版《美国评估期刊》（*American Journal of Evaluation*）、《评估新方向》两种评估期刊（*New Directions for Evaluation*），这些评估期刊集中讨论评估的前沿信息、最佳实践、评估方法以及评估者在实践中遇到的不同问题。每一期都针对评估领域的一个前沿主题，选择几篇主题非常相关的学术论文，比如，《美国评估期刊》每年出版四期，它包括当前评估领域关注的焦点问题、会议信息、书评等，是关于评估研究信息最前沿的期刊。发表的都是经过同行认真评价的专业学术文章。而且按照"引用最多"（the most cited）和"阅读最多"（the most read）对这些文章进行选择和分类，以便研究人员快速获得高质量的学术论文。这些高质量的学术论文，在推动评估专业化，提高评估质量方面发挥了积极的作用。在此以两篇在推动评估专业化方面非常有影响的学术论文为例进行说明。

（一）发表对元评估模型的系列研究成果

元评估是对评估的效用、可行性、合适性、精确性及其系统的本质、能力、诚信、社会指导评估与公开报道其优点与缺点的社会责任的描述、分析与价值判断。可以分为形成性元评估和总结性元评估。开展元评估是公众对提供评估合理的发现、促进评估专业化和加强评估制度建设的共同需求。

对评估质量的担忧引起了教育评估标准联合委员会的关注，从1988 年开始，通过鼓励开展元评估实践对评估进行再评价，使评估逐渐科学化和规范化。丹尼尔（Daniel，2001）指出，开展元评估能使评估实践水平不断提高，使大学实行有效管理，建立有效的评估制度。社会需要元评估考察社会服务、研究项目计划、描述评估系统，评估使用者需要有效的元评估信息，帮助判断他们获得的评估信息的相关性、可靠性以及公正性，科学的元评估可以为评估者提供质量保障机制。丹尼尔提出了元评估的 11 种方法策略：安排元评估利益相关者之间的交流；组织有资格的评估专家进行元评估；确定元评估的问题；对元评估的标准、原则，以及评估质量的判断标准达成一致；形成元评估草案及协议；收集和评价相关的信息；收集现场观察的新材料；分析定量和定性材料；判断评估使用标准和原则是否合适；通过报告交流元评估结果；从需要和可行性出发，帮助客户与利益相关者理解、利用元评估发现。[1]

　　另外，丹尼尔（Daniel）从有用性、可行性、合适性、准确性四个维度提出了专业评估元评估的 30 条标准。[2] 他提出的元评估策略标准，成为美国元评估实践的模型和准则。

　　（二）对评估心理焦虑的危害及治理进行分析

　　斯图尔特（Stewart，2002）在《美国评估期刊》发表的《专业评估中的心理焦虑及其控制》一文研究发现：被评者面临的心理焦虑是造成评估道德冲突的重要因素。他分析了对评估过度焦虑的危害，并指出了评估焦虑的治理策略：

　　　　就被评者而言，要期待评估，并从心理上接受，走出不良评估经历的阴影，明确这不是对不良评估的合理反对，确定迎接评估的合适心理，讨论评估的目的，讨论评估的标准，讨论为什么对评估者的忠诚不是对组织的不忠诚，讨论与评估者的合作对个人的风险和利益。

　　　　就评估者而言，应提供持续改进的反馈意见，允许利益相关者

---

①　Daniel L. Stufflebeam, "The Meta evaluation Imperative," *American Journal of Evaluation*, 2001（22）：183 – 209.

②　Daniel L. Stufflebeam. Program Evaluations Meta evaluation. Checklist Evaluation Checklists Project（www. wmich. edu/evalctr/checklists）.

讨论和影响评估，随时准备为被评者进行心理疏导，明确评估者扮演的角色，按照角色模范的标准要求自己，明白评估不是一种批评的游戏，而是促进学习型组织的形成，推进组织文化的变革，使用多元的策略。①

此外，评估协会就评估的"有用性"和"影响力"、评估效力的提升路径等分别进行了专题讨论，发表了一系列致力于评估效力提升的文章。

第三节　美国评估协会对评估专家的规范和指导

评估专家是影响评估质量的核心要素，为了规范评估者的行为，美国评估协会发布了评估指南，制定了评估者的实践指导手册，这些对世界各地的评估者都非常有用。评估指南的发布，对提高评估专家的专业水平，规范评估行为，提高评估质量发挥了积极的作用，并为对评估专家评估行为的判断提供了理论的参考。

一　美国评估指南的修订过程

评估指南的出台背景可以追溯到 1992 年。美国评估协会的前身美国研究协会采用 1982 年发布的《专业评估新方向》的一系列标准，这些标准并不能满足新成立的美国评估协会的要求，于是委员会在 1992 年开始协商新的评估标准，经过反复讨论，这一指南于 1995 年发布，即《评估者的指导原则》。该指南提出评估中应该坚持服务导向，形成合理的意见，尊重人权；鼓励交流互动，进行完整公平的评价；公开结果、利益协调、明确责任。② 经过协商，美国评估协会董事会建立了支持评估指南继续发展和交流的机制，包括五年一次的正式评价。评估指南在 1999 年

---

① Stewart I. Donaldson, Laurae Googler & Michael Scriven. Strategies for managing evaluation anxiety: toward a psychology of program evaluation. *American Journal of Evaluation*, 2002 (23): 264.

② AEA, "American Evaluation Association Guiding Principles For Evaluators". 2006. 9. 10 (http://www. eval. org/p/cm/ld/fid = 51).

通过了评估论坛（EvalTalk）的调查，评审小组的评价，并与加拿大和澳大利亚评估协会伦理原则进行了比较。2000 年，美国评估协会董事会加强了对评估指南的推广，但对指南本身没有进行多少修订。2002 年，评估协会针对评估指南在会员之间进行了调查，413 名会员参与了调查，随后 40 名会员参与了 2002 年年会关于指南修订的讨论，2004 年 7 月发布了新修订的评估指南。①

二　形成评估指南的前提假设

（1）评估是由多样兴趣的群体组成的职业领域。评估研究不能局限于专业评估、绩效评估、项目评估或评估本身，而应该不断拓展评估范围。

（2）由于评估专家经历和工作背景的差异性，在评估过程中可能对评估及评估目标形成不同的理解和观念。尽管评估专家对评估的认识不同，但应该对此形成共识：评估者应该通过评估提供关于被评对象改进的最有效信息。

（3）提出指南的目的在于指导评估实践的专业发展，使评估客户和公众明白他们经历的评估是在专业机构指导下进行的。指南并不是为了纠正错误，而是对评估日常实践的前瞻性指导。

（4）发布评估指南的目的是促进评估专业继续发展和评估学会成员的多元化，通过接受指南进行规范，提高评估专业水平，加入评估领域。

（5）指导原则并不是独立的，而是在许多方面交叉重叠，有的甚至是相互矛盾的，因此，评估者应根据各自的背景选择使用。

（6）这些标准是对美国评估协会两个前身机构评估标准的传承和创新。

（7）发布这些指导原则的目的不是取代其他标准，而是在传承与创新的基础上进行有益的补充。

（8）每个标准都有不同的解释，试图让使用者清楚地掌握其内涵。

① AEA，"American Evaluation Association Guiding Principles For Evaluators"．2006. 9. 10.（http：//www. eval. org/p/cm/ld/fid＝51）．

（9）这些指导原则是在西方文化背景下提出的，尤其是在美国文化背景下提出的，更多反映了在这一文化背景下的经历。

（10）这些指导原则是评估职业领域的自我检测，根据发展需要定期修改。[①]

三　评估指南的模型及规定

评估指南主要从评估者的知识水平、能力、职业道德等方面进行规范，具体从以下五个方面对评估者进行了规范性规定。

表 7 - 2   美国评估协会评估指南

项目	评估者行为细则
系统性	● 评估者对所进行的评估进行系统的数据收集 1. 保证评估信息的准确性和可靠性，高度遵守自己的使命，注重评估方法的准确性和可靠性。 2. 与客户商量评估的用途，事先说明评估方法的优点和缺点。 3. 就评估方法充分交流，使其他人能理解、解释和评价相互的工作，澄清评估及其结果的局限性，就评估方法和结果进行充分的交流和讨论
评估能力	● 评估者为利益相关者提供能力绩效证明 4. 具备完成评估任务合适的教育、能力、技术和相关经历。 5. 确保对多样性的认可、正确的解释和尊重，确保评估成员集体具备的文化能力；尊重不同种族、性别、宗教、社会经济以及其他因素评估背景文化。 6. 在评估能力和专业培训范围内进行评估实践，拒绝参与超出自己能力的评估，尽最大努力直接或间接提高评估能力。 7. 持续提高能力使评估绩效达到最高水平。专业能力发展包括参加正规的课程培训、自学，对评估实践进行评估，通过与评估者共事学习提高评估能力

---

① AEA, "American Evaluation Association Guiding Principles For Evaluators". 2006. 9. 10 (http: //www. eval. org/p/cm/ld/fid = 51）.

续表

项目	评估者行为细则
正直诚实	• 评估者应确保在整个评估过程中保持诚实的品德 8. 与其他客户和利益相关者诚实地协商评估的成本、任务、方法的局限性，评估结果使用的范围，具体评估活动结果的使用，主动讨论。 9. 在接受评估任务前，主动说明角色或与被评估者的关系及可能的利益冲突。 10. 记录所有与评估原计划有出入的变化及原因。如果这些变化会影响评估范围和结果，应该及时告知客户及其他利益相关者变化有可能产生的影响。 11. 详述评估结果对自身、客户、其他利益相关者的利益和价值。 12. 促使评估过程、数据及发现正确利用，尽量避免评估结果误用。 13. 如果某个过程或活动有可能产生错误的评估信息和结果，有义务对此及其原因进行说明；如果与客户的讨论不能解决这些问题，应该拒绝继续进行评估；如果终止评估任务不可行或不合适，评估者应该向同行或其他利益相关者咨询正确的方法。 14. 说明评估经费的所有来源，以及评估需求的所有来源
尊重	• 评估者应该尊重所有参与者的尊严 15. 充分理解评估背景、地理位置、时间安排、政治和社会环境、经济条件以及同时期其他背景活动的进展等。 16. 遵守当前职业伦理、标准、风险规定，以及参与评估有可能造成的负担；关于同意参与评估的信息；关于评估信息的保密范围等。 17. 在评估中发现的负面问题以及评估的批判性结论必须清楚地描述出来，评估有时会影响到客户的利益，在这种情况下，将其利益最大化，减少不必要的伤害，这并不会影响评估者的忠诚度。 18. 既然评估有可能对利益相关者的利益造成负面影响，应在尊重利益相关者尊严的情况下进行评估交流，发布评估结果。 19. 尽量促进评估领域公正的环境，以便参与评估的人能从中获益。比如，那些提供数据的人，将有机会优先看到评估结果。 20. 有义务理解并尊重参与者的差异性，比如文化、宗教、性别、能力、年龄、性取向以及种族的差异性，在规划、实施、分析和撰写评估报告的时候应考虑到这些差异性可能造成的影响

续表

项目	评估者行为细则
责任心	● **评估者具有考虑公众利益的责任心** 21. 考虑到不同利益群体及其多样化需求，评估者应该了解并考虑与评估相关的公共利益和价值的多样性。 22. 当规划和发布评估报告的时候，评估者应该从不同利益相关者的角度考虑。 23. 考虑评估的过程和结果、前提假设、启示以及有可能产生的负面影响。 24. 尊重人和遵守保密规定，使密切相关的利益相关者了解评估信息；向客户和其他利益相关者提供清楚的信息，使他们能清楚了解评估过程和结果。 25. 在客户需求和其他需求之间保持平衡。有必要与客户建立密切的关系，在尽可能的前提下，满足客户的合理要求。这种关系有可能使评估者处于道德冲突的两难境地。在可能的情况下尽量解决这些问题，决定在冲突不能解决的情况下是否继续进行评估，如果冲突不能解决，尽量消除冲突对评估结果造成的影响。 26. 有义务为公共利益服务，尤其是评估者受到公共基金支持时，但是也不能忽视评估对公共利益的威胁；公共利益很少与某些特定团体的利益一致。因此，评估者有时为了公共利益，不得不放弃某些特定利益相关者的利益

随着教育发展环境的变迁，美国评估协会的评估指南也会不断地进行修订，如何在全球化背景下代表更多国家的利益对跨境教育进行有效评估，正逐渐成为美国评估协会研究的重要问题。

第四节　美国评估协会推动评估学科建设

为了促进评估学科发展，美国评估协会积极推动评估专业人员培养，20 世纪 80 年代以来，已促进五十多所大学设置评估的研究生专业或资格证书培训项目。有的大学还有评估专业的博士学位点。学位点至少有三门课程集中于评估理论或评估方法。比如波士顿学院设立的"教育研究、测量和评估"（Educational Research, Measurement, and Evaluation）方向的硕士点和博士点；克莱蒙特大学行为组织科学学院心理及公共政策教育系设立的评估专业硕士点，以及评估及应用研究方法博士点。① 在此以克莱蒙特大学的教育评估专业为例进行说明。

一　克莱蒙特大学教育评估专业概况

20 世纪 60 年代，克莱蒙特大学社会科学院、行为组织科学和政策及评估学院在评估及应用研究方面就处于美国领先地位，将研究与实践结合起来，反思实践中存在的问题，积极寻求改进的方法。学生获得硕士学位之后一般具有对政策评价的能力，能建立有效的评估检测系统，掌握评估基本理论，掌握定性研究和定量研究方法。硕士专业由社会科学学院、政策及评估和教育学院提供应用研究、评价以及评估方法的训练，提供基础教育及高等教育的相关理论。这是一个非常实用的专业，强调跨学科、课程的灵活性，建立与学生职业发展目标相关的培养体系。克莱蒙特大学可提供评估的资格证书培训，每年都会举办评估工作坊，还会组织网络学习。教职工中有多名是美国评估协会的会员。

二　克莱蒙特大学教育评估专业培养计划

教育评估专业课程注重方法训练。学生须完成评估理论、方法、程序等方面的 16 个必修课程学分，与他们具体职业兴趣相关的 16 个必修学分，与统计方法相关的 8 个必修学分；8 个选修学分。学生在教育学院教授的指导下，根据个人生涯发展规划，制定个性化的学习计划。评估的艺术硕士（the Master of Arts in Educational Evaluation）专业允许个性化的专业计划，保证学生能受到教育评估方面严格的方法、理论以及相关内容的训练。此外，感兴趣的学生还可以参与应用研究或评估项目。

经过严格的训练，学生在完成学业之后，掌握了评估研究和实践的方法，了解了评估的动态、专业规划和管理、公共政策以及相关学科的知识。此外，学生也可以在完成 48 个学分的学习之后继续攻读社会科学、政策和评估学院以及教育学院的教育评估博士学位。

教育评估硕士学位 48 个学分，集中于教育评估学习和研究，学生会得益于多元的课程设置和世界一流教师的指导。要求学生获得 48 个学

---

① CGU, "Academic programs". 2016. 10. 2（http://www.cgu.edu/pages/154.asp）.

分，其中必修核心课程 40 个学分，选修 8 个学分。具体课程设置
见表 7 – 3：

表 7 – 3　　　　　　　克莱蒙特大学教育评估专业课程设置

应用研究和评估 16 学分	教育 16 学分	统计方法 8 学分	定性方法 8 学分
研究方法　4 学分 评估基础　2 学分 比较评估理论　4 学分 评估步骤 I　4 学分 评估步骤 II　4 学分	教育政策 教育改革 学生事务 院校研究 认证 教育评价与测量 方法论 科学 儿童发展 承认教育、文化、 多样性等	中级统计　2 学分 分类资料分析　2 学分 方差分析　2 学分 多元回归　2 学分 定量法　4 学分 应用多变量分析　4 学分	定性研究：理论、 模型和方法 高级定性研究方法 综合方法 数据显示 调查设计 实验方法 成本效益分析 高等教育的治理与 变革 学习和教学方法理论 大学生经历 有效的学校和课堂

资料来源：CGU，"Education Policy, Evaluation, and Reform". 2016. 10. 2（http：//www. cgu. edu/Pages/10721. asp）.

三　克莱蒙特大学教育评估专业

该校教师近年来出版了评估类学术专著 50 多本，推动了评估的专业
化进程。比如，美国评估协会主席斯图尔特和唐纳德逊（Stewart I.
(Ian) Donaldson）等 2014 年编辑出版的《可信、可获得的证据：严格、
有影响力评估的基础》（*Credible and Actionable Evidence：The Foundation
for Rigorous and Influential Evaluations*）一书，针对评估证据的质量问题
进行了分析，包括："什么是可信的和可获得的证据？如何提供这些证
据？"这些评估领域内非常具有挑战性的，但却是非常基础的问题。来自
不同学科的专家对评估的概念有不同的理解，也有获得不同策略的方法。

这本书对有志于提高评估质量证据和应用研究的人是一个非常好的资源库。[①]

美国评估协会通过与评估专业联合培养学生，开展课题研究，有效地推动了美国评估专业学科发展和评估的专业化进程。

第五节　美国评估协会为推动评估国际化付出的努力

美国评估协会虽然名为美国评估协会，但是其会员构成来自世界各地，而且服务宗旨也是促进评估国际化发展。美国评估协会会员不仅要对世界评估发展做出贡献，而且要从世界上其他国家的实践中学习经验，吸取教训。2015 年评估国际年使美国评估协会走向世界，也使全球评估学界走进美国评估协会。因此美国评估协会是一个非常有影响的国际评估专业协会，在评估的专业化进程中发挥着不可替代的作用，也是质量保障专业化的重要智力支撑。近年来，美国评估协会为促进评估国际化付出的努力集中体现在以下几个方面。

一　在国际评估年建立评估范例

美国评估协会根据 2015 年年会的主题"多元文化评估案例：学习全球评估的成功经验"组织讨论。2015 年是国际评估年，美国评估协会围绕评估的国际化问题展开了广泛的讨论，讨论感兴趣的热点话题，以及评估者正在采用的评估方式等。2015 年年会选择范例的标准基于美国评估协会的使命、愿景以及指导原则，选择具有多元化世界特征的评估范例（Exemplary Evaluations），讨论"评估领域卓越意味着什么"？最重要的是，彼此分享关于评估范例的思考。

二　建立评估国际博客

国际评估协会工作组（the International Working Group of AEA）正

---

① Stewart I. （Ian） Donaldson, Christina Christie, Melvin （Mel） M. （Michael） Mark, Credible and Actionable Evidence: The Foundation for Rigorous and Influential Evaluations. SAGE Publications 2014.

在编辑非常有趣、有价值的国际博客。据评估国际博客记载，在国际评估年，"评估火种"将通过四个主题从一个国家传到另一个国家。国际评估协会工作组确定 2016 年到 2020 年全球评估领域将来应该关注的重要事情，建立评估提供者与决策者之间沟通的桥梁，确保在政策制定中运用高质量、平等的评估。在国际层面确保评估发展的平等和可持续发展，保证评估策略实施。在国家层面建立公平的评估政策。2015 年国际评估年的主要活动日程见 7-4。

表 7-4　　　　　　　　　2015 年国际评估年全球重要活动

主题	时间	地点
庆祝官方通过联合国评估决议	2014. 12. 17	纽约　联合国总部
印度评估周	2015. 1. 19-23	印度　德里
2015 年评估培训国际项目	2015. 6. 8-7. 3	加拿大　渥太华
英国评估会议	2015. 5. 13-14	英国　伦敦
澳大利亚评估协会年会	2015. 9-5. 9	澳大利亚　墨尔本
评估国际年会：确保质量和发展	2015. 11. 4-5	沙特阿拉伯　利雅得
美国评估协会年会	2015. 11. 9-14	美国　芝加哥

资料来源：AEA，"2015 International Year of Evaluation Global Events". 2015. 10. 8（http://www. eval. org/p/cm/ld/fid = 371）.

三　签订国际合作协议

《美国评估协会合作协议》签订于 2015 年 5 月 27 日。美国评估协会通过这份协议与国际评估组织建立了合作的桥梁，为评估专业化自愿者组织（Voluntary Organizations for Professional Evaluation，VOPEs）和合作提供了机会。与美国评估协会的价值观一致，建立合作伙伴关系的目的在于通过协会推动评估领域专业组织的实践。美国评估协会崇尚建立全球国际化的评估学术共同体，促进评估实践，希望评估者从合作的视角获得更多的知识。① 美国评估协会围绕 VOPE 功能提出建议书，内容如下：基础设施和组织设计；治理和功能；影响和范围（Reach and Visibil-

---

① AEA，"American Evaluation Association International Partnership Program". 2015. 10. 8（http://www. eval. org/p/cm/ld/fid = 287）.

ity）；合法性；促进成员发展；影响评估主要因素的能力；增强评估者能力活动的有效性；为评估营造有利环境的有效性，等等。

美国评估协会将接受来自促进评估专业化的自愿组织的建议书，这些建议书要达到以下标准：能代表美国评估协会的价值观；具有清楚的规划来执行合作方提出的计划；这些建议书执行的时间不超过一年。

四　积极促进评估国际化

评估伙伴（Eval. Partner）是一个国际合作项目，2012 年由国际评估合作组织（International Organization for Cooperation in Evaluation，IOCE）和联合国儿童基金会（UNICEF）联合发起，以改进全球国家驱动的评估体系和政策。评估伙伴发展的速度快，范围广，目前已有 59 个国际合作伙伴，包括美国评估协会。《评估专业化志愿者组织概况》不仅描述了评估伙伴的性质、实践活动，而且追踪了原因，概括了其特征以及这一非同凡响的计划对全球评估的影响。[①]

五　美国评估协会国际合作项目

国际合作项目（The International Partnership Program）通过执行理事与国际工作组（International Working Group，IWG）的合作，以及与美国跨文化实施热点主题组（Cross-Cultural Topical Interest Group，ICCE TIG）的合作，支持评估专业化志愿者组织（Voluntary Organizations for Professional Evaluation VOPEs）。合作项目是美国评估协会国际化的一个主要策略。项目将通过充分利用各国经验，致力于提高评估专业化志愿者组织成员的能力。项目鼓励成员加强评估能力，促进评估国际化发展，致力于提高全球评估人员的专业水平。

第六节　美国评估协会的发展趋势和影响

作为全球较早成立的评估专业协会，美国评估协会的研究主题和活

---

① AEA，"Mapping of Existing Voluntary Organizations for Professional Evaluation". 2016. 10. 8（http：//mymande. org/evalpartners）.

动轨迹既反映了美国评估协会的发展趋势，也引领全球评估研究和学术发展的新方向。美国评估协会最明显的发展趋势是国际化、专业化和实用化。

一 推动了评估国际化发展

美国评估协会虽然名为美国评估协会，却已经逐渐成为国际性的评估组织。其国际性不但表现为会员的国际化，而且表现为评估组织活动的国际化、评估项目的国际化等。美国评估协会的成员来自全球 60 多个国家，国际成员占会员总数的 18%。2015 年是国际评估年，美国评估协会通过一系列活动庆祝评估专业领域特殊的一年。美国评估协会通过会员国际化，吸引全球评估领域不同层次的学者参与评估年会，建立国际评估专业人员志愿者组织，签订评估国际合作协议，分享评估国际案例等，推动了评估国际化。目前，在高等教育国际化程度不断提高的背景下，评估国际化成为一种必然的发展趋势，美国评估协会通过培训国际评估专家，组织评估国际年会，讨论跨国评估的相关事宜，引领评估走在国际化的前沿。

二 推动全球评估能力均衡发展

美国评估协会在推动评估国际化的过程中，充分考虑到全球评估水平发展的公平和均衡发展，为参与不足群体建立了激励和资助政策。为了促进全球评估能力共同提升，美国评估协会每年都会为参与不足群体提供参加学术年会的资助。同时，为参与不足群体服务机构（AEA Minority Serving Institution，MSI）设立奖学金。参与不足群体服务机构在 2014—2015 年邀请妇女、有色人种、发展中国家代表等在评估领域参与不足群体的许多学者参加 2015 年暑期培训班以及评估年会。采取这些措施的总体目标是增强参与不足群体对评估职业以及美国评估学会的了解。这一专业培训项目集中在以下几个方面：拓宽对评估作为一种职业的理解；通过工作坊、导师指导和在线学习，增强关于评估理论、方法和评估实践项目的知识。

三　推动评估专业化发展

评估专业化的主要标志是有专业的学术组织，致力于评估研究的共同体、有专业的研究方法和学术期刊。美国评估协会通过学术研究和专业建设，推动评估专业化发展。美国评估协会作为全球最大、历史最悠久的评估组织，其在评估领域突出的贡献是推动了评估的学术研究和专业建设，提升了评估的理论水平，建立了评估研究的理论体系。对评估的有用性研究，评估价值判断的元评估的理论模型的提出等都是美国评估协会会员长期研究的结果。美国评估协会在评估研究系统性和前沿性方面的成就是其他质量保障组织无法替代的。正因为评估协会指导美国大学建立了评估专业，才为美国高等教育认证机构培养了大量的专业认证人才。因此，美国评估协会既是美国高等教育认证的智力源泉，更是评估专业化的主要推动力。

四　批判反思，追求评估效力持续提升

批判反思是美国评估文化的突出特点。尽管美国高等教育以严格的认证体系著称，但对评估效力的批判反思和质疑却始终伴随着美国高等教育评估的发展。因此，作为评估研究的学术组织，美国评估协会始终将评估效力提升作为价值目标。所有活动都围绕这一价值目标展开，美国评估协会的年会、期刊文章、合作项目、出版物等始终围绕一个主题，即"提升评估的效力，增强评估的实用性"。研究的主题都是与提升评估效力和实用性密切相关的，比如，关于评估证据的收集，评估证据的可靠性，评估焦虑的分析与治理，评估结果的充分运用，评估过程的全员参与，增强评估影响力，对评估进行价值判断，等等。因此，评估效力提升和评估的实用性是美国评估研究的逻辑起点和永恒追求。

第 八 章

国际化背景下高等教育
质量保障的发展趋势

　　国际高等教育质量保障和评估组织的活动轨迹和学术研究动态表明，国际化背景下高等教育质量保障的发展呈现出六大趋势：第一，高等教育质量保障的国际化特征日益明显；第二，质量保障国际化推动全球质量保障专业化发展；第三，全球高等教育质量保障专业化发展推动质量保障的审核和规范发展；第四，高等教育质量保障出现多元化发展趋势；第五，高等教育质量保障体系的重心不断下移；第六，效力诉求是高等教育质量保障体系发展的逻辑起点。

第一节　高等教育质量保障的国际化特征日益明显

　　21 世纪是国际化的时代，也是合作的时代。随着高等教育国际化进程加快，高等教育质量保障国际化的特征日益加强。从国际高等教育质量保障组织的生成与发展，对跨境高等教育质量的日益关注，社会参与的大学质量保障以排名的形式蓬勃发展，质量保障国际学术交流频繁进行，质量保障评审专家的国际培训，到发布国际质量保障质量框架和质量保障活动的国际合作，无不显示着 21 世纪质量保障国际合作的特征和事实。高等教育国际化进程中跨境教育的蓬勃发展对高等教育质量保障带来新的挑战，也将高等教育质量保障带入国际化的新时代，为高等教育质量保障打上了国际化的深深烙印。规范和促进跨境高等教育的发展，成为高等教育质量保障在国际化进程中的主要使命。

一　国际质量保障组织合作，规范质量保障实践

近三十年来，全球性和地区性质量保障组织不断发展，在规范高等教育发展，促进学术机构质量持续提升方面发挥了积极的作用。同时，质量保障活动也受到相关规定制约，质量保障活动还要定期接受地区或国际质量保障机构的评估。比如，国际高等教育质量保障协会、欧洲高等教育质量保障协会等国际质量保障组织，在规范高等教育质量保障活动中发挥了积极的作用，这些国际质量保障组织通过发布质量保障指南，对质量保障组织定期进行评估，规范会员单位质量保障实践，提高质量保障效力，以达到促进高等教育质量持续提升的目的。2000 年以来，一些国际质量保障组织制定了质量保障指南，规范质量保障机构、学术机构参与质量保障的各项活动，为质量保障实践活动提供了理论框架和参考标准。尽管不同的机构建立了不同的质量框架，但宗旨都是使高等教育质量保障活动在促进高等教育质量持续提升中发挥积极的作用。在众多质量保障框架中，欧洲高等教育区的标准和指南以及国际高等教育质量保障协会的指南被作为证明质量保障机构标准的主要参考。国际质量保障机构近年来集中关注下列问题：好的质量保障体系是什么？确定质量保障范例的框架、指南以及对质量保障机构的建议等。一些政府间组织，比如联合国教科文组织和经济合作与发展组织，与本领域的不同利益相关者和专家积极合作，也建立了对质量保障机构进行保障的框架。高等教育领域的几个机构也发布了与跨境高等教育质量相关的文本。这些文本成为高等教育质量保障机构形成和发展的指南。比如联合国教科文组织发布的跨境高等教育质量保障指南、欧洲质量保障协会的跨境高等教育质量保障指南、非洲大学联合发布的《关于关贸总协定的阿克拉宣言以及非洲的高等教育国际化》①；2005 年，国际大学联合会以及加拿大大学联合会、美国教育委员会、高等教育认证委员会联合发布的《分

①　The Association of African Universities, Accra Declaration on GATS and the Internationalisation of Higher Education′ in Africa′ (2004) .

享跨境高等教育质量：代表全球高等教育学术机构的宣言》① 等。虽然发布这些质量保障指导框架的机构不同，从内容和形式上有所区别，但其理论框架都是基于质量保障体系效力的核心要素进行的，在国际化背景下，全球质量保障机构合作开展跨境高等教育质量保障实践，成为一个必然的选择。

二　国际组织定期对质量保障机构进行评估和审核

为了向社会证明自己的质量保障活动是可靠的，提高质量保障活动的信度，反思和改进质量保障实践中存在的问题，使质量保障活动在促进高等教育质量提升中发挥更大的作用，不同国家和地区的质量保障机构自愿加入国际或地区质量保障协作组织，并遵循质量保障质量框架的实践原则以向社会说明其质量标准，周期性地邀请国际质量保障组织对其实践活动、质量报告、评审专家等进行审核和检查，并最终以《质量保障机构质量报告》的形式公开透明地向社会说明该机构在质量保障实践活动中的绩效、存在的问题，开诚布公地提出需要改进的地方。为此，国际性组织对其会员单位，包括地方质量保障机构定期进行审核、问责，只有认证合格的机构对学术机构的认证才是有效的。学术机构内部质量保障机构通常由学术机构的代表组成。治理机构也许会包括更多的群体：社会、雇主以及行业协会。多元的构成会拓宽质量保障机构工作的视角。邀请国际评估专家参加治理机构也是获得拓展视角的良好方式。质量保障机构向外界说明的基本方式是向所有者或投资者提交计划和年度报告。质量保障机构通常还要向管理机构提交年度报告。为了保证公开透明和应答社会问责，这些报告一般会公开发表。通常，质量保障机构主动接受质量保障组织的认证。质量保障机构寻求有声望的组织对其进行认证是应答社会问责的重要措施。接受声誉良好的认证机构认证也是机构进行质量承诺的最佳选择。国际质量保障协会对其成员机构定期进行审核，欧洲质量保障协会成员单位定期主动要求接受规范性审核。质量保障机构定期主动要求接受审核既是质量保障机构向社会证明其认证质量和状

---

① Sharing Quality Higher Education Across Borders: A Statement on Behalf of HEIs World-wide (2005).

态的需要，也是质量保障机构规范发展，追求不断提高的主动选择。

三　跨境高等教育质量保障推动高等教育质量保障国际化

在跨境高等教育市场化趋势日益明显的背景下，面对跨境教育的质量危机，为了有效保障跨境高等教育质量，联合国教科文组织高等教育处 2005 年发布《保障跨国界高等教育办学质量指导方针》，旨在提供跨境高等教育质量保障的方法和手段，总结成功经验，以帮助会员单位评估跨境教育的质量与实效，保护高等教育利益相关者免受劣质教育侵害，促进跨境教育提供者和接受者之间的信任与合作。[1] 跨境教育的质量差异在挑战各国高等教育质量保障体系能力极限的同时，也推动高等教育质量保障国际合作：规范和促进跨境高等教育发展成为高等教育质量保障在国际化进程中的主要使命，这一使命促成国际高等教育质量保障专业组织的生成和发展。国际高等教育质量保障协会是全球性高等教育质量保障机构的联盟，旨在全球范围内收集、宣传高等教育质量保障的理论和实践经验，分享研究成果，帮助其成员开展国际合作，以期在高等教育评估上建立国际公认的统一标准和评估机构行为规范框架，促进世界各地高教评估机构交流合作，推动高等教育评估国际化。[2] 欧洲高等教育质量保障协会的主要目的在于促进欧盟地区在质量保障方面的合作，在成员国之间信息共享，互派专家，以促进形成最好的评估实践和欧洲质量保障的特色。[3]

四　对高等教育国际化质量的评价成为评估的重要内容

国际化是现阶段高等教育的主要特征。国际化不断增长的重要性和原理、方法和策略的多样性等，需要在院校层面和专业层面对高等教育国际化质量进行判断。迪尔多夫·萨吹克和牟（Deardorff Pysarchik & Yun，2009）指出："随着全球化进程中学生对国际教育需求的增加，管

---

[1]　UNESCO, Guidelines for Quality Provision in Cross-border Higher Education Paris, 2005.

[2]　李利群：《高等教育评估的"全球化进程"及对中国的启示》，《中国大学教学》2007 年第 11 期。

[3]　ENQA. "About ENQA"（http：//www. enqa. eu/index. php/about-enqa. 2014 – 08 – 02）.

理者对国际化成果的评价以及准确判断学生是否在国际课程或国际教育中获得有效的成果就变得非常关键。"① 二十多年来，人们试图用不同的工具对这一特征进行评价，尤其是在院校层面。在 1999 年国际化质量评价过程之后，不同的国家已经采取措施开发衡量国际化的工具。遗憾的是，他们大多是对输入和输出的评价，而不是对效果的评价。哈德克和斯斗赫（Hudzik and Stohl, 2009）认为，效果（outcomes）通常会与目标成就和对学术机构使命的评价相连。② 1999 年，经济合作与发展组织（OECD）出版了简·奈特和汉斯·德威特（Jane Knight & Hans de Wit）的专著《高等教育质量和国际化》（*Quality and Internationalisation in Higher Education*），其中基于对全球不同地区诸多学术机构的测试评价，提出了评价国际化策略的工具和指南。③ 2011 年，根据高等教育国际化发展的具体情况，美国评估协会又提出了国际化质量特征分析框架，具体见表 8 - 1。

表 8 - 1　　　　　　　　专业国际化质量特征分析框架

标准	准则	具体内容
国际化愿景	共享的愿景	有国际化愿景，得到专业内外部利益相关者的认同
	可测目标	国际化愿景有可考核的目标
	改进性评估	定期对国际化愿景评估，在此基础上采取改进措施
学习效果	预期学习效果	对国际化愿景反思，提出国际化和交叉文化学习的清晰目标
	学生评价	对学生的评价方法适合评价学生学习效果中的国际素养
	毕业生成就	专业可以证明毕业生达到预期的国际化培养目标

① Deardorff, Pysarchik and Yun, Deardorff, Darla, Thorndike Pysarchik, Dawn and Yun, Zee-Sun. 2009. Towards Effective International Learning Assessment: Principles, Design and Implementation. In Hans de Wit (Ed.), Measuring the Success of the Internationalisation of Higher Education. EAIE Occasional Paper 22. European Association for International Education, Amsterdam.

② Hudzik, John K. & Stohl, Michael. 2009. Modelling Assessment of Outcomes and Impacts from Internationalisation. In Hans de Wit (Ed.), Measuring the Success of the Internationalisation of Higher Education. EAIE Occasional Paper 22. European Association for International Education, Amsterdam.

③ Knight, Jane & de Wit, Hans (Eds.). 1999. Quality and Internationalisation of Higher Education. Paris: OECD.

续表

标准	准则	具体内容
教学	课程	课程内容和结构符合对学生国际化能力培养的要求
	教学方法	教学方法适合国际化内容的学习
	学习环境	学习环境适合国际化培养目标
职员	职员构成	职员的质量和数量都有利于促进国际化培养目标的实现
	国际经历和能力	职员具有足够的国际经历、跨文化交流能力和语言能力
	为职员提供服务	提供的培训、资源、交流等服务与对员工国际化要求一致
学生	学生群体构成	学生文化背景和国家来源多样性与国际化的专业愿景相同

资料来源：Assessment：Unsatisfactory, satisfactory, good or excellent（weighted and substanti-ated）. Source：www. nvao. net：Framework for the Assessment of Internationalisation, 2011b.

2009 年，欧洲国际教育协会（EAIE）发表德威特（De Wit，2009）的文章《测量教育的成功》（Measuring the success of what we do），集中对这一主题进行了讨论。指出在国际化进程中衡量专业人才的成功是当务之急。广为传颂的国际大学排名体系对测量高等教育的成功也产生了深刻的影响。全球学生、教师、高等教育管理机构和国家政策对问责的需求以及对高等教育质量的关注，引起人们对评价国际化过程的专业和项目的关注。认证、排名、鉴定、审核和标杆管理已经成为国际高等教育的主要特征。[①]

国际质量保障组织的生成和发展，为高等教育质量保障的国际合作提供了组织保证，使高等教育质量保障经验分享和国际认证成为可能，也推动了高等教育质量保障国际化进程。

第二节　质量保障组织专业化程度不断提高

质量保障是一项专业性实践活动，但质量保障活动的专业水平却不是与生俱来的，而是在质量保障活动中，随着教育发展环境的变化，在反思与改进中逐渐提高的。质量保障的专业水平关系到质量保障活动的

---

① De Wit, Hans（Ed.）. 2009. Measuring the Success of the Internationalisation of Higher Education. EAIE Occasional Paper 22. European Association for International Education, Amsterdam.

信度、质量保障组织的影响力，决定质量保障的效力。近三十年来，在国际高等教育质量保障组织的推动下，质量保障实践活动的专业化程度正在逐渐提高，质量保障的专业机构蓬勃发展。

一　美国评估协会拉开了评估专业化的序幕

评估是质量保障的重要手段，为了推动评估的专业化发展，美国首先在 1986 年成立了评估的专业组织——美国评估协会（American Evaluation Association），通过发布评估指南、评估最佳实践、组织学术年会、编辑出版评估学术期刊、解决评估实践中的难题、培训评估专家等，有效地促进了评估专业化的发展。尽管名为"美国评估协会"但由于其在国际评估领域强大的影响力和追求多元化的宗旨，实际上已经发展成为具有强大国际影响力的国际评估专业学术组织。美国评估协会的诞生及其创办的评估学术期刊的广泛发行，是评估和质量保障走向专业化的起点和标志，成为质量保障专业化进程中的里程碑。在全球高等教育国际化进程中，美国评估协会又在 2015 年围绕评估的国际化问题，组织了一系列学术讨论。因此，美国评估学会是全球推动评估专业化的有效组织。

二　国际组织发展推动质量保障实践专业化

在质量保障二十多年的实践中，全球质量保障机构在质量保障实践活动中逐渐发现了自身的局限性，迫切需要成立地区性专业质量保障组织，规范质量保障活动，培训从事质量保障研究和实践的专业人员。世界各地对质量保障专业化的诉求，催生了国际质量保障协会、欧洲高等教育质量保障协会、亚太地区质量保障协会等专业的质量保障组织。这些质量保障组织通过定期出版学术期刊，组织质量保障学术年会，开展质量保障专业培训，设立质量保障研究生专业项目，发布质量保障指导框架等，有力地促进了质量保障的专业化发展。高等教育质量保障的专业化兼顾了教育公平。国际高等教育质量保障组织在专业化的进程中充分考虑到全球质量保障和评估专业化的地区差异，关照了发展中国家，兼顾了公平原则。比如，在质量保障组织会员招募中，充分强调组织成员的多样性，以各种优惠政策吸引发展中国家成员参加。又比如，美国评估协会的年会，每年都会为发展中国家的参会人员设立国际旅费的奖项，吸引来自不同国家的评估人员参加。在质量保障专业人员的培训中，尤其关照发展中国家，比如国际质量保障组织在澳大利亚悉尼大学设立的质量保障研究生专业项目，每年都会为各国质量保障机构培训专业人员，为亚、非、拉等地区高等教育质量保障专业化程度较低的国家分配免费培训的名额，这些举措，在促进质量保障专业化的同时，兼顾了质量保障的公平发展，通过有效的激励政策，吸引发展中国家质量保障人员参与培训。兼顾了公平的高等教育质量保障专业化，其未来的专业化程度在全球也将是均衡发展的。因为只有在全球高等教育质量保障专业化程度相当的情况下，才能平等交流，有效合作。

三　国际合作推动全球高等教育质量保障专业化发展

高等教育质量保障组织的国际合作主要表现为分享质量保障的国际经验，组织国际质量保障学术会议，在全球范围内培养质量保障专业人才，消除质量保障的国际壁垒，促进高等教育质量保障专业化均衡发展。专业化的标志是专业组织、学术共同体、专业学术期刊的形成。国际高等教育质量保障协会、欧洲高等教育质量保障协会、亚太地区高等教育质量保障协会等组织通过开展质量保障专业培训、设立质量保障研究生专业项目等措施培养质量保障的学术共同体，促进质量保障的专业化发展。2005 年，世界银行通过联合国教科文组织支持不同地区的质量保障机构，启动全球质量保障能力提升计划（GIQAC）。主要包括对发展中国家质量保障能力建设和跨境高等教育质量保障的支持。国际高等教育质量保障协会（INQAAHE）在 GIQAC 项目支持下，与欧洲质量保障组织合作举办"质量保障与国际化"工作坊，为促进全球质量保障人员专业发展开发综合培训项目，在网站分享由全球杰出质量保障专家共同讨论形成的致力于质量保障能力提升的学习材料。而且，INQAAHE 将"质量保障专业化"确定为 2011 年年会的四个主题之一，集中讨论各国质量保障专业化案例和促进质量保障专业化行动计划。INQAAHE 的 2013—2017 年发展规划着重强调未来将致力于在全球发展质量保障的学术共同体，共同促进质量保障效力提升。提高跨境高等教育质量的使命是，通过为发展中国家培养质量保障专业人才，促进全球质量保障专业水平的均衡发展和共同提升。

第三节　质量保障专业化推动高等教育
质量保障机构规范发展

质量保障专业化对高等教育质量保障的规范化发展和绩效目标提出了明确的要求。质量保障机构在审查各院校质量时应该自律、客观、透明。[①] 作为高等教育质量的守护者，质量保障机构必须向利益相关者证明他们所进行的质量保障活动是严肃认真的，并对高等教育质量保障产生积极的影响。这一期待使高等教育质量保障机构接受国家层面或国际层面的审核成为证明质量和规范发展的现实需要。指导并审核地区质量保障机构，便成为国际质量保障组织的主要职责。

一　国际组织发布专业质量保障指南，为机构规范运行提供参考

国际质量保障组织通过发布质量保障指南，为地区质量保障机构发展提供参照标准，并对质量保障机构定期进行评估，规范不同国家和地区质量保障实践，提高质量保障的效力，以达到促进高等教育质量持续提升的目的。为帮助质量保障机构自评，INQAAHE 建立《质量保障最佳实践指南》，主要目的在于为新成立的质量保障机构提供理论框架和实践依据，为质量保障机构开展自评和外部评估提供标准，促进质量保障机构及其人员的专业发展，推进质量保障机构接受社会问责。指南强调外部质量保障机构应该"对自身活动有持续的质量保障，以适应高等教育的变化，保证质量保障的有效性及其绩效目标的实现。这一指标成为质量保障机构评价自身质量保障实践活动的参考依据"。[②] 2009 年，INQAAHE 应会员自愿申请，对其会员单位遵循质量保障准则的情况进行调查。一百多个会员单位中只有十个质量保障机构达到指南规定标准。评审标准包括机构质量、资源分配、质量保障过程、质量报告、与学术机构的关系、评估、决策、申诉制度以及与其他质量保障机构在跨境教育方面

---

① COSTES, N. "First external evaluations of quality assurance agencies—lessons learned" (http: //www. enqualityassurance. eu/files/ENQA workshop report 2010).

② INQAAHE, Guidelines of good practice in quality assurance 2007.

的合作。欧洲高等教育质量保障协会（ENQA）在 2011 年形成《欧洲高等教育区质量保障机构的外部评估指南》，规定质量保障机构在进行外部评估时应该坚持的标准，指出评估的目的应该从基准评价到质量提高，评估应该由独立专家在收集充分证据的基础上实施基于证据的评估。并规定，为了证明机构达到成员需要具备的标准，在评审中需要考虑以下因素：评估过程的管理必须完全独立于评审机构；评估管理过程应该公开透明，接受 ENQA 的检查；评估报告应该详尽、公开，并证明质量保障过程的可靠性；报告必须提供足够能证明机构已经达到标准的信息。质量保障组织通过一系列标准对质量保障机构进行外部评审以确保其获得或保持会员身份。欧洲高等教育质量保障协会是首家对其成员状态进行外部评审的机构，包括对高等教育保障的程序、合法状态、活动、资源、使命描述、独立性、标准和过程、问责等。强调外部评审必须客观，并提供充分的证据证明符合欧洲外部质量保障的标准及欧洲质量保障组织的标准。[1] 国际高等教育质量保障协会和欧洲高等教育区的标准和指南为质量保障机构规范发展提供了参考依据，为质量保障机构自评和接受外部审核建立了标准。

二　质量保障机构主动接受外部审核，应答社会问责

质量保障机构寻求有声望的组织对其进行认证是应答社会问责的重要措施。接受声誉良好的认证机构认证也是机构进行质量承诺的最佳选择。具体而言，在以下几个方面做出承诺：提高学术质量；应答社会问责；鼓励机构改进；使用公平有效的方法；继续对认证实践进行评价；促进机构的可持续发展。虽然各国高等教育质量保障的模式不同，但是高等教育质量保障组织周期性地接受高一级质量保障组织的认证，确保其规范发展却是高等教育质量保障专业化的主要标志。因为只有合格的质量保障机构，才能有效地促进高等教育机构质量持续提升。

质量保障机构是在自评和外部审核的基础上，应答社会问责，寻求规范发展。随着公众对质量保障活动效力的关注，"证明质量保障机构的

---

① ENQA （http://www.enqa.eu/indirme/papers-and-reports/occasional-papers/ENQA_op18.pdf）.

质量"成为质量保障机构日益关注的话题。质量保障机构的质量保障方法包括外部质量保障和内部质量保障。外部质量保障和内部质量保障都会在帮助质量保障机构决策上发挥积极的作用。内部质量保障是质量保障机构质量保障的主要组成部分。但是，欧洲高等教育质量保障协会通过对 34 个欧洲质量保障机构自评报告的分析发现，只有 65% 的质量保障机构达到规定的标准，这说明质量保障机构的内部质量保障机制还有待完善，内部质量保障机构认识自身劣势和优势的方法还不完善。有些质量保障机构通过对被评机构的满意度调查，召开利益相关者讨论会等内部质量保障方法征求反馈意见，寻求提高。① 一些质量保障机构通过组织元评估以发现评估过程中存在的问题。但是，这种快捷的方式很难保证他们提供的信息是否客观正确。② 质量保障机构寻求有声望的组织对其进行认证是应答社会问责的重要措施。为了提高质量保障活动的信度，反思和改进质量保障实践中存在的问题，使质量保障活动在促进高等教育质量提升中发挥更大的作用，不同国家和地区的质量保障机构自愿加入国际或地区质量保障协作组织，并遵循质量保障质量框架的实践原则以向社会说明其质量标准，周期性地邀请国际质量保障组织对其实践活动、质量报告、评审专家等进行审核和检查，最终以《质量保障机构质量报告》的形式公开透明地向社会说明该机构在质量保障实践活动中的绩效、存在的问题，开诚布公地提出需要改进的地方。比如，美国由大学协会建立的地区认证机构首先要接受美国教育部的认可，具体由高等教育认证委员会执行。主要内容是：希望认证机构能提高学术质量，应答社会问责，鼓励改进，使用合适的方法，继续评价认证实践，拥有足够的资源。认证机构一般六年需接受一次认可。只有定期接受认证的质量保障机构才有资格对学术机构或其他认证机构进行认证。全球对质量保障机构进行质量保障的模式及特征见表 8-2 所示。

---

① Marcos，S. Learning from each other-using benchmarking to develop Internal quality assurance，Helsinki：ENQA，2012：13-16.

② Szanto，T. Background and purposes of external reviews of quality assurance agencies：ENQA 2010.

表 8 - 2　　　　　　　　　　　质量保障机构质量保障模型比较

类型	准入审核	伞型模式	周期性评价	注册	遵循国际准则
机构	政府	认证机构	质量保障机构	国际质量保障组织	国际质量保障
层次	国家层面	独立	院校层面	地区层面	国际层面
程序	计划及年度报告	外部评估	元评估	外部评估	自我改进
方法	外部评估	内部外部	内部评估	外部内部	内部评估
特征	应答社会问责	质量保障	质量改进	质量保障	质量改进
案例	马来西亚质量保障机构（MQA）	美国、德国	澳大利亚、中国台湾认证	欧洲质量保障成员国	INQAAHE，ENQA 和 APQN 成员国

资料来源：Martin Stella, External quality assurance in higher education: making choices. Paris: UNESCO，2007.

虽然各国质量保障机构质量保障的模式不同，方法各异，但是质量保障机构在自评的基础上接受外部审核以提高质量保障质量，应答社会问责已成为其寻求规范发展的自觉质量意识。

第四节　高等教育质量保障多元化发展

高等教育的复杂性和多样性决定了高等教育质量保障的多元化发展。高等教育质量保障多元化发展主要表现为质量保障目标多元化、角色多元化和参与主体多元化。

一　质量保障目标多元化

尽管质量保障的终极目标只有一个：规范和促进高等教育发展，但是这一终极目标的实现却由不同的子目标构成。高等教育质量保障目标多元化主要指子目标的多元化。所谓目标多元化是指总目标在不同维度的体现，或者总目标可以用不同的指标来全面反映。2000 年以后，质量保障机构的目标出现多元化的趋势。质量保障机构的目标在于：说明公共资金使用的合法性；促进高等教育质量提升；为高等教育资金拨款决策提供参考；向学生和雇主发布信息；激发学术机构之间和学术机构内部的竞争；对新办院校进行质量检查；了解学术机构运行状态；支持州政府和学术机构之间的权力转换；鼓励学生流动；进行国际比较。欧洲高等教育质量保障的标准指南指出：高等教育质量保障的目的在于保障国家高等教育的学术标准；对学术机构和专业机构进行鉴定；保护消费者的利益；向外界提供关于学术机构和专业独立查证的信息；改善和提高学术机构的质量。质量保障的目标因国家教育背景的变化而异。目前讨论最多的是质量保障的主要目标到底是问责还是改进。一些外部质量保障机构的主要目的是质量控制；对其他机构而言，是公共机构按照相关标准对学术机构的问责和保障。在有的国家，学术机构自身的改进是主要的目的。在大多数情况下，质量保障的目的包括以上所有情况，高等教育系统的多样性以及权威机构对高等教育机构的要求决定了质量保障不同的目标和功能。任何一种质量保障都兼备问责和改进的双重目标。所以，没有必要刻板地将二者剥离。如何更好地实现高等教育质量保障的多元目标，则是现代高等教育质量保障机构面临的最大挑战。

二　质量保障机构角色多元化

为了实现高等教育质量保障多元化的价值目标，质量保障机构角色也出现多元化的趋势。

乌德豪斯和丝黛拉（Woodhouse & Stella，2008）根据对许多质量保障机构目标的分析，认为由于国家的背景不同，质量保障机构主要扮演了18种角色：帮助学术机构建立内部质量管理体系，促进学术机构发展和能力建设；帮助学术机构提高质量；评估学术机构目标的实现或标准以及系统有效性；根据内部或外部质量标准评价学术机构质量；根据基准对不同学术机构进行详细的比较；利用绩效评价标准对学术机构排名；判断学术机构是否有继续提供专业人才培养的能力（守门员的角色）；界定或证明资格（资格权威）；确定或维持资格框架；评价和记录学习，包括实验学习，能进行学分积累和转换；通过战略、规划或方法引导机构发展（引导或转换，与目标适切性相关）；提供关于学术机构的报告为财务拨款奠定基础；提供学术机构财务和资源使用情况的报告（问责）；监控学术机构的财务运行状况（可行性）；检查学术机构遵守法律的情况（承诺）；提供不同学术机构的独立信息；报告整个高等教育机构的质量和水平；核对其他外部质量保障机构活动的绩效（协调）。[①]

三　质量保障多元目标和角色的冲突与融合

如何扮演质量保障的多重角色，成为质量保障机构面临的重要问题。学界将质量保障的角色总结为两点：问责和自治。即使将质量保障的多元角色总结为问责和自治，质量保障组织在扮演问责和自治的二元角色时，仍然面临角色冲突的困扰。因为问责和自治本身就是一对矛盾的目标和角色。问责意味着削弱自治权；相反的观点认为问责是学术机构自治的另一面——在某种意义上说是高等教育学术机构为自主权买单。为了维持学术机构的自治并与政府保持一定的张力，学术机构只有持续提高组织自治的效力才能保证免受政府和社会问责的审核。外部质量保障机构能为政府提供具有良好质量的学术机构的相关信息，应该给予学术机构更多的自主权。在这种意义上，质量保障机构扮演着"缓冲区"的角色，即学术机构和政府机构中间的角色。质量保障机构能帮助学术机构做到以下几点：第一，促进大学内部质量保障体系规范发展；第二，评价证明学术机构为应答问责和改进所做的努力；第三，评价学术机构为达到要求所取得的成效；第四，对那些影响学术机构良性发展的评估进行专业和合法的规范和指导。质量保障机制只有在多元的角色冲突中根据质量保障的核心目标进行角色融合，才能实现质量保障的多元目标。

四　质量保障参与主体多元化

高等教育质量保障的多元化不但表现为机构目标和角色的多元化，而且表现为参与主体的多元化。从最初的政府控制，外部质量保障为主，到目前多元利益相关者的广泛参与，就机构而言，参与高等教育质量保障的不仅有政府机构、外部质量保障机构等社会中介组织，还有国际质量保障机构、学校内部质量保障机构，而且学校内部质量保障机构正发展成为质量保障体系的核心力量。从参与质量保障的人员构成来看，参

---

① Woodhouse, D. (November 2010). Is there a globally common understanding to Quality Assurance? ESU Board Meeting 59 Seminar: Quality Assurance. Presentation conducted from Jerusalem, Israel.

与质量保障活动的不仅有国内评估专家，还有国际评估专家、教师、学生、家长、雇主等多元利益相关者。质量保障活动中多元利益相关者的广泛参与，有利于评估文化的形成和评估效力的持续提升。

第五节　高等教育质量保障体系重心下移

虽然目前国际质量保障组织蓬勃发展，地区质量保障协作组织也日益健全，在质量保障中发挥着规范和引导的作用，但是任何组织的评估，都是建立在学术机构内部自评的基础上，高等教育质量生成于人才培养的全过程。因此，在质量保障多元的参与主体中，学术机构是学术质量的第一责任人，质量保障的重心应该在学术机构内部。引导学术机构内部建立健全质量保障机制便成为质量保障组织和学术机构共同关注的问题。2008 年亚太地区质量保障机构在日本签订的"千叶原则"更是强调了这一点。

一　质量保障体系的重心从外部审核转向内部质量保障体系建设

目前，国际质量保障新的模式更倾向于依靠同行而非政府权力机关去执行评估过程。大部分质量保障方案从对院校或者专业的自我研究（self-study）和评估（self-review）开始。自我研究要求院校对自己的实践、资源、取得的成就对照组织使命进行彻底检查，并且找到需要改进和提高的地方。自我研究最后常常以一份记录了过程和结果的报告结束。自我研究系统、独立的检验行动和相关结果是否遵照预计的安排以及这些安排是否得到有效实施并适当地达成了目标，这个进程通常包括对内部质量体系效率的评估或者审查。目前高等教育机构更常用的评估方法是对照自己界定的使命进行评估，而不是按照管理机构所确定的院校模式来评估，这是质量评估的一个重要趋势。

二　外部质量保障的责任在于对内部质量保障体系效力的评估

随着高等教育质量保障体系重心不断下移，内部质量保障体系逐渐成为质量保障的核心力量。质量保障最大的动力来源于组织内部质量提升自我意识的觉醒，通过建立完善的内部质量保障体系，唤醒组织内部质量目标实现的核心要素：教师、学生、管理人员质量意识的觉醒，激发其积极性是促进高等教育质量提升的有效措施。因此，外部质量保障体系的主要责任在于对组织内部质量保障体系效力的评估，审核学术机构内部是否建立了完善的质量保障体系，质量保障体系是否有效规范了学术机构教育活动在质量规范规定的范围内进行，是否激发了利益相关者的积极性，促进教育质量持续提升，组织内部是否形成了批判反思的质量文化，是否能对组织存在的问题进行自主反思，在反思、批判、改进中持续改进和提高。外部质量保障体系的主要责任在于促进学术机构内部质量保障体系效力提升，增强组织内部质量文化的自主意识。

三　质量保障正成为促进高等学校质量持续提升的管理文化

目前，质量保障逐渐被视为促进质量提升的过程，是学术机构质量管理的持久文化，而不是阶段性的活动。在这种过程中，高等学校的各个关键要素都得到评估，也是在这种过程中，高等教育行动的观念、标准、规则、认证、基准结果和责任等叠加在一起，形成了世界各地高等教育中兴起的质量文化的基础。不同之处在于评估了什么，以及怎样反映不同的国家与文化对质量的管理。随着高等教育评估专业化水平不断提高和公众问责意识的增强，人们更加重视开展基于证据的评估。质量保障体系的重心正从外部转向学术机构内部，质量保障将成为促进高等教育质量持续提升的管理文化。

质量保障的重心正从外部质量保障转向内部质量保障，内部质量保障依靠组织内部形成持续的质量文化，通过提高组织内部成员的质量意识而进行。因此，高等教育质量保障的重心正在不断下移。从外部干预为主转向组织内部自律，从定期进行的质量评估转向日常管理中组织成员形成自觉的质量意识，因为只有充分发挥组织成员的自主性，才能形成持续的质量意识和质量文化。

第六节　效力诉求是质量保障组织发展的内在动力

关于质量保障的效力问题一直是学术界和质量保障利益相关者关注的焦点问题，也是质量保障反思和改进的逻辑起点，效力诉求是质量保障组织发展的不竭动力。质量保障的效力即质量保障的目标实现程度。具体指质量保障在规范和提高高等教育质量方面发挥的作用，即对高等教育产生的影响力。质量保障的效力，与质量保障目标同质量保障手段的契合度、质量保障框架的稳定性、质量保障实施主体的正直和专业水平、质量保障过程的信度、质量报告的公开透明及质量保障结果的使用密切相关。评估是质量保障的主要手段，质量保障的效力同样受制于评估专业化程度。

一 质量保障效力的核心要素

（一）质量保障的目标

目标指要达到的境界或标准。目标是对活动预期结果的主观设想，是在头脑中形成的一种主观意识形态。按照主观意识反映客观现实的程度，可分为必然目标、或然目标和不可能目标；具有方向性、现实性、社会性、实践性。目标具有为实践活动指明方向的作用，只有通过实践活动才能实现目标。高等教育质量保障指通过质量保障使学术机构达到的水平或标准。虽然高等教育质量保障的目标出现了多元化的趋势，但是根据高等教育发展水平的不同，质量保障的主要目标可以分为规范高等教育发展或促进高等教育质量持续提升。在高等教育发展的初期或初次评估中，以规范为目的，在高等教育发展基本规范以后，质量保障的目的则在于促进高等教育质量持续提升，因为质量保障是促进高等教育质量持续提升的过程，高等教育质量提升没有边界。

（二）质量保障的信度

信度指质量保障的可靠程度，即客观真实性。质量保障过程的信度决定利益群体对质量保障的信赖程度。学术机构参与外部质量保障会耗费一定的人力和物力。学术机构只有在认为外部质量保障过程可靠的情况下才会参与此项活动。没有学术机构的积极参与和郑重承诺，质量保障活动对学术机构的价值和积极产出的影响就会大打折扣。因此，质量保障机构使学术机构明确自己的信度就显得非常重要。外部质量保障过程的信度取决于不同因素的合力：澄清质量保障的政策和目标；解释外部质量保障框架的合适性；在确立标准过程中邀请学术机构参与，充分尊重学术机构的意见；遵循完整、公开透明的评估程序；在评估实施过程中坚持严格的执行过程；评审团基于事实分析，提出公正、有效、有用的决策和判断；质量保障机构职员和志愿者具备评估的专业水平，恪守评估的职业伦理道德；质量保障的结果达到对高等教育系统产生积极影响的理想目标；保证质量保障机构达到评估的专业标准。实现这些目标的方法因环境而异。在强调达到具体绩效标准的系统中，质量保障标准会区分出不合格的或低质量的高等教育提供者。这时就需要与学术机构的利益相关者公开讨论评价标准，好的学术机构总是倾向于支持成立那些能将不合格的高等教育机构剔除的质量保障机构。外部质量保障过程越是严格，学术机构参与评价的愿望就越强烈。外部质量保障机构在满足学术机构诉求的同时也提高了其信度。

（三）质量保障的影响力

质量保障的影响力指质量保障对高等教育发展产生的影响。主要包括质量保障对学术机构管理质量带来的实际影响，对教学质量产生的影响，与专业和院校鉴定之间的关系，质量保障过程的可持续性，高等教育内部质量管理的发展等。[1] INQAAHE 已经清楚地表明，虽然大部分地区的质量保障是地区性的问题，但是教育质量却是全球性的问题。IN-QAAHE 告诉我们，质量保障是工作的主线，需要不断地改进质量保障的方法，质量保障本身并不是目的，促进教育质量的持续提升和学术机构及专业适应社会需求能力的增长才是质量保障存在的真正价值。

二　国际组织质量保障效力提升的实践探索

国际质量保障机构和评估组织发布的规范和指南，建立和分享质量保障最佳案例库，组织不同主题的年会，实施大规模的调查研究项目的主要目标都是围绕提升质量保障的效力进行的。高等教育是高等教育质量保障组织服务的对象，面对高等教育环境变迁做出积极的应对措施是高等教育质量保障效力诉求的基本策略。面对国际化背景下跨境教育的蓬勃发展，高等教育质量保障机构的国际化发展便成为质量保障效力提升的主动选择。国际高等教育质量保障协会、欧洲高等教育质量保障协

---

[1]　Maria Jose Lemaitre, "After twenty years: Global and Regional Networks". 2015. 9. 10 (http://www.enqa.eu/).

会、亚太地区高等教育质量保障协会作为质量保障的国际组织和地区性
组织，美国高等教育认证理事会作为高等教育质量保障历史最悠久的组
织，美国评估协会作为最大的评估专业学术组织，所有的实践活动无非
就是通过建立国际标准和国际合作平台，使质量保障组织能有效服务于
促进高等教育质量持续提升的价值目标。高等教育质量的国际化、专业
化、规范化、多元化趋势，高等教育质量保障体系重心的下降等发展趋
势，都是国际化背景下高等教育质量保障效力诉求的应对措施和必然结
果。因为效力是目标实现的程度，有效地应对环境变迁，坚守高等教育
质量底线，促进高等教育质量持续提升才是高等教育质量保障的价值
体现。

第 九 章

国际化背景下中国高等教育
质量保障的选择

进入 21 世纪以来，中国作为具有深厚历史文化底蕴的高等教育大国，在高等教育国际化进程中也扮演着重要的角色。到目前为止，中国不仅是接受跨境教育人数最多的国家，而且成为国际学生流动的主要目的地国之一。同时，中国与国外大学创办的孔子学院，也成为中国提供跨境教育，在全球传播中国文化的主要方式。据统计，中国已成为世界最大的留学生输出国和接收留学生的第三大国。2014 年，中国出国留学人次达 45.98 万，在华接受教育的留学生近 36 万人次，涉及 80 多个国家和地区。中外合作办学机构和项目已有 2056 个，其中涉及中国高校近600 所，国外高校 400 多所，国家和地区 33 个，涉及在校的中国学生近55 万人次。① 跨境高等教育成为中国高等教育体系的重要组成部分，但是中国跨境高等教育质量保障的能力建设却与跨境教育的需求不匹配，对跨境高等教育还缺乏明确有效的保障措施，导致劣质跨境教育流入国内，花钱买文凭、集中开办"中国班"、低质量重复的办学现象时有发生，跨境教育的质量风险不但损害了公民的利益，而且影响中国声誉。作为跨境教育的最大资源国和高等教育质量保障的后发外生型国家，建立符合国际发展趋势并具有中国特色的质量保障体系成为中国高等教育国际化进程中提高跨境高等教育质量保障能力必须关注的问题。因此，国际化进程中中国高等教育质量保障面临的现实问题不仅是如何维护中国学生

---

① 张文凌：《我国已成世界最大跨境教育资源国家》，《中国青年报》2015 年 5 月 9 日，第2 版。

接受合格跨境教育的利益，而且要形成自觉的质量意识，通过完善内部质量保障体系，维护和提高中国高等教育质量，对接受中国跨境教育的利益相关者负责。在国际化进程中面对跨境教育大规模的双向流动，中国高等教育质量保障体系能否实现规范和促进高等教育发展的双重目标，确保跨境教育的质量，如何提升中国跨境高等教育质量保障的能力，这些是国际化进程中中国高等教育质量保障体系建设必须面对的问题，也是本章需要讨论的问题。

第一节　中国高等教育质量保障体系的形成背景

中国高等教育质量保障在改革开放之后逐渐引起教育主管部门的重视。20 世纪 80 年代以来，中国高等教育质量保障观念逐渐加强，中国的高等教育质量保障制度逐步建立。近三十年来，质量保障体系不断完善。1999 年中国进入高等教育大众化阶段，高等教育规模的飞速增长超出了高校现实承载力，质量问题日益凸显，质量保障机制在国际背景的推动和中国高等教育现实需求的推动下逐渐完善。先后成立了政府部门直属的评估中心，以及民间评估研究机构、高等学校的评估机构等。比如，中国教育部评估中心、上海教育评估院、云南大学评估研究院、陕西师范大学教育评估研究中心、2015 年 11 月在西安交通大学成立的中国西部评估中心等，都在中国高等教育质量保障体系中扮演着不同的角色。目前已经形成了政府主导，以评估为主的高等教育质量保障模式。经过多年的探索和实践，中国已经形成"五位一体"的教学评估制度。"以学校为主体，以学生发展为本位"和"分类评估，分类指导"的理念在中国已经逐步实践。在高等教育国际化进程中，中国也针对跨境教育的质量保障颁布了一系列规定。而且，为了刺激中国大学的发展，以大学排名为主的社会评价也成为中国高等教育质量保障的重要组成部分。2000 年之后中国也出现了一系列大学排行榜，如武书连的大学排名，网大的大学排名，近年来出现的上海交通大学"世界大学学术排名"等，成为中国高等教育质量保障体系的重要组成部分。由此观之，中国高等教育质量保障制度已经初步形成，有不同层次的评估组织。既有国家级的高等教育评估中心，又有省级评估中心，高校也有负责质量保障的部门。在此对中国高等教育评估制度的发展进行追溯。

一　中国高等教育评估制度的形成

从 20 世纪 80 年代到 21 世纪初，中国高等教育质量保障制度逐渐形成。经过了评估制度的初建阶段、规范阶段和完善阶段。

（一）评估制度初建阶段：1985—1994 年

（1）试点评估实施。1985 年，国家教委颁布《关于开展高等教育评估研究和试点工作的通知》，一些省市开始启动高校办学水平、专业、课程的评估试点工作。

（2）评估法规颁布。1990 年，国家教委颁布《普通高等学校教育评估暂行规定》，就高教评估性质、目的、任务、指导思想、基本形式等做了明确的规定，这是中国第一部关于高等教育评估的法规。

（二）评估制度发展阶段：1994—2002 年

1994 年初，国家教委开始有计划、有组织地实施对普通高等学校本科教学工作水平的评估。从发展过程来看，高等学校本科教学工作评估相继经历了三种形式：合格评估、优秀评估和随机性水平评估。

（1）合格评估。合格评估开始于 1994 年，这种评估方式主要用于 1976 年以后新建的学校，目的是使这类学校能够达到国家规定的办学水平和质量标准。

（2）优秀评估。优秀评估始于 1996 年，主要针对 100 所本科教育历史较长的学校，主要目的是促进这类学校深化改革和办出特色，被评学校由国家教委根据学校申请确定。

（3）随机性水平评估。随机性水平评估始于 1999 年，主要针对介于上述两类学校之间的普通院校，被评学校由教育部随机抽取。

（三）评估制度完善阶段：2002—2014 年

2002 年，教育部将合格评估、优秀评估和随机性水平评估三种方案合并为一个方案，即现行的《普通高等学校本科教学工作水平评估方案》。普通高等学校本科教学工作水平评估的结论分为优秀、良好、合格和不合格四种。截至 2004 年底，使用该方案共评估了 116 所普通高等学校。

2003 年，教育部在《2003—2007 年教育振兴行动计划》中明确提出实行五年一轮的普通高等学校教学工作水平评估制度。随后开始了由教育部评估中心组织的大规模全国性"本科教学水平评估"。

2003 年，教育部针对高职高专院校制订了人才培养工作水平评估方案，开始对 26 所高职高专院校进行试点评估。2004 年开始，教育部决定由各省、自治区、直辖市教育厅（教委）负责对本地区高职高专院校进行评估。教育部制订评估方案，由各省级教育行政部门组织实施，教育部定期抽查各省的评估结论。截至 2004 年底，高职高专院校人才培养工作水平评估共评估院校 107 所。

2004 年 8 月教育部高等教育教学评估中心正式成立。建立五年一轮的评估制度及成立评估中心，标志着中国高等教育的教学评估工作开始走向规范化、科学化、制度化和专业化的发展阶段。

二 中国高等教育质量监控体系的构建

为了进一步推动高等学校提高教育教学质量，深化教育教学改革，需要建立一种高效和长效的质量保障体系与监控机制。为此出台了一系列政策：第一，建立五年一轮的高等学校教学质量评估制度，使教学评估工作制度化、规范化。第二，建立定期采集和公布全国普通高等学校办学条件及教学基本状态数据制度，加强社会对高等学校办学和教学工作的监督。第三，教育部门与有关行业协会配合共同进行专业评估，逐步推动建立与人才资格认证和职业准入制度挂钩的专业评估制度。第四，把外部评估和内部评估结合起来，积极推动高校建立内部教育质量保障机制。第五，组建评估专家库并定期开展专家培训，建设一支数千人的评估专家队伍。第六，建立社会评估中介机构资质认证，发挥社会中介机构在评估中的作用。

三 中国高等教育质量保障的实践探索

教育部高等教育评估中心通过对高等学校的周期性评估，规范高等学校的发展，保障高等学校基础资源投入达到人才培养的现实需求。比如，在中国 1999 年进入高等教育大众化阶段后，面对高等教育的"质量危机"，教育部高等教育评估中心在 2003 年启动了全国性的"本科教学水平评估"。由于中国进入大众化阶段后高等教育入学率迅速从 1998 年的 7% 提高到 2003 年的 23%，面对如此快速的规模扩张，许多高校资源严重不足，影响人才培养质量。为了保障教育质量，教育部评估中心启动本科教学水平评估，尽管评估指标侧重输入资源，但高等院校为了在评估中取得好成绩，积极按照评估标准要求改善办学条件，为学生成才发展创造了良好的条件。尽管本科教学评估因"改进功能不强，效力不高"等原因被社会各界批判，但其在规范高等院校发展中也发挥了积极的作用。2008 年，面对在高等教育大众化进程中我国独立学院质量参差不齐的现象，教育部颁发了 26 号令，规定独立学院必须在 2013 年 3 月 31 日前申请规范验收评估，否则将取消办学资格。尽管由于我国独立学院发展的特殊现实问题，独立学院规范验收评估延期到 2016 年，但独立学院在为规范验收评估做准备的过程中，自查自改，规范化程度也在不断提高。近年来教育评估中心又启动了新建本科院校办学水平评估，建立的评估指标体系，为新建本科院校的反思和改进提供了参照标准。同时，周期性的学科评估，也为规范高等教育的发展发挥了积极的作用。

第二节　中国高等教育质量保障组织发展

2000 年以后，顺应我国高等教育质量提升的诉求，相继成立了负责高等教育评估的全国性组织和地区性组织，负责高等教育质量保障实践和研究活动。影响较大的有教育部评估中心和上海教育评估院。

一　中国教育部评估中心

（一）机构概况

中华人民共和国教育部高等教育教学评估中心于 2004 年 8 月正式成立，是教育部直属的行政性事业单位。其主要任务是负责组织实施高等学校本专科教育评估工作。评估中心现在编制为 30 人，下设办公室、院校教学评估处、专业评估处、培训处、综合处、信息处、认证工作处等处室。

（二）机构职责

（1）根据教育部制定的方针、政策和评估指标体系，具体实施高等学校教学、办学机构教学和专业教学工作的评估。

（2）开展高等教育教学改革及评估工作的政策、法规和理论研究，为教育部有关政策的制定提供参考。

（3）开展与外国及中国港澳台地区高等教育评估（认证）社会中介机构的合作与交流。根据政府授权，与有关非政府组织和民间机构签订有关高等教育教学评估协议。

（4）开展高等教育教学研究的民间国际交流与合作。

（5）开展评估专家的培训工作。

（6）承担有关高等教育评估的咨询和信息服务工作。

（7）开展教育部授权和委托的其他有关工作。[①]

（三）活动范围

教育部评估中心不但组织评估实践，而且通过信息分享，推动评估学术交流。主要活动包括：

（1）组织对高等学校及其专业的评估。评估中心负责发起和组织对国内不同层次大学和专业的周期性评估，规范中国高等教育发展，促进高等教育质量持续提升。

（2）代表中国参加国际质量保障组织的活动。通过定期参加国际高等教育质量保障协会、亚太地区高等教育质量保障协会组织的年会，促进中国高等教育质量保障和国际质量保障组织相互理解，提升中国高等教育质量保障的专业水平。

（3）发布质量保障的信息和数据。通过定期发布评估简报，使社会各界了解评估中心的实践活动和学术交流，并通过建立高校电子信息数据库，在电子信息平台发布高校质量报告，为高等教育评估提供信息数据支撑。

（四）主要实践

1. 参加国际学术交流

教育部评估中心自 2004 年成立以来，每年都会组团参加国际高等教育质量保障协会（INQAAHE）组织的年会，并在会后访问会议举办

---

① 《教育部高等教育教学评估中心：教育部高等教育教学评估中心简介》，2015 年 6 月 10 日（http://www.pgzx.edu.cn/modules/zhongxingaikuang.jsp? type = 0）。

地点附近国家的质量保障组织，宣传中国"五位一体"的高等教育评估，分析国际质量保障发展的前沿动态，学习国际高等教育评估的经验，使中国高等教育质量评估体系尽快融入国际体系。在此以中国代表在 2014 年 INQAAHE 年会的活动内容为例。2014 年 5 月 27 日至 6 月 4日，教育部评估中心吴岩主任率团参加了在爱沙尼亚举行的"国际高等教育质量保障联盟大会"，并应邀作大会报告。会后对芬兰国家高等教育评估委员会（FINHEEC）、俄罗斯联邦教育科学督察署（Roso-brnadzor）和国家认证局（NAA）等单位进行了工作访问。2014 年度的 INQAAHE 大会由爱沙尼亚高等教育质量署（EKKA）主办，主要围绕"质量保障过程中不同利益相关者的参与"、"国际性认证机构的兴起"和"多样化学习模式的质量保障"三个主题进行研讨。共有来自美国、英国、法国、德国、俄罗斯、日本等 64 个国家和地区的代表出席会议。吴岩代表中国，围绕"不同利益相关者在质量保障中的参与"这一主题，做了题为《"五位一体"的中国高等教育质量评估制度》的主题报告，阐释了中国政府聚焦"提高质量"和"内涵发展"所采取的一系列政策措施，深入解读了教育部顶层设计的"五位一体"评估制度，着重展现了这一制度中政府、高校、评估机构、社会各界等多主体共同参与，多层次多形式开展质量评估监测的特点。INQAAHE 主席、美国咨询教育专业认证委员会主席凯若·鲍比（Carol Bobby）在大会闭幕总结报告中，特别对中国"五位一体"评估制度给予高度评价，认为中国采取的"以学校为主体，以学生发展为本位"和"分类评估，分类指导"的理念，以及"以数据库为基础开展质量常态监测和发布质量报告"的做法在国际上都是先进的，"为高等教育大国开展质量保障提供了优秀实践范例"。[①]

2. 积极促进中国高校参与联合国教科文组织内部质量保障项目

中国大学入选联合国教科文组织教育政策规划所（UNESCO – IIEP）全球十佳实践案例。2014 年 9 月 22 日下午，联合国教科文组织教育政策规划所副所长米凯拉·马丁（Michaela Martin）利用在北京参加教育部高等教育教学评估中心主办的"高等教育质量保障：国际经验与中国探索"

①　教育部评估中心：http：//www. heec. edu. cn/modules/jiaoliuyuhezuo. jsp.

国际学术研讨会的契机，就 UNESCO-IIEP 在全球遴选 10 所大学参加国际项目——"高等教育内部质量保障的优秀原则和创新实践"问题进行讨论，经评估中心充分调查研究、听取有关方面意见，并结合国家社会科学基金教育学重点课题"以生为本的高校教育质量评价体系研究"的研究工作，推荐我国高校内部质量保障体系建设最有特色的厦门大学和同济大学参加该项目的遴选。

内部质量保障（Internal Quality Assurance，IQA）项目旨在通过收集和研究大学内部质量保障体系建设的相关信息，为高等教育管理部门及高校管理者提供有事实依据的政策建议，尤其是为发展中国家高校内部质量保障体系建设提供创新的、具有成本效益的解决方案。① 厦门大学作为中国唯一一家成员单位参加联合国教科文组织教育政策规划所组织的"高等教育内部质量保障的优秀原则和创新实践项目"（Exploring Good and Innovative Options in Internal Quality Assurance in Higher Education，简称"IQA 项目"）。该项目由联合国教科文组织实施，旨在为全球发展中国家在高等教育内部质量保障方面提供经典案例和优秀原则，推动和帮助发展中国家提升高等教育人才培养质量。项目单位面向联合国教科文组织成员国大学挑选。经教育部评估中心考察、推荐和竞争性答辩，UNESCO-IIEP 最终确定中国厦门大学作为典范代表入选 IQA 项目并与德国、奥地利、南非、智利等国八所示范性大学共同参与该项目研究，成为东亚唯一一所入选 IQA 项目的大学。

根据联合国教科文组织的安排，项目研究和实践将持续到 2016 年并最终将以系列文本形式向世界各国介绍所选大学质量保障的典型经验和优秀原则。为保证项目顺利实施，厦门大学组建了以副校长邬大光教授为首席专家，包括教育研究院副院长别敦荣教授等在内的高水平专业团队，由教师发展中心牵头、教务处和研究生院配合项目研究工作和具体实施，确保厦门大学成为中国乃至世界高等教育理论和实践结合再到综合集成的典型示范。②

---

① 教育部评估中心：http：//www. heec. edu. cn/modules/jiaoliuyuhezuo. jsp。

② 教育部高等教育评估中心：《中国大学入选 UNESCO-IIEP 全球十佳实践案例》（http：//www. pgzx. edu. cn/modules/jiaoliuyuhezuo_ d. jsp？ id＝64628. 2014. 9. 21）。

3. 加强与国外高等教育质量保障组织合作

2016 年 9 月 13 日下午，中澳高等教育质量保障合作备忘录签字仪式在教育部评估中心举行。中国教育部评估中心（HEEC）主任吴岩与澳大利亚国家高等教育质量与标准署（TEQSA）首席执行长安东尼·麦克莱伦先生代表双方机构正式签订了合作备忘录。在签字仪式上，吴岩主任系统介绍了评估中心的六项主要工作，分别是院校评估、专业认证、国家高等教育质量数据监测平台、定期发布中国高等教育系列质量报告、国际交流与合作以及专家培训工作等。吴岩主任认为，此次 HEEC 和 TEQSA 签署高等教育质量保障合作备忘录，对中澳两国高等教育质量保障事业具有里程碑式意义。他期待中澳两国机构能以此为突破口，建立长效合作机制，为完善双方质量保障体系和促进两国高等教育质量的提升做出应有的贡献。

TEQSA 的首席执行长安东尼先生在发言中表示，TEQSA 和 HEEC 在推动高等教育质量保障方面，有相同的目标与宗旨，始终把质量放在中心地位。TEQSA 非常注重国际交流与合作，希望借此次访问中国的机会推动与中国评估中心在质量保障方面的深度合作。安东尼先生对中国高等教育质量保障和评估工作给予充分肯定，高度赞同中国高等教育质量保障的新理念、新标准、新方法、新技术和新文化。他表示，此次合作对两国在高等教育质量标准、质量监测领域的共同进步具有重要意义，希望双方机构相互学习、相互借鉴高等教育质量保障方面的先进理念和经验，并表达了与中国深入合作交流的意愿。

双方一致同意缔结合作伙伴关系，采取多种形式进行外部质量评审/评估合作，在评估认证标准准则、方法程序和指导方针等方面进行交流和共享，共同开发实施联合认证的途径和方法，在质量保障项目、信息交流、专家交流等方面达成协议，确定将在联合研究等方面进一步开展持续性、全方位、更加深入的交流合作。[1]

教育部评估评估中心成立以来，积极参与国际高等教育质量保障的相关活动，不断提高我国高校评估的有效性，成为促进我国高等教育质

---

[1]　教育部高等教育评估中心：《中澳高等教育质量保障合作备忘录签字仪式成功举办》（http：//www.pgzx.edu.cn/modules/news_detail.jsp? id = 111048）．

量保障制度走向专业化强大的动力源泉。

二　上海教育评估院的研究及实践

（一）组织概况

上海市教育评估院是上海市教育委员会直属事业单位，2000 年 9 月经上海市机构编制委员会批准正式成立，其前身是成立于 1996 年的上海市高等教育评估事务所。评估业务主要来源于教育部、上海市教委以及社会各界的委托与授权，是我国业务范围较广、学术活动较为活跃的专业性教育评估机构之一。

上海市教育评估院下设办公室、教育评估研究所、高教评估所、基教评估所、职成教评估所、教育综合事务评估所、民办教育评估所、期刊办等 8 个部门。全院有专职工作人员 35 名，其中具有高级专业技术职称者 10 人，拥有博士学位的 12 人，硕士学位的 12 人。

上海市教育评估院的院训是"落笔有声"。上海市教育评估院的办院方针是"讲服务、求质量、显能力、抓科研、上水平、树品牌"。近期，正在致力于内涵和能力提升的"八个一"工程建设，即打造一支队伍、用好一批专家、完善一个网络、优化一套制度、出版一套文集、创办一本专刊、弘扬"一幢洋楼"的历史文化精神、提升一个国际教育组织的合作交流平台。①

（二）活动范围

1. 加入国际组织，增强国际话语权

近年来，上海市教育评估院不断加强国际交流，致力于在教育评估的国际舞台上发挥自己的作用。上海市教育评估院不仅是国际高等教育质量保障协会（INQAAHE）的正式会员，而且还是较早加入亚太地区高等教育质量保障协会（APQN）的成员。2008 年 5 月，INQAAHE 在阿根廷举办了年度会员论坛，分管上海市教育评估院的市教委副主任张民选教授在该论坛上再次被推选为 INQAAHE 的理事。

2. 举办国际研讨会，促进评估专业化发展

2006 年 3 月，上海市教育评估院承办了 APQN 第二届年会暨"区域

① 上海教育评估院：《本院概况》，http：//www. seei. edu. sh. cn/Default. aspx？tabid＝161.

流动：质量保障的合作"学术研讨会，来自 20 多个国家和地区的 100 多位国内外代表参加会议。2007 年 5 月，上海市教育评估院与澳大利亚驻沪总领事馆教育处联合承办"中澳合作办学研讨会——跨国教育及其质量保障"，上海市教委王奇、张民选、蒋红，澳大利亚驻华大使馆及驻沪总领事馆的官员以及我国华东六省市的代表等 150 多人参加了研讨会。

2007 年 10 月，评估院又在世界银行资助下，联合 APQN 在云南举办了"外部质量保障的理论与实践"工作坊，APQN 主席、教育部高教司评估处朱洪涛处长等国内外专家应邀到会作了专题报告。2008 年 11 月，上海市教育评估院举办了首届"上海市教育评估论坛"。这一系列国际会议充分展示了上海市教育评估院的实力，得到了与会代表的广泛好评。APQN 主席评价云南工作坊具有里程碑意义，标志着中国外部教育质量保障工作已进入一个新的发展阶段。上述这些会议不仅有利于亚太地区质量保障机构之间增进理解，加强合作，而且有利于我国教育质量保障机构加快国际化进程，融入国际教育评估大家庭。

3. 参加国际会议，扩大专业影响力

在多次组织承办相关国际学术会议的同时，上海市教育评估院还踊跃参加教育评估和质量保障的国际学术研讨会，积极宣传中国教育评估实践经验和研究成果。2007 年，评估院分别向 APQN 和 INQAAHE 递交了英文与会论文，参加了 APQN 在马来西亚举办的主题为"迎接挑战，积极实践：高等教育质量保障的全球视野"的学术研讨暨第三届年会以及 INQAAHE 在加拿大举办的主题为"教育质量保障：总结经验、展望未来"的学术研讨暨第八届双年会，并在大会上作了发言，展示了上海教育评估的研究成果，扩大了中国评估的学术影响力。

4. 致力于质量保障能力建设

上海教育评估院先后派员访问了英国、美国、澳大利亚、俄罗斯、韩国、日本等十多个国家的教育评估机构，学习国外最新的教育评估理论、方法与技术，并与中国香港学术与职业资历评审局（HKCAAVQ）、澳大利亚大学质量保障署（AUQA）等开展了人员相互短期实习等。目前，上海市教育评估院除了与国内江苏省教育评估院、京津沪渝的评估机构签订了合作协议外，还密切与发达国家及地区教育评估组织的联系，先后与中国香港学术与职业资历评审局（HKCAAVQ）、菲律宾学校、学院与大学认证协会（PAASCU）等签订了合作协议。在不断学习与交流国际经验过程中，评估院的能力建设不断增强。2008年2月，上海市教育评估院成功申请到了世界银行资助的"全球质量保障能力建设行动计划（GIQAC）"项目：翻译由经济合作与发展组织、世界银行编写的《跨境高等教育——能力建设之路》一书。为了促进我国省级教育评估机构共同学习、提高和加强能力建设，评估院邀请国内有关省级评估机构一起参与翻译工作，极大地带动了省市教育评估机构的国际化进程。2008年下半年，上海市教育评估院申请竞选 APQN 的新一轮秘书处所在地，获得成功。成为评估院更好参与国际教育评估事务、全面提升自身能力、合理争取中国利益的重要平台。

在迈向国际舞台的过程中，上海市教育评估院认真研究国外的教育质量保障实践，不断汲取国际经验、尝试国际评估方法，在我国中外合作办学领域首先探索了教育质量认证。目前，评估院正积极策划聘请国外教育评估专家参加上海的教育评估与认证活动，并争取实现与国外评估机构进行评估与认证结果的互认。

2015年4月在昆明召开的跨境高等教育质量保障国际研讨会通过了《关于加强中外跨境教育质量保障合作的共识》，表达了各国鼓励开展跨境教育、重视质量建设、参与多边质量保障合作的意愿，提出了进一步加强合作和交流的倡议。与会代表一致认为，应加强各国质量保障机构在跨境教育领域的交流与合作，通过分享信息和数据、组织联合质量保障活动、联合研究和研讨活动等方式，加强质量保障机构的能力建设，提高跨境高等教育质量保障的效率。[①]

5. 创办评估专业学术期刊

上海教育评估研究院2012年创办了评估专业学术期刊《上海教育评估研究》。该刊是由上海市教育委员会主管、上海市教育评估院主办、国内外公开发行的学术性期刊，现为双月刊。这是国内第一份专门研究教育评估的学术性期刊，也是国内第一份由专业教育评估机构主办的正式刊物。以"繁荣文化，追求真谛，发展评估科学，服务教育进步"为宗旨，刊载教育评估理论

------

① http://news.jyb.cn/world/zwyj/201505/t20150501_ 620812. html《中国教育报》2015年5月1日。

研究成果、实践经验和评估方法，关注教育评估领域存在的热点、难点问题，比较国内外教育评估制度和发展动态，交流各级各类教育质量保障体系建设经验，反映教育评估领域的新思想、新观点，为教育评估科研和学术交流搭建平台，为教育评估实践经验提供展示空间和理论先导，为完善我国教育质量保障和评估制度提供政策建议，为实施科教兴国战略服务。①

　　作为专业的教育评估研究和实践机构，上海教育评估院成立 16 年来，在我国高等教育评估的制度建设和专业化进程中发挥了不可替代的示范作用。

第三节　中国高等教育质量保障体系的效力反思

　　从我国高等教育质量评估制度发展和评估组织建设来看，我国高等教育质量保障已经走上专业化的道路。但是在实践中，质量保障的效力和具体操作的专业化程度还有待提升。我国政府主导，自上而下的质量保障体系是否有效促进了我国高等教育质量持续提升呢？如果是，世界大学排行榜中我国的大学数量为何与本国庞大的高等教育体系不成正比呢？面对历史，我们在进步，相对全球多元的高等教育质量保障体系，中国的高等教育质量保障体系是否具有优势和提升的空间？面对高等教育国际化进程中蓬勃发展的跨境教育及其出现的复杂的质量问题，中国高等质量保障是否发挥了有效作用呢？中国高等教育质量保障体系目前存在哪些问题，影响了高等教育质量保障效力的发挥？

　　中国高等教育质量保障体系建设经过三十年的发展已逐步健全，但目前政府驱动的外部评估仍是我国高等教育质量保障的主要形式，高校内部缺乏自我评估和改进的内在动力，外部评估和内部评估没有形成合力。我国在国际高等教育质量保障中参与的深度和广度不够；高等教育质量保障专业化程度低，高校内部质量保障体系尚未形成，元评估和对质量保障机构的周期性审核在我国还没有普及。这些问题制约了质量保障机构促进学术机构质量提升目标的实现，影响了质量保障的社会公信

---

　　① 上海教育评估研究院：《期刊简介》（http：//www. shjee. org. cn/shjypgyj/ch/common_ item. aspx？parent_ id＝20120327114602001&me nu_ id＝20160512103922264. 2016. 9. 25）.

力。许多学术机构由于担心在评估过程中存在的问题被发现而过度焦虑，在外部评审中出现"表面迎合，内心抗拒"的消极心理，在自评报告中一味放大优势，回避问题，影响高等教育质量保障改进功能正常发挥。在国际化背景下，中国如果不能主动应对国际高等教育质量保障的挑战和变化，将很难抵御跨境教育的质量风险。我国从 20 世纪 80 年代起就逐步建立和完善高等教育质量保障体系，政府通过本科教学水平评估、专业评估、学科评估、新建本科院校评估等手段，发挥高等教育质量保障的功能。三十年来，我国高等教育质量保障在规范高等教育方面发挥了积极的作用，但是其改进功能的发挥却受到诸多因素的制约。只有认真进行批判反思，才能通过解决存在的问题发挥质量保障的积极作用。基于对我国高等教育评估效果的分析和与国际高等教育评估实践的对比和反思，我国高等教育质量保障的问题集中体现在以下几个方面。

一　政府驱动的外部评估制约着质量保障改进和提高目标的实现

帮助学术机构改进和提高质量是质量保障的基本目标，质量保障的最终目标是促进高等教育质量持续提升，追求高等教育卓越。我国目前的高等教育质量保障体系依然是以政府驱动的外部评估为主的质量保障模式，通过教育主管部门对学术机构的审核和评估进行管理和控制，具有一定的强制性。外部驱动的高等教育质量保障的强制性及评估结果与学校声誉和资源分配的高利害相关导致被评学术机构从形式上积极配合外部评审，但实际上却缺乏参与的积极性和合作精神，应付性地提交非常笼统的自评报告，过分强调成绩，对存在的问题轻描淡写。问题是改进的起点，被评学术机构为了证明达到国家规定的质量标准，尽量回避存在的问题，评审小组通过两天的现场观察，在被评机构竭力掩饰的情况下，很难发现学术机构存在的问题。没有发现学术机构发展中存在的问题，评审团即使有再高的水平，也难以提出有效的改进意见，质量保障促进高等教育质量提高的目标也就无法实现。以政府为主单一的质量保障主体实施的高等教育评估，难以实现高等教育质量保障多元的目标，也无法充分发挥多元利益相关者在评估中的主动作用。历史上我国高等教育评估中政府为主参与主体的单一性，制约了质量保障改进和评估效力。

二　我国高等教育质量保障用管理职能取代协调和决策职能

我国高等教育质量保障体系，无论是国家级的、省级的还是校级的质量保障机构，从其职能的文字描述上来看，不但具有管理的职能，而且具有协调和决策的职能。但是在实践上，这三重职能似乎只是我国高等教育质量保障机构职能的理想状态，我国的高等教育质量保障机构更多地发挥了管理的职能，通过下达文件，通知学术机构定期参与外部评审，组织专家现场考察，最后公布达标或不达标的评审结果。质量保障机构通过组织对学术机构的外部评审发挥了管理的职能，但是其组织质量保障培训的相关专业学术活动，协调质量保障人员能力建设方面的职能没有发挥出来。尤其是通过质量保障帮助学术机构进行决策的职能没有得到充分发挥。

三　我国高等教育质量保障信度受到质量保障专业水平的制约

目前，我国专业质量保障机构的数量与高等教育质量保障大量的需求还有很大的差距。缺乏对质量保障人员进行专业技能培训的机构，评审人员对质量保障的专业技术问题还没有系统地掌握，外部评审指标主要采用了以输入为主，简单易测的定量指标，在被评审的过程中，学术机构由于担心存在的问题被发现，影响机构的发展，因而会出现不同程度的心理焦虑，在表面上积极配合外部评审，实质上则是有"抗拒"的心理存在，不能与外部评审团建立良好的关系，所经历的评估最多是"象征性的评估"，虽然评估过程顺利进行，但却达不到预期的目标，评估对高等教育只起到非常微弱的作用。刘振天（2014）指出，这种象征性评估更多地表明为政府或社会对高等教育质量的姿态，过分强调可感知和可量化的外在评价，轻视那些不可感知和不可量化的内在评价；过分强化统一性和规范性评价，忽视自主性和创新性评价；重视短时速效性评价而轻视长远发展性评价。① 象征性评估发生的主要原因在于我国评估专业化程度低，评估方案设计、评估资料收集、评估资料处理、评估结果运用等受到专业技术水平和评估者专业素质的制约，最终提供的评

① 刘振天：《从象征性评估走向真实性评估——高等教育评估制度的反思与重建》，《高等教育研究》2014 年第 21 期，第 26—32 页。

估结果没有信度，无法赢得应有的社会公信力。

四　评估质量报告不能提供清晰准确的信息

我国高等学校提供的自评报告和质量报告主要有两个突出问题，一是目标群体模糊，降低了其信息功能，二是质量报告形成过程的功利性降低了其改进功能。

1. 质量报告目标群体范围的局限性降低了其信息功能

评估在我国已经有三十多年的历史，从 20 世纪 80 年代起，教育部先后组织了学科评估、本科教学水平评估、专业评估等不同形式的评估。每次评估中学术机构都提供了自评报告，而且评估专家也提出了反馈意见，形成质量报告，但是这些质量报告却很少公开发表。被评学术机构组成内部评估小组，花费巨大的人力和物力撰写质量报告，质量报告最大的价值就是为评估专家提供关于学术机构或专业的信息，为他们判断学校办学水平提供依据。评估专家成为自评报告唯一的目标群体。教师、学生、家长和雇主则没有获得质量报告的渠道，因为很少有学术机构和评估机构公开质量报告。高等教育的诸多利益相关者并非质量报告预设的目标群体。公众最多可以在教育部评估中心或学术机构的网站上发现评估的结果，至于评估结果是如何形成的，评估专家具体提出了哪些建议等信息，却无法获得。那些在评估中耗费了巨大人力物力，印刷精美的质量报告，在评估专家阅读完之后，最多在学校档案馆或评估专家手中可以找到。由此看来，我国高校评估中的自评报告，目标群体仅限于评估专家。目标群体的局限性，减少了评估报告的用途和范围。评估报告并没有成为公众了解学校教学质量的主要信息载体。目标群体的局限性和获得渠道的不畅降低了评估质量报告的价值和效用。

2. 质量报告形成过程的功利性降低了其改进功能

在我国，通过评估规范学术机构，促进教育质量持续提升是行政部门驱动评估的初衷。充分证明质量，巧妙掩盖问题，顺利通过评估，追求生存和发展则是许多高校被动参与评估的技巧和目标。评估方和被评方目标的不一致导致作为评估重要参考依据的自评报告成为被评学校和评审团利益博弈的主要工具。被评学校尽量回避学校存在的问题，对于藏书不足、师资力量不够、学术交流不充分等问题，通过模糊的语言描述等技术手段回避；评估专家则根据国家要求的标准，希望从对自评报告的阅读中发现问题，可是，经过技术处理的自评报告，充满学校建设的成绩和获奖记录，而对发展中人尽皆知的问题，则是笼统地指出，轻描淡写地一笔带过。根据笔者对 2006 年本科教学水平评估 10 所学校的案例分析，发现自评报告的主要特点如下：第一，对成绩总结较多，成绩总结基本占到整个自评报告的 79% 到 96%；普遍运用"社会评价好""就业率高""教学效果显著"等笼统宏大的褒义词。第二，问题反思少。问题的总结及今后改进方向的总结只占整个自评报告的 4% 到 21%；而且问题描述避重就轻，大部分只是在强调客观原因，提出的问题主要是经费不足引起的，旨在强调与学校的管理水平无关，不是领导人的责任。第三，改进方向不明确。自评报告中只提出了宏观的努力方向却没有涉及具体措施及可行性方案。从自评报告的内容来看，我国许多参评学校过于重视评估的鉴定功能而忽略了评估的改进功能。[1] 而且，由于被评学校过于重视评估的结果，强烈渴望评估专家的肯定，评估专家在实地考察过程中又得到被评学校热情的接待，导致有的专家在总结报告中也受到学校形成自评报告功利心理的影响，更多地肯定学校的成绩，轻描淡写地提出存在的问题，形成简短的总结反馈报告，为学校改进提供参考。由于学校提出的改进措施和专家提出的改进意见相对比较模糊，在形成质量报告的过程中又尽量回避问题，很难在评估报告中发现学校存在的实质性问题，因此评估之后的整改及其后续的检查也就不了了之，导致评估的"虎头蛇尾"。评估改进功能的缺失导致评估这一证明学术机构质量并促进质量提升的重要管理手段在我国没有获得应有的社会公信力。

五　高等教育质量保障的影响力没有达到预期目标

影响力指改变个人或组织思想和行动的能力。高等教育质量保障的影响力指高等教育质量保障对学术机构产生的影响，引起组织变革或形成组织质量文化。质量保障有强制性的也有非强制性的。质量保障的影

---

① 赵立莹、刘献君：《本科教学评估：理性反思与现实选择》，《中国高教研究》2008 年第 10 期，第 17—20 页。

响力也可以分为权力性和非权力性的。玛丽亚（Maria，2011）认为，质量保障的影响力主要包括质量保障对学术机构管理质量带来的实际影响，对教学质量产生的影响，与专业和院校鉴定之间的关系，质量保障过程的可持续性，高等教育内部质量管理的发展等。① 从外部质量保障和内部质量保障的职能划分来看，外部质量保障的影响力主要在于是否通过进行外部质量保障，促进内部质量保障体系的反思和变革，关键在于通过质量保障活动，在多大程度上引起学术机构内部组织变革，而内部质量保障体系的影响力则在于通过质量保障体系的构建和实施，激发组织成员的积极性，形成自觉的质量意识，使质量保障活动成为组织内部自觉的管理文化。高等教育质量保障的影响力在于，外部评审结束之后能引起学术机构内部向好的方面变革，促进内部质量保障制度逐步完善。但是实践表明，我国高等教育质量保障对学术机构进行的外部评审对学术机构产生的影响力却主要体现在评审之前，从收到评审通知，研究评估精神，分析评估指标，准备自评材料，到接受外部专家评审等，对学术机构组织内部的工作安排产生了深刻的影响，有的学术机构还为此长期加班，按照评审标准查漏补缺，高度紧张，充分准备。但是评估活动结束之后，却很少对评估中发现的问题进行反思，即使在自评报告中写出了整改措施，评估专家也提出了整改意见和复审计划，学术机构却未必能一一落实改进措施，评估的组织者对评估后的整改并未进行认真的检查。因此，我国高等教育质量保障对学术机构的影响力经常随着质量保障活动的结束而结束，并未在学术机构内部质量提升中产生深刻的影响力。

六　高等教育质量保障机构建设有待加强

我国高等教育质量保障机构有四个主要特点，一是发展历史短，二是机构不健全，三是专业化程度低，四是缺乏监控。第一，发展历史短。我国最早的高等教育质量保障机构上海教育评估院成立于 2000 年，2004 年教育部评估中心成立，近些年先后成了两三所个省级高等教育评估中

---

① Maria Jose Lemaitre, After twenty years: Global and regional network. 2015 - 08 - 02（http://www.inqaahe INQAAHE）.

心，因此，我国的高等教育质量保障机构是在我国评估工作进行了十几年之后才成立的，至今也只有十多年的历史。第二，机构不健全，虽然目前我国已经有教育部评估中心，但是大部分地区省级高等教育评估中心尚未成立，省级评估主要由省政府和教育厅临时组成的专家进行，也只有个别高校成立了评估中心，许多学校的评估工作都是由教务部门临时负责。从高等教育质量保障重心不断下移，高校是质量保障的行为主体的发展趋势来看，我国省级高等教育质量保障机构和学术机构内部质量保障机构建设远远不能满足质量保障的需求。第三是专业化程度低。由于评估和质量保障在我国发展较晚，缺乏专业的研究团队和规范的技术，质量保障机构的操作运行与国际高等教育质量保障机构还有很大的差距。第四是缺乏监控。我国自从 20 世纪 80 年代开始评估活动以来，评估机构提供的评估很少接受元评估，由于没有对评估进行元评估的组织，对评估活动缺乏有效的监控，评估组织者也很少能够进行自主反思，虽然公众对评估公信力提出质疑，但是对评估活动缺乏系统的元评估，对评估机构也没有进行定期审核，因此我国的质量保障活动目前处于一种无机构监控的状态，不利于质量保障效力提升。

提高质量保障体系的效力是我国高等教育质量保障学术研究和实践改革的理想诉求，但是这一理想的实现不以公众的期盼而实现，而是受到与质量保障体系效力密切相关的诸多因素制约。为此，基于影响质量保障效力的核心要素分析，建立高等教育质量保障效力的理想模型，建立质量保障机构的规范标准和元评估的理论框架，为质量保障实践活动提供参照标准便成为提升我国高等教育质量保障体系效力的前提。

第四节　国际化背景下中国高等教育 质量保障效力提升的路径

质量保障是 20 世纪 80 年代以来高等教育领域的重要话题。随着各国高等教育质量保障专业化程度不断提高，人们对质量保障的关注逐渐从质量保障的程序到质量保障实施的效力，质量保障效力指质量保障目标实现和职能发挥的状态，取决于质量保障的信度及其产生的影响力。① 效力是质量保障获得社会公信力的核心要素，也是质量保障改进的逻辑起点，对效力的关注更是目前国际高等教育质量保障发展的趋势，也是我国高等教育质量保障体系改革需要关注的焦点问题。改革的动力来源于对现实的批判反思和对理想的追求。

一　在全方位国际合作中提高我国质量保障国际化程度

中国作为高等教育大国，在高等教育国际舞台上具有重要的位置。虽然近十年来我国参与国际高等教育质量保障活动的频率不断增加，但是参与的广度和深度不够，地方质量保障机构、学术机构还没有广泛参与国际质量保障活动，国际质量保障的理念和案例还没有在我国高校内部普及和实践。在高等教育质量保障国际化程度不断提高的情况下，作为全球跨境教育最大资源国，进行质量保障的国际化合作成为中国提高高等教育国际化的一种现实选择。因此，我国应重视开展与国际质量保障组织的实质性合作，拓宽与国际质量保障组织合作的深度和广度。在国家、地区质量保障组织参与国际质量保障活动的同时，学术机构内部质量保障机构也应参与到国际质量保障组织活动中去。在高等教育质量保障的国际学术会议上，能参照国际质量保障机构的标准，对中国高等教育质量保障进行批判性反思，客观地分析中国高等教育质量保障的优势和劣势，针对问题，邀请全球高等教育质量保障的专家和学者共同参与中国高等教育质量保障的实践活动和能力建设。更加主动地走出去和引进来，努力扩大和提升中国在国际高等教育质量保障中的参与度、话语权和影响力。通过学习国际质量保障指南，培养具有国际视野的评估专家，在质量保障活动中邀请国际专家参与，建立中国跨境高等教育质量保障清晰的标准，提高中国高等教育质量保障的国际化程度。同时，中国不能再被动地效法和学习国外经验，而应该建立质量保障效力分析框架，并以此为分析工具，在对国外高等教育质量保障进行优劣分析和价值判断的基础上，有选择地学习值得借鉴的方法，并避免降低质量保障效力的问题，通

---

① 赵立莹：《效力诉求：美国博士生教育质量评估体系的演进》，科学出版社 2013 年版。

过批判反思和自主改进，将国际经验本土化，使我国高等教育质量保障体系的效力在移植与创新的基础上逐步提高。

二　通过标准建设和内部质量保障体系完善增加跨境高等教育质量保障能力

我国在高等教育国际化进程中，跨境高等教育质量保障体系建设并未跟上跨境教育发展的速度。一是外部缺乏跨境高等教育质量保障明确的标准，二是高等学校内部缺乏严格的质量保障体系，导致跨境高等教育质量保障被动接受境外质量标准；三是质量监管体系缺位，未能发挥有效的监控作用；第四，政府引导不足，办学主体与社会中介组织缺乏社会责任感等问题。① 跨境高等教育质量保障的关键控制点在学术机构内部。但是我国目前跨境高等教育质量保障的重心还在政府主导的外部机构。对于中外合作办学，我国主要通过审批、学位认证制度完成，并设立了教育涉外监管机构，监管工作表现为自上而下的问责模式。同时，我国跨境高等教育质量管理缺乏明晰的跨国高等教育质量标准，严格的过程质量控制环节，有效的社会监控机制。标准的缺失、监控的低效导致我国出现超范围和低质量办学现象。因此，建立具有中国特色并符合国际标准的跨境高等教育质量保障体系，加强学术机构内部质量保障体系建设便成为我国增强跨境高等教育质量保障能力建设必须面对的问题。凯文（Kevin，2014）指出，学术机构必须学会如何管理跨境分校，通过惩罚和监督等手段保证跨境教育机构完成使命，达成既定的目标。② 因此，在国家层面跨境高等教育质量保障体系逐步完善的过程中，学术机构应成为质量保障的主体，对自己提供的跨境教育负责，并形成与合作方相互约束监督的机制。只有学术机构建立完善的质量保障体系，有效保障跨境高等教育质量，才有可能实现高等教育国际化整体质量不断提升的目标。而国家层面跨境高等教育质量保障的使命则在于按照质量保障的标准要求

---

① 刘尔思、车伟民、黄镇海：《我国跨境教育的现状与监管体系构建的路径选择》，《教育研究》2010 年第 9 期。

② Kevin, K. & Jason, E. Managing the oversight of international branch campuses in higher education. Higher Education Management and Policy, 2014, (5).

和跨境教育的特点，制定学术机构内部跨境高等教育质量保障指南，按照指南标准对学术机构内部跨境高等教育质量保障机制进行审核和监督，并为促进其效力持续提升提出改进性意见。只有学术机构内部建立专业的质量保障组织，通过全员参与，对跨境高等教育质量进行持续性的监控和评价，才能通过内部自律保障提供合格的跨境教育，并以严格的质量标准和审核程序抵制境外低质量教育的发生，从而在通过提供高质量跨境教育维护本国声誉的同时，保护各国跨境教育消费者的共同利益。

三　以学术研究和人才培养促进学术共同体的形成和质量保障专业化

高等教育质量保障是复杂的专业性活动，参与者不仅需要掌握专业评估手段，而且需要遵循评估的伦理道德，更要促进质量保障结果的有效利用。对于这一极具专业性和挑战性的工作，任何没有经过专业训练的人都不可能胜任。但事实是，我国质量保障评审团成员主要来源于学科领域的专家和学术机构的行政领导，大部分并没有接受质量保障的长期专业训练。没有接受足够专业培训的评审团可以完成质量保障活动，但是却不能保证质量保障的有效进行。因此我国质量保障活动没有获得应有的社会公信力，甚至被许多学校视为"对学校正常活动的干扰"。出现这些问题的主要原因在于我国高等教育质量保障缺乏成熟的理论和专业支撑。在中国，至少有 50 所高校设立教育学院，但是却很少有质量保障的研究方向和质量保障专业人才培养机构。因此，为了提高质量保障专业化水平，高校教育学院或公共管理学院非常有必要建立质量保障专业，建立质量保障人才培养的课程体系，邀请国际质量保障专家，共同培养致力于质量保障研究和人才培养的学术共同体，研究国际质量保障学术研究的最新成果，分析国际质量保障指南和范例，出版高等教育质量保障的教材和学术研究成果，培养熟悉国际质量保障标准、流程和职业伦理的质量保障人员。在推动质量保障理论专业化的同时，用理论指导实践，分析中国高等教育质量保障的现实问题，追踪国际质量保障组织的发展动态和成功案例，有选择地学习国际经验，提高我国高等教育质量保障专业化的理论水平和实践能力。

四　引导高校和质量保障机构定期自愿申请接受外部审核，确保规范发展

国际高等教育质量保障发展的趋势表明，质量保障的重心在于学术机构内部，在于质量保障机构的内部自律，外部质量保障机构的责任在于对学术机构内部质量保障机构的规范和引领。外部质量保障过程要考虑到内部质量保障过程的有效性，制定并发布前瞻性的质量标准引导内部质量保障体系的规范发展。因此，为了调动被评机构参与质量保障的积极性，质量保障机构在自评的基础上，应主动申请接受外部评估。同样，质量保障机构应该主动申请接受更高层次的外部质量保障机构的审核。外部质量保障机构通过对被评质量保障机构质量保障的标准、程序、实施效果进行审核和检查，向利益相关者证明该质量保障机构的信度或帮助质量保障机构找出存在的问题，以便及时改进。只有不断改进的质量保障机构，才能适应高等教育的环境变迁，只有定期接受外部审核的质量保障机构，才能向社会证明自身的公信力。在国际质量保障合作日益频繁的时代，接受国际质量保障组织的外部审核成为各国质量保障规范发展和与国际接轨的必要条件。我国高等教育评估中心在按照国际质量保障标准自评的同时，应定期申请接受国际质量保障协会的审核，保证我国高等教育质量保障按照国际质量保障要求的标准实施。并在国际质量保障组织指导下，基于我国高等教育和质量保障发展的现实水平，建立对质量保障进行审核的分析框架和标准。省级质量保障机构定期申请接受国家质量保障机构的审核，并在其指导下形成对学术机构内部质量保障机构审核的标准。学术机构按照审核标准，建立内部质量保障体系，形成自觉的质量文化。通过自觉自愿的分层管理和内部自律，促进我国高等教育质量保障效力提升和规范发展。在质量保障组织建设和实践过程中，参照国际标准要求，持续性进行批判反思，定期邀请接受外部质量保障组织的规范性审核，不但是我国高等教育质量保障机构建设的现实选择，而且是我国高校内部质量保障体系建设的参考依据。

五　致力于我国高等教育质量保障效力提升

质量保障有效进行必须确定质量保障的目标、信度、问责和利益相关者关系，确认质量保障利益相关者并表达他们的利益诉求；确定与外部质量保障信度相关的因素；描述分析质量保障机构义务的机制。基于对我国高等教育质量保障的批判反思和高等教育质量保障效力的理想模型，我国目前要提升质量保障的效力应该从以下几个方面进行尝试。

（一）建立具有针对性和可实现的质量保障目标体系

质量保障机构应该在战略规划中清晰地描述其发展目标，因为质量保障机构可以通过清晰透明的程序保障其信度。尽管质量保障的目标不断多元化，但试图在一次质量保障活动中满足不同利益相关者的利益诉求却是不现实的，不但不能实现多元目标，而且会影响到每一项目标的实现程度。比如，如果质量保障机构的目的是致力于质量保障能力建设并帮助学术机构提高学术质量，学术机构就是最主要的利益相关者，通过实施评估，发现学术机构存在的问题，促进其改进则是质量保障的主要目标。质量保障机构应该充分考虑以下群体：政府、学术机构、雇主、公司和企业、潜在的生源和当前的学生、校友、行业协会。[①] 不同的质量保障机构对质量保障利益相关者的认识不同，但质量保障机构应该充分考虑到这些利益相关者对质量保障的利益诉求。并根据学术机构发展的不同阶段和类型确定不同的质量目标。比如，对新建本科院校，通过质量审核确保这些学术机构达到基本的办学条件，引导其规范发展，建立内部质量保障体系，对于"211"或"985"高校，应该提出更高的评价标准，引导学术机构自主反思和改进，提高内部质量保障体系的效力，持续追求卓越，向世界高水平大学看齐。高等教育质量保障目标因学术机构的发展阶段需求而异，根据学术机构的发展阶段和层次，选择不同的质量保障模式。我们需要不断改进质量保障的方法，因为质量保障本身并不是目的，促进教育质量持续提升和学术机构及专业适应社会需求能力的增长才是质量保障存在的真正价值。

（二）通过推动专业化发展实现质量保障机构的协调职能

协调职能是高等教育质量保障的重要职能，但是这一职能在我国高等

---

① ENQA, Understanding the stakeholders' perspective on the use and usefulness of external quality assurance reports. Transparency of European Higher Education Through Public Quality Assurance Reports. 2014. 12 （www. enqa. eu/index. php/publications）.

教育质量保障的实践中还没有充分发挥出来，我国质量保障的专业水平与目前质量保障的国际水平还有较大的差距，通过元评估对质量保障进行审核的制度尚未形成。因此，我国目前应该通过培养有专业水平和职业伦理的质量保障人员，发挥质量保障机构的协调职能。因为质量保障框架一旦确定，其信度主要取决于执行的人。质量保障机构应当选择那些公认的正直的人员。高等院校仅仅对评估专家的专业知识有信心是不够的，最重要的是对评估人员的信任。质量保障机构在促进评估人员专业化的过程中扮演着非常重要的角色。国家质量保障机构应该致力于质量保障的能力建设，开发培训的课程和项目，聘请国际质量保障专家对我国潜在的质量保障人员进行培训，也可以委托学术机构的教育学院，设立质量保障硕士或博士专业，促进我国质量保障的专业化发展，只有提供专业化的培训，才有可能组成专业化的评审团队。只有组建专业化的评审团，才能提高质量保障的专业水平，学术机构才会相信质量保障的效果。

（三）通过实施科学、公正、合作、正直的评估，提高质量保障过程的信度

评估是质量保障的主要手段，质量保障的信度与评估的指标体系，评估人员的职业道德、学术机构的合作密切相关。因此，提高质量保障的信度应该从以下几个方面努力。

1. 建立与质量密切相关的指标体系

质量保障的科学性取决于指标体系与质量目标的相关性。因此，在评审过程中使用的质量保障框架必须与质量保障的目标和学术机构的质量密切相关，建立清晰、可测量、方便操作，与高等教育质量目标密切相关的指标体系。评估指标的设置应该从过去的注重教学基础设施的输入指标向人才培养过程和培养结果的指标转变，开展基于证据，注重过程和效果的评估指标体系。

2. 确保评估专家恪守评估伦理道德

保证评估人员的公正，避免评估中的利益冲突。评估中的利益冲突分为三类：个人、专业和意识形态的利益冲突，许多质量保障机构都力争消除利益冲突。[①] 质量保障机构在实施评估前应该澄清评审小组的成员

---

① 吴岩等：《国际高等教育质量保障新视野》，教育科学出版社 2015 年版，第 161—162 页。

以及家属在过去和现在都不是被评机构的雇员、会员、顾问或是毕业生。评审小组成员对此应该在参加评审前做出郑重承诺。

3. 通过充分沟通与学术机构建立积极的合作关系

质量保障机构应该在质量保障的过程中组织相关培训，说明质量保障的目的、方法及资料收集的标准，在组成评审团时听取学术机构的意见将收到良好的效果。如果派出不合适的评审团，他们的判断将不能得到学术机构的接受。这种质量保障虽然能被遵从但却不能促进学术机构的提高。

4. 充分尊重被评价机构的意见

在现场考察之后，通过收集学术机构关键人物的反馈意见，利用这些反馈意见进行改进可以加强质量保障的信度。学术机构对质量保障的诉求反映了质量保障机构的信度和公共责任。在质量保障实施过程中，将被评机构视为平等的伙伴也有助于提高质量保障的信度。因此，在评审过程中，评审团应该不断收集被评机构的反馈意见，并充分利用被评机构的反馈意见，促进评审质量的进一步提升，引导质量保障机构沿着正确的方向发展。尤其是对质量评审的结果，被评机构如果有不同意见，应该给他们合理的表达渠道，通过构建合理的申诉制度，使被评机构对评审结果的质疑消除在评审过程中。因此，充分尊重被评机构的意见，构建合理的申诉机制是质量保障机构在保障自身的可信度和问责中需要关注的重要问题。

（四）通过规范和审核促进学术机构内部质量保障影响力持续提升

内部质量保障体系逐渐成为质量保障的核心力量。2008 年"千叶原则"的重要前提是质量保障的首要责任在于每一所高校自身。[①] 因为质量保障最大的动力来源于组织内部质量提升自我意识的觉醒，通过建立完善的内部质量保障体系，唤醒组织内部质量意识觉醒，激发其积极性是促进高等教育质量提升的有效措施。因此，外部质量保障体系的主要责任在于对组织内部质量保障体系效力的评估，审核学术机构内部是否建立了完善的质量保障体系，质量保障体系是否有效规范学术机构的教育

---

① 蒋葵、俞培果：《高等教育质量保障的国际合作与亚太区域的"千叶原则"》，《外国教育研究》2010 年第 3 期。

活动在质量规范规定的范围内进行，是否激发了利益相关者的积极性，促进教育质量持续提升？组织内部是否形成了批判反思的质量文化，能对组织存在的问题进行自主反思，在反思、批判、改进中持续改进和提高？只有通过实施有效的外部质量保障，颁发内部质量保障指南，引导学术机构建立有效的内部质量保障体系，才能提高质量保障的影响力。

七　在反思中提高我国高等教育质量报告的质量

批判反思和质量调查是评估效力提升的前提，为不同的目标群体提供有效的信息是评估质量报告的重要价值，对评估质量报告的规范是提高评估效力的关键措施。质量报告是评估的结果，公开学术机构办学和评估状况的重要信息资源，是公众了解学校办学水平的重要渠道，更是学校反思和改进的重要参考依据，但是在实践中质量报告自身的局限性却制约了其信息和改进功能的发挥。基于我国质量报告的问题反思，建议我国质量报告从以下几个方面进行改进。

（一）向多元利益相关者公开信息，使质量报告成为可靠的信息源泉

长期以来，我国高等教育利益相关者更多的是从朋友的信息互传，学校网站了解学术机构信息。朋友互传的信息难免带着个人的偏见，网站了解的信息也不够全面，公众几乎很难获得学术机构整体发展水平和专业建设的具体信息。作为评估的直接发现和结果，作为学术机构经过认真准备，呈评估专家审阅的质量报告，相对其他信息资源，具有一定的权威性和全面性。因此，质量报告应该成为公众获取学术机构资料的重要信息源泉。高等教育的利益相关者有权利了解学术机构发展的真实状况。因此，评估机构和被评学术机构有义务公布学校自评报告，使公众能对学术机构的发展进行有效的监督。同时，使学术机构在接受社会监督的过程中养成自律的习惯，提高管理效率和绩效，充分促进学生成才和发展。我国学术机构之所以很少公布质量报告，主要是担心学术机构存在的问题被其他学术机构和利益相关者发现，影响学校发展；评估机构之所以不公布质量报告，是出于对学术机构的尊重，尊重学校的隐私。因为我国教育系统具有多样性，但评估指标却相对单一，导致公众经常将不同类型学校的质量报告相互比较，影响了弱势学校的社会声誉。因此，建议在之后的评估中，首先将不同类型的学校进行分类评估，制

定不同类型的评估指标和标准，并由不同的评估机构负责评价不同类型的学校，将不同类型学术机构的质量报告发布在不同的网站和学校的网页上，使高等教育的利益相关者能方便地获得学术机构的质量报告。同时，质量报告中应尽量减少自我褒奖的空洞描述，而是以客观数据和资料证明学术机构的办学质量，形成基于客观证据的质量报告，使公众能从中获取更多有价值的信息。

（二）在质量报告中强化问题意识，充分发挥评估改进功能

发现学术机构在发展中存在的实质性问题，是促进学术机构改进，发挥评估改进功能的前提。但是由于评估最基本的功能是证明质量，没有一所学术机构相信问题会证明其办学质量，因此在自评报告中更多地集中于对成绩的描述。而且如果将学术机构存在的问题公布于众，将有可能影响利益相关者对学术机构质量的判断。但是学术机构要改进，必须发现和面对自身发展中存在的问题。利用评估对办学水平进行批判反思，寻找发展中存在的问题，并邀请评估专家共同商量解决问题的策略，是发现和解决问题的最好机会。因此，为了保护学术机构的隐私，可以将评估专家对学术机构提出的问题及改进意见单独反馈给学术机构，这样既能使被评学术机构明确并积极面对自身存在的问题，也能避免学术机构声誉因问题被专家指出而蒙受损害。同时，评估机构如果在阅读自评报告中能对自评报告中的问题意识和改进策略进行重点考核，将有助于强化质量报告撰写者的主题意识。参评机构回避问题的主要原因是担心问题的暴露会影响到评估结果，如果在考核中能将学校的问题意识列入评价指标，具体观察学校是否对存在的问题进行了清晰的描述，是否为解决问题采取了积极的措施？这些措施是否有助于问题的解决，解决问题的规划是否具有可操作性？如果评估机构能引领性地对学术机构的问题意识进行考核，参评学校将会积极投入对学校发展问题的批判反思，因为最熟悉学术机构发展问题的是学术机构自身，只有他们积极面对问题，才能主动寻求外界的改进性意见，评估的改进功能才能充分发挥。

七　加强对高等教育质量保障机构的审核

国际高等教育质量保障的趋势表明，建立独立运行的专业性质量保障组织是质量保障有效运行的必要条件。许多国家和地区通过"伞型管

理模式"实现上一级质量保障机构对下一级质量保障的监督和管理,从而保证质量保障机构质量保障活动的规范性。我国高等教育质量保障机构在组织建设上,还需从以下几个方面进行改革。

（一）实现教育部评估中心对省级教育评估中心的监控功能

中国教育部评估中心成立十几年来组织了数次大规模的全国性评估,代表中国参加了国际高等教育质量保障的相关活动,还在俄罗斯参加了评估实践,是中国最有影响的高等教育质量保障机构。但是在 7 项职能中,并没有包括对其他质量保障机构监控和引导的功能,因而在运行过程中也没有与之相关的实践活动。同时,由于缺乏专业评估机构对评估进行元评估,使评估研究大多集中于对评估活动的事实描述和功过评论,评估活动经常随着评估考察和的评估报告的提交而结束,对评估实践的系统分析和评估影响力的追踪研究相对较少,元评估还没有成为评估流程中的必要环节。对质量保障机构的评估和监管是高等教育质量保障规范进行的必要条件,虽然独立性是质量保障机构有效发挥作用的必要条件,但是合格的质量保障机构却是有效实施质量保障活动的前提。如果教育部评估中心能结合国际高等教育质量保障的经验,根据中国高等教育质量发展的现实需要,制定省级高等教育质量保障的标准和指南,并周期性地对省级高等教育质量保障机构的评估实践活动进行审核,将能引导省级质量保障机构在规范发展的基础上,在批判反思中追求卓越。

（二）建立独立运行的专业省级高等教育质量保障中介机构

在高等教育大众化进程中,我国已经发展成为高等教育大国。根据2015 年全国教育事业统计公报,全国各类高等教育在学总规模达到 3647万人,高等教育毛入学率达到40.0%。全国共有普通高等学校 2560 所。①我国由于受到评估专业化程度限制,评估的组织机构建设和评估能力还有待加强。省级评估中心建设还没有全面展开,大部分省评估暂时由临时组成的评估专家组完成,没有建立周期性的评估制度,评估政策执行缺乏持久性。仅凭教育部评估中心和仅有的几所省级高等教育评估中心无法胜任对全国 2560 所高校的评估工作。而且,各省临时组成的评审团

---

① 《2015 年全国教育事业发展统计公报》2016 年 9 月（http：//www. pgzx. edu. cn/modules/wenjianfabu_ d. jsp？ id = 108201）。

虽然能顺利完成评估工作，但却未必能保证评估效果，完成对评估改进措施实施监控。因此，如果各省能建立独立的质量保障机构，由经过专业训练的质量保障人员进行评估研究和实践工作，能根据教育部评估中心制定的指导原则组织并实施评估，并定期申请接受教育部评估中心的审核，向社会说明其评估的绩效，改进评估中存在的问题，并对全省范围内高等学校内部的质量保障机构及其制度进行指导和审核，将能在高等教育质量保障过程中发挥承上启下的枢纽作用，上承教育部评估中心的指导精神，下启学术机构内部质量保障机构和运行，使我国高等教育质量保障体系通过"伞型模式"管理，在促进高等教育规范和卓越发展的过程中发挥积极的作用。如果能建立省级高等教育评估中心，组成具有专业评估水平的研究团队和评估专家，主动学习国际高等教育评估方法和理念，将国际经验本土化，建立具有本省特点的元评估标准，对评估实践进行自主反思和改进，不但能提高评估的效力，而且能促进高等教育质量全面提升。

（三）完善高等学校内部质量保障机构，加强内部质量文化建设

高等教育机构是致力于追寻和传播知识、研究和澄清价值观念以及推动所服务的社会进步的组织。认证是由各教育机构采取的自我规范和同行评审相结合的方式，期望加强和持续维持高等教育质量，追求卓越的过程，力争使高等教育符合公众期望并使其受到的外部控制最小化。[①]

伴随着高等教育普及化发展，关注高等教育内部质量保障成为提高高等教育质量的又一重要趋势。在发达国家，高等学校的内部质量保障体系建设已进入系统化、精细化、标准化、规范化的成熟发展阶段，高校内部形成以课程测评、专业评估、教学指导、检查、教学质量监测、学生学习评价、毕业生跟踪调查、用人单位参与等为内容的一系列保障手段，这些手段通过学校的整体目标整合在一起，又与外部质量保障互动，共同构成大学质量保障体系。[②] 质量的实现既要求建立各种质量保障

---

① AAQAAHE：《美国高等教育质量认证与评估》，谢笑珍译，北京大学出版社 2012 年版，第 2 页。

② 薛成龙、邬大光：《中国高等教育质量建设命题的国际视野——基于高等教育第三方评估报告的分析》，《中国高教研究》2016 年第 3 期，第 4—14 页。

体系，形成多种评价模式，同时更需要在机构内部形成一种质量文化。目前，世界发达国家和地区的高等教育质量建设已经进入质量文化建设阶段。欧洲大学联合会在 2006 年提出了高校培育质量文化的八条原则：增强职工对学校的认同感；培养学生的参与意识；重视内部沟通并赋予教职工权力；对于评估程序和标准达成一致；对于关键数据做系统的定义、收集和分析；吸纳各方面的适当参与；重视自评；评估后及时跟踪研究并改进工作。① 我国在 2013 年 12 月启动的审核评估中，也将高校内部质量保障作为六项指标中重要的一项考核指标，包括质量保障体系、质量监控、质量信息及利用、质量改进四个维度。具体见表 9－1：

表 9－1　　　　　　普通高等学校本科教学工作审核评估范围

审核项目	审核要素	审核要点
1. 定位与目标	1. 办学定位	（1）学校办学方向、办学定位及确定依据； （2）办学定位在学校发展规划中的体现
	2. 培养目标	（1）学校人才培养总目标及确定依据； （2）专业培养目标、标准及确定依据
	3. 人才培养中心地位	（1）落实学校人才培养中心地位的政策与措施； （2）人才培养中心地位的体现与效果； （3）学校领导对本科教学的重视情况
2. 师资队伍	1. 数量与结构	（1）教师队伍的数量与结构； （2）教师队伍建设规划及发展态势
	2. 教育教学水平	（1）专任教师的专业水平与教学能力； （2）学校师德师风建设措施与效果
	3. 教师教学投入	（1）教授、副教授为本科生上课情况； （2）教师开展教学研究、参与教学改革与建设情况
	4. 教师发展与服务	（1）提升教师教学能力和专业水平的政策措施； （2）服务教师职业生涯发展的政策措施

① 李福辉：《欧洲高校与质量文化：迎接质量保障的挑战》，《山东教育学院学报》2009 年第 6 期。

审核项目	审核要素	审核要点
3. 教学资源	1. 教学经费	（1）教学经费投入及保障机制； （2）学校教学经费年度变化情况； （3）教学经费分配方式、比例及使用效益
	2. 教学设施	（1）教学设施满足教学需要情况； （2）教学、科研设施的开放程度及利用情况； （3）教学信息化条件及资源建设
	3. 专业设置培养方案	（1）专业建设规划与执行； （2）专业设置与结构调整，优势专业与新专业建设； （3）培养方案的制定、执行与调整
	4. 课程资源	（1）课程建设规划与执行； （2）课程的数量、结构及优质课程资源建设； （3）教材建设与选用
	5. 社会资源	（1）合作办学、合作育人的措施与效果； （2）共建教学资源情况； （3）社会捐赠情况
4. 培养过程	1. 教学改革	（1）教学改革的总体思路及政策措施； （2）人才培养模式改革，人才培养体制、机制改革； （3）教学及管理信息化
	2. 课堂教学	（1）教学大纲的制订与执行； （2）教学内容对人才培养目标的体现，科研转化教学； （3）教师教学方法，学生学习方式； （4）考试考核的方式方法及管理
	3. 实践教学	（1）实践教学体系建设； （2）实验教学与实验室开放情况； （3）实习实训、社会实践、毕业设计的落实及效果
	4. 第二课堂	（1）第二课堂育人体系建设与保障措施； （2）社团建设与校园文化、科技活动及育人效果； （3）学生国内外交流学习情况

续表

审核项目	审核要素	审核要点
5. 学生发展	1. 招生及生源情况	(1) 学校总体生源状况； (2) 各专业生源数量及特征
	2. 学生指导与服务	(1) 学生指导与服务的内容及效果； (2) 学生指导与服务的组织与条件保障； (3) 学生对指导与服务的评价
	3. 学风与学习效果	(1) 学风建设的措施与效果； (2) 学生学业成绩及综合素质表现； (3) 学生对自我学习与成长的满意度
	4. 就业与发展	(1) 毕业生就业率及职业发展情况； (2) 用人单位对毕业生评价
6. 质量保障	1. 质量保障体系	(1) 质量标准建设； (2) 学校质量保障模式及体系结构； (3) 质量保障体系的组织、制度建设； (4) 教学质量管理队伍建设
	2. 质量监控	(1) 自我评估及质量监控的内容与方式； (2) 自我评估及质量监控的实施效果
	3. 质量信息及利用	(1) 校内教学基本状态数据库建设情况； (2) 质量信息统计、分析、反馈机制； (3) 质量信息公开及年度质量报告
	4. 质量改进	(1) 质量改进的途径与方法； (2) 质量改进的效果与评价
自选特色项目	学校可自行选择有特色的补充项目	

资料来源：《教育部关于开展普通高等学校本科教学工作审核评估的通知——教高〔2013〕10号》。

由此看来，国内外对完善高校内部质量保障体系建设已经达成共识，而且教育部评估中心也正通过审核评估促进高校内部质量保障体系建设。因此，加强内部质量保障机构建设和高校内部文化建设，成为高校质量保障的必然选择。由于质量保障是专业性极强的工作，因此高校应该建立专业的大学质量保障机构，聘请具有质量保障专业知识的人员，负责学校内部质量保障体系的顶层设计和实践运作，通过在大学发展规划中提出质量保障体系建设的具体方案，通过课堂教学质量监控、学生学习效果评价、毕业生职业发展效果调查等自主评价，在日常管理中引导学校内部质量文化的建设。定期对评价的方法进行调查和反思，按照国家和省级质量保障机构的指南，参照国际经验，吸收国际评估的先进理念，开展"以生为本，基于证据"的自我评估，不断改进质量保障方法，积极配合省级质量保障机构的评估，并认证实施外部质量保障中提出的改进意见。只有这样，在高校内部质量保障机构的引导下，形成高校自我管理的内部质量文化，才能与外部质量保障形成合力，共同促进高等教育追求卓越，实现促进大学生成才和发展的梦想。

结　　语

后大众化阶段世界各地对高等教育质量的关注持续不断，全球化背景下高等教育国际化的激流滚滚向前。环境的变迁使高等教育质量保障国际化成为其追求有效性的必然趋势，也成为高等教育国际化发展的现实需求。国际高等教育质量保障组织顺应了时代的潮流，相继成立，并在高等教育质量保障的专业化和国际化进程中发挥了积极的作用。

在国际化背景下，国际学生和学者跨国流动的增强和跨境教育形式的多元化使得高等教育的质量保障变得日益复杂。质量保障的重要性也日益彰显。质量保障通过外部评审确保和提高高等教育学术质量，已经成为全球政府机构关注的重点问题。不管是境内还是跨境，质量保障是关系到高等教育机构向社会提供可靠的教学质量和研究成果的手段。教育的质量关系到社会经济发展，社会公平和流动，创造和创新，等等，这些要素对国家和公民教育成功具有重要的意义。政府官员需要质量保障确保高等教育机构在境内提供可靠、有质量的教育，确保提供跨境教育的机构提供可靠、有质量的教育。这些包括：对自己国家在境外提供高等教育的机构进行监管，对其他国家在自己国家提供教育的机构进行监管。保护学生和公众免受劣质高等教育提供者的侵害，识别和消除在入学、成绩单、获得学位和等级方面的腐败，通过可靠的质量保障满足社会对教育质量的要求。

国际化背景下高等教育质量发展的复杂性挑战了各国高等教育传统质量保障机构的能力极限，高等教育发展环境的变化既为高等教育质量保障迎来新的机遇，也带来严峻的挑战。于是积极应对国际化背景下高等教育的环境变迁和挑战，成为许多国家和质量保障机构的现实选择。

几乎所有的国家都成立了质量保障机构评审高等院校和专业的学术质量，包括对其国内和跨境高等教育质量的检查。各国质量保障的层次和政府参与的程度各不相同。有的国家政府优先参与，采取分权的方法进行质量保障；有的国家是政府主导，采取政府驱动的质量保障方法。在许多国家，质量被认为是高等教育机构实现大学多样性目标，灵活地应对变革进行创新的保障。跨国组织比如联合国教科文组织、世界银行和经济合作与发展组织都为发展高质量的教育提供了指南。

高等教育国际化是不可逆转的时代潮流，跨境高等教育质量保障是高等教育国际化的重点和难点，国际组织是推动高等教育质量保障国际化、专业化、规范化的组织保障。效力诉求是国际高等教育质量保障发展的逻辑起点，也是质量保障的生存之本。质量保障的效力取决于质量保障目标的实现程度，以及质量保障过程的信度和质量保障产生的影响力。反思我国高等教育质量保障目标实现和职能发挥单一化，质量保障过程信度不高，对学术机构的影响力微弱等问题，其主要原因在于我国高等教育质量保障专业化水平低。因此，目前只有加强高等教育质量保障能力建设，推动质量保障专业化发展，才能实现质量保障改进和提高的目标，发挥协调和决策的功能，提高质量保障的信度，通过实施质量保障活动，对学术机构内部产生深刻的影响。

高等教育国际化背景下跨境高等教育质量保障挑战了传统质量保障机构的能力极限。高等教育质量保障在应对这一挑战的过程中呈现国际化、专业化和规范化发展的趋势。作为跨境教育最大的资源国和跨境教育的后发外生型国家，中国高等教育质量保障只有在批判反思中不断改进，通过在全方位的国际合作中提高国际化程度，建立有效的学术机构内部质量保障机构，在高等学校相关学院设立质量保障专业，按照质量保障指南定期接受外部审核实现规范化发展，才能适应国际高等教育质量保障的趋势，增强跨境高等教育质量保障的能力，使质量保障超越技术层面的管理和控制，发展为学术机构内部自觉自律的质量文化，达到高等学校内部自治与外部控制之间的动态平衡。

参考文献

一　学术专著

程星:《大学国际化的历程》,商务印书馆 2014 年版。

陈玉琨、代蕊华、杨晓江、田圣炳:《高等教育质量保障体系概论》,北京师范大学出版社 2004 年版。

郭丽君:《中国跨境高等教育质量保障体系研究》,社会科学文献出版社 2014 年版。

顾明远:《教育大辞典》,上海教育出版社 1998 年版。

马健生:《高等教育质量保证体系的国际比较研究》,北京师范大学出版社 2014 年版。

吴岩等:《国际高等教育质量保障新视野》,教育科学出版社 2015 年版。

赵立莹:《效力诉求:美国博士生教育质量评估体系的演进》,中国社会科学出版社 2013 年版。

二　译著

[英] 查尔斯·狄更斯:《双城记》,石永礼、赵文娟译,人民文学出版社 2015 年版。

AAQAAHE:《美国高等教育质量认证与评估》,谢笑珍译,北京大学出版社 2012 年版。

三　中文期刊

彼得·J. 威尔斯、张建新:《多元一体基因:高等教育质量保障的区域发展途径》,《北京大学教育评论》2014 年第 4 期。

陈玉琨:《论发展性高等教育的质量保障》,《国家高级教育行政学院学报》2001 年第 5 期。

范露露、李耀刚:《亚太地区教育质量保障的十年变革——APQN2012 学术研讨会暨年度会员大会综述》,《上海教育评估研究》2012 年第 2 期。

方乐:《国际高等教育质量保障组织 (INQAAHE) 介评》,《比较教育研究》2014 年第 2 期。

方乐:《亚太地区教育质量保障能力建设的推动者——亚太地区教育质量保障组织 (APQN) 研究》,《江苏高教》2014 年第 2 期。

菲利普·G. 勒普雷斯特:《关于国际组织问题》,赵炳昌译,《国际社会学》1987 年第 1 期。

洪成文:《美国高等教育认证理事会:认可目标、标准和程序》,《比较教育研究》2002 年第 9 期。

侯威、许明:《高等教育质量保证机制的国际比较》,《外国教育研究》2002 年第 10 期。

黄建如:《美国高等教育认证组织的国际质量审核与认证活动》,《高等教育研究》2010 年第 1 期。

季平:《求真务实,努力构建高等教育质量保障体系》,《中国高等教育》2010 年第 10 期。

蒋葵、俞培果:《高等教育质量保障的国际合作与亚太区域的"千叶原则"》,《外国教育研究》2010 年第 3 期。

康宏:《我国高等教育评估中介组织发展研究》,《高教探索》2007 年第 3 期。

刘尔思、车伟民、黄镇海:《我国跨境教育的现状与监管体系构建的路径选择》,《教育研究》2010 年第 9 期。

李福辉:《欧洲高校与质量文化:迎接质量保障的挑战》,《山东教育学院学报》2009 年第 6 期。

刘献君:《关于建设我国高等教育质量保证体系的若干思考》,《高等教育研究》2008 年第 7 期。

李利群:《高等教育评估的"全球化进程"及对中国的启示》,《中国大学教学》2007 年第 12 期。

林梦泉、唐振福、杜志峰：《国际高等教育质量保障热点问题和发展趋势——近年来高等教育质量保障机构网络组织（INQAAHE）会议综述》，《中国高等教育》2013 年第 1 期。

刘振天：《从象征性评估走向真实性评估——高等教育评估制度的反思与重建》，《高等教育研究》2014 年第 21 期。

戚业国：《高校内部本科教学质量保障体系建设的理论框架》，《江苏高教》2009 年第 2 期。

戚业国：《质量保障：一种新的高等教育质量管理范式》，《高等教育研究与实践》2006 年第 2 期。

苏永建：《高等教育质量保障中的价值冲突与整合》，《中国高教研究》2013 年第 11 期。

沈玉顺：《探求教育质量的全面管理与保障体系》，《上海高教研究》1998 年第 8 期。

王战军、乔伟峰：《中国高等教育质量保障的新理念和新制度》，《清华大学教育研究》2014 年第 3 期。

魏红、钟秉林：《我国高校内部质量保障体系的现状分析与未来展望——基于 96 所高校内部质量保障体系文本的研究》，《高等工程教育研究》2009 年第 6 期。

薛成龙、邬大光：《中国高等教育质量建设命题的国际视野——基于高等教育第三方评估报告的分析》，《中国高教研究》2016 年第 3 期。

阎为民、栾忠权、杨菁：《研究生教育和谐的内外部质量保障机制的构建》，《研究生教育研究》2011 年第 2 期。

尹守香：《关于构建高等教育质量保证机制的探讨》，《高等教育研究》2007 年第 3 期。

余小波、王志芳：《高等教育质量的社会保障：特点、途径和实现条件》，《高等教育研究》2006 年第 3 期。

张建新、曹潇吟、张馨娜：《APQN 在亚太地区教育质量保障进程中的特点及影响》，《上海教育评估研究》2015 年第 4 期。

张应强、苏永建：《高等教育质量保障：反思、批判与变革》，《教育研究》2014 年第 5 期。

张正义、贾晓娟：《高等教育质量保障体系的完整性略论》，《山西师范大学学报》2007 年第 5 期。

赵炬明：《超越评估——中国高等教育质量保障体系建设之设想》，《高等工程教育》2009 年第 1 期。

赵立莹、黄婷婷：《S 省巡视诊断评估的元评估》，《西安电子科技大学学报》2016 年第 4 期。

赵立莹、刘献君：《本科教育评估的理性反思和现实选择》，《中国高教研究》2006 年第 10 期。

赵立莹、刘献君：《本科教学评估：理性反思与现实选择》，《中国高教研究》2008 年第 10 期。

赵立莹、司晓宏：《国际化背景下高等教育质量保障发展趋势及中国选择》，《高等教育研究》2015 年第 6 期。

周满生、褚艾晶：《成就、挑战与展望——欧洲高等教育区质量保证十年发展回顾》，《北京大学教育评论》2011 年第 3 期。

张文凌：《我国已成世界最大跨境教育资源国家》，《中国青年报》2015 年 5 月 9 日。

四 学位论文

李亚东：《我国高等教育质量保障的顶层设计》，博士学位论文，华东师范大学，2013 年。

陈能浩：《社会转型期高等教育评估中介机构的培育》，博士学位论文，华南师范大学，2004 年。

五 外文文献

Asia-Pacific Quality Network. APQN Constitution. March 2014 (version no. 8. 0）：1；article 12. 1；article 17.

Asia-Pacific Quality Network：Annual Report：Members (General Council) . Annual Report 2004 – 2005, Issue 1, Asia-Pacific Quality Network Inc. 2005.

Assessment：Unsatisfactory, Satisfactory, Good or Excellent (weighted and substantiated).

Barrow, C. Globalization, Trade Liberation, and the Transnationalization of Higher Education. 2008. 11.

Baum, Elliott & Ma, *Trends in Student Aid.* New York: The College-Board. 2014.

De Wit, Hans (Ed.) . 2009. Measuring the Success of the Internationalisation of Higher Education. EAIE Occasional Paper 22. European Association for International Education, Amsterdam.

Elton, L. Dimensions of Excellence in University Teaching, *International Journal for Academic Development*, 1998. vol. 3, No. 1.

ENQA, Transparency of European Higher Education through Public Quality Assurance Report. 2014.

Gibbs, G. , Conceptions of Teaching Excellence Underlying Teaching Award Schemes, The Higher Education Academy, York. 2010.

Green Diana, "What is Quality in Higher Education?" *Society for Research into Higher Education*, Open University Press. 1994.

Grifoll, J. et al. Quality Procedures in the EHEA and beyond-Visions for the Future. Brussels: European Association for Quality Assurance in Higher Education. 2012.

Hudzik, John K. & Stohl, Michael. 2009. Modelling Assessment of Outcomes and Impacts from Internationalisation. In Hans de Wit (Ed.), Measuring the Success of the Internationalisation of Higher Education. EAIE Occasional Paper 22. European Association for International Education, Amsterdam.

Jane Knight, Internationalization of Higher Education: New Directions, New Challenges. Paris: International Association of Universities. 2006.

Jane Knight, Higher Education Crossing Borders: A Guide to the Implications of the General Agreement on Trade in Services (GATS) for Cross-border Education. Vancouver, BC, Commonwealth of Learning. 2006a.

Jane Knight, Internationalization Remodelled: Responding to New Realities and Challenges. 2006 b: 63.

Knight, Jane & de Wit, Hans (Eds.). 1999. Quality and Internationalisation of Higher Education. Paris: OECD.

Larsen, K., Vincent, L. S. "International Trade in Education Services: Good or Bad?"

Martin Stella, External Quality Assurance in Higher Education: Making Choices. Paris: UNESCO, 2007.

Orla Lynch, Quality and Qualifications Ireland (QQI) Introduction to Quality Assurance Reports. 2014. 11.

Peter Findlay, Quality Assurance Agency for Higher Education (QAA) Features of a Good External Quality Assurance Report Some Thoughts.

Philip Altbach, "Twinning and Branch Campuses: The Professorial Obstacle". *International Higher Education*, N. 48, 2007.

Radu Damian, Projects and Cooperation at the Romanian Agency for Quality Assurance in Higher Education (ARACIS).

Sharing Quality Higher Education Across Borders: A Statement on Behalf of HEIs Worldwide (2005).

Stephanie Hering, Swiss Center for Accreditation and Quality Assurance in Higher Education (OAQ) Analysis of Quality Assurance Agencies' Current Practices in Reporting the Outcomes of the Quality Assurance Procedures. 2014.

Szanto. T. Background and Purposes of External Reviews of Quality Assurance Agencies: ENQA 2010.

Woodhouse, D. (November 2010). Is There a Globally Common Understanding to Quality Assurance? ESU Board Meeting 59 Seminar: Quality Assurance. Presentation conducted from Jerusalem, Israel.

Campbell, C. & Van Der Wender, International Initiatives and Trends in Quality Assurance for European Higher Education, Exploratory Trend Report. European Network of Quality Assurance Agencies. 2000.

CHEA, CHEA Almanac of External Quality Review. Washington, D. C. Council for Higher Education Accreditation, 2015.

Deardorff, Pysarchik and Yun, Deardorff, Darla, Thorndike Pysarchik,

Dawn and Yun, Zee-Sun. 2009. Towards Effective International Learning Assessment: Principles, Design and Implementation. In Hans de Wit (Ed.), Measuring the Success of the Internationalisation of Higher Education. EAIE Occasional Paper 22. European Association for International Education, Amsterdam.

Evaluation Anxiety: Toward a Psychology of Program Evaluation. *American Journal of Evaluation*, 2002 (23): 264.

Furst-Bowe, J. A. and Bauer, R. A., Application of the Baldrige Model for Innovation in Higher Education, New Directions for Higher Education, 2007, Vol. 137.

Gibbs, G. Dimensions of Quality, The Higher Education Academy, York. 2010.

Grifoll, J., Hopbach A., etc., A Quality Procedures in the European Higher Education area and Beyond – Internationalisation of Quality Assurance Agencies, Brussels, Belgium. 2015.

INQAAHE, Guidelines of Good Practice in Quality Assurance, 2007.

Johnson, C. Credentialism and the Proliferation of Fake Degrees: The Employer Pretends to Need a Degree; The Employee Pretends to Have one. *Hofstra Labor & Employment Law Journal*, 23. 2006a.

Kevin, K. & Jason, E. Managing the Oversight of International Branch Campuses in Higher Education. *Higher Education Management and Policy*, 2014, (5).

Marcos, S. Learning from Each Other-using Benchmarking to Develop Internal Quality Assurance, Helsinki: ENQA, 2012: 13 – 16.

Source: www. nvao. net: Framework for the Assessment of Internationalisation, 2011b.

Stewart I. (Ian) Donaldson Christina Christie, Melvin (Mel) M. (Michael) Mark, Credible and Actionable Evidence: The Foundation for Rigorous and Influential Evaluations. SAGE Publications 2014.

Stewart I. Donaldson, Laurae. Googler & Michael Scriven. Strategies for managing The Association of African Universities, Accra Declaration on GATS and the Internationalisation of Higher Education 'in Africa' (2004).

UNESCO: World Declaration on Higher Education for the Twenty – first Century: Vision and Action. Paris: UNESCO, 1998.

Vand, D., Trends and Models in International Quality Assurance in Higher Education in Relation to Trade in Education, Higher Education Management and Policy. Vol. 14, No. 3. 2002. 6.

Woodhouse, D., Is There a Globally Common Understanding to Quality Assurance? ESU Board Meeting 59 Seminar: Quality Assurance. Presentation conducted from Jerusalem Israel. 2010. 11.

七　电子资源

《2015 年全国教育事业发展统计公报》2016 年 9 月（http://www. pgzx. edu. cn/modules/wenjianfabu_ d. jsp? id = 108201）.

AEA, "2015 International Year of Evaluation Global Events" 2015. 10. 8（http://www. eval. org/p/cm/ld/fid = 371）.

AEA, "AEA Mission, Vision, Values and Governing Policies" 2016. 10. 18（http://www. eval. org）.

AEA, "AEA Mission, Vision, Values and Governing Policies" 2016. 10. 18（http://www. eval. org）.

AEA, "American Evaluation Association Guiding Principles For Evaluators". 2006. 9. 10（http://www. eval. org/p/cm/ld/fid = 51）.

AEA, "American Evaluation Association International Partnership Program". 2015. 10. 8（http://www. eval. org/p/cm/ld/fid = 287）.

AEA, "Mapping of existing Voluntary Organizations for Professional Evaluation". 2016. 10. 8（http://mymande. org/evalpartners）.

AEA, "Visionary Evaluation for a Sustainable, Equitable Future". 2016. 8. 10（http://www. eval. org/p/cm/ld/fid = 226）.

AEA, "Annual Conference History", 2016. 10. 1（http://www. eval. org/p/cm/ld/fid = 106）.

AEA: "About AEA". 2014 – 07 – 01（http://www. eval. org/p/cm/ld/fid = 4）.

AEA：（About us）.2016.8.10（http：//www. eval. org/aboutus/Organiza-tion/aboutus. asp）.

APQN，"APQN Annual Report2015. Issue11"（http：//www. apqn. org/files/vir-tual library/other_ reports/apqn_ annual_ report_ 2015）.

APQN，"APQN Mission statement".2016.5.30（http：//www. apqn. org/）.

APQN，"Constitution version no. 8.0"，2014.3（http：//www. apqn. org/virtual_ library/constitution Constitution）.

APQN，Higher Education QualityAssurance Principles for the Asia Pacific Re-gion. Japan：Chiba，2008 – 03 – 15.（http：/www. apqn. org）.

APQN，"qualityinformationportal".2016.9.10（www. quality information portal. org）.

APQN，APQN Mission Statement（http：//www. apqn. org/about/mission/. 2015.12.28）.

Australia International Education，"Higher Education Quality Assurance Princi-ples for the Asia PacificRegion".2015.11.20（https：//www. aei. gov. au/About – AEI/Policy/Pages/Brisbane Communiqu% C3% A9. Aspx）.

BadrAboul – Ela：（http：//www. inqaahe. org/main/events – and – proceed-ings/in – qaahe – 2012 – forum/presentations）.

Ban Ki – moon，"The UNEG Strategy 2014 – 2019".2013.10.6. United Nations Evaluation Gro（http：//www. unevaluation. org/document/detail/1459 The UNEG Strategy 2014 – 2019）.

Bologna Declaration.（1999）.Joint Declaration of the European Ministers of Education（http：//www. ond. vlaanderen. be/hogeronderwijs/bologna/doc-uments/MDC/BOLOGNA_ DECLARATION1. pdf.）.

Carol L. Bobby：INQAAHE Strategic Plan 2013 – 2017（http：//www. inqaa-he. org/admin/files/assets/subsites/1/documenten/1384421886_ inqaahe – stra-tegic – plan – 2013 – 2017. pdf）.

CGU，"academic programs".2016.10.2（http：//www. cgu. edu/pages/154. asp）.

CGU，"Education Policy，Evaluation，and Reform".2016.10.2（http：//www. cgu. edu/pages/10721. asp）.

CHEA International Quality Review and Accreditation, "The Role of U. S. Recognized Accrediting Organizations". (2009 – 08 – 16) (http://www.chea.org/pdf/presltriqr 2002. pdf).

CHEA, "Principles for United States Accreditors. Working Internationally: A ccreditation of Non – United States Institutions and Programs". 2009 – 08 – 16 (http://www.chea.org/pdf/international principles 01. pdf).

CHEA, http://www.chea.org/pdf/chea – at – a – glance_ 2015. pdf. 2015. 12. 19.

CHEA, "CHEA's Recognition Policy and Procedures". 2015. 11. 27 (http://www.chea.org/about/recognition, cfm).

CHEA, "Recognition Decision Summaries." 2015. 6. 30 (http://www.chea.org/pdf/Recognition/Summaries%202016%20Feb/ABET. pdf.).

CHEA, "Recognition Decision Summaries." 2015. 6. 30 (http://www.chea.org/pdf/Recognition/Summaries%202016%20Feb/ABET. pdf.).

CHEA, "Recognition Decision Summaries". 2015. 5 (http://www.chea.org/pdf/Recognition/Summaries/TEAC. pdf. 2015. 5).

CHEA, UNESCO Toward Eff ective Practice: Discouraging Degree Mills in Higher Education Conference of the European Association for International Education. Krakow, Poland. May 21, 2009 (http://www.eaie.org/pdf/krakow/203. pdf).

CIQG: (http://www.cheainternational.org/pdf/ciqg – fact%20sheet – 2014. pdf).

CIQG, (http://www.cheainternational.org/members/index. asp).

CIQG, (http://www.cheainternational.org/pdf/ciqg_ brochure. pdf).

COSTES, N. "First external evaluations of quality assurance agencies—lessons learned" (http://www.enqualityassurance. eu/files/ENQA workshop report 2010).

Costes, N., et al (2008), Quality Procedures in the EHEA and beyond – Second ENQA Survey. ENQA Occasional Papers 14. Helsinki: European Association for Quality Assurance in Higher Education. (http://www.enqa.eu/indirme/papers – and – reports/occasional – papers/ENQA2014. pdf).

Cremonini, L. et al, Impact of Quality Assurance on Cross – Border Higher

Education. （CHEPS）. 2012（https：//www. utwente. nl/bms/cheps/pub-lications/Publications％202012/）. Center for Higher Education Policy Studies.

Council of Europe and UNESCO, "Revised Code of Good Practice in the Provision of TransnationalEducation. " 2007（http：//www. enic – naric. net/fileusers/REVISED_ CODE_ OF_ GOOD_ PRACTICE_ TNE. pdf）.

Daniel L. Stufflebeam. Program Evaluations Meta evaluation. Checklist Evaluation ChecklistsProject（www. wmich. edu/evalctr/checklists）.

Daniel L. Stufflebeam. Program Evaluations Meta evaluation. Checklist Evaluation ChecklistsProject（www. wmich. edu/evalctr/checklists）.

DanielaTorre：（http：//www. inqaahe. org/main/events – and – proceedings/inqaah – e – 2012 – forum）.

Drs Ton Vroeijenstijn："The Guidelines of good practice：the Jewel in the INQAAHE Crown". 1997 – 2003.（http：//www. inqaahe. org）.

ENQA, Guidelines for external reviews of quality assurance agencies in the European higher education area. Occasional Papers 19, 2009.（http：//www. enqa. eu/index. php/publications/papers – reports/occasional – papers/）.

ENQA, Standards and Guidelines for Quality Assurance in the European Higher Education Area（2015）（http：//www. enqa. eu/index. php/home/esg/）.

ENQA "qache – regional – events – in – bahrain – and – china – to – validate – and – Collect – further – information2015. 5. 30（http：//www. enqa. eu/index. php/qache – regional – events – in – bahrain – and – china – to – validate – and – collect –further – information/）.

ENQA, http：//www. enqa. eu/indirme/papers – and – reports/occasional – papers/ENQA_ op18. pdf.

ENQA, Understanding the stakeholders' perspective on the use and usefulness of external quality assurance reports. Transparency of European Higher Education Through Public Quality Assurance Reports. 2014. 12（www. enqa. eu/index. php/publications）.

ENQA. " About ENQA ", http：//www. enqa. eu/index. php/about – Enqa. 2014 – 08 – 02.

ENQA，"2015 Annual Report"（http：//www. enqa. eu/）.

ENQA， "ENQA Quality Assurance Professional Competencies Framew – ork" . （http：//www. enqa. eu/）.

ENQA， "European Higher Education in a Global Setting. A Strategy for the Ex- ternal Dimension of the Bologna Process" 2007（http：//www. ehea. info/ Uploads/Global% 20context/Strategy – for – EHEA – in – global – setting. pdf）.

ENQA， "The concept of excellence in higher education" 2014. 7（http：// www. enqa. eu/indirme/papers – and – reports/occasional – papers）.

ENQA， "Guidelines for external reviews of quality assurance agencies in the EHEA ". 2015. 2. 10（http：//www. enqa. eu/index. php/reviews/princi- ples – of – external – reviews/）.

ENQA， "Guidelines for External Reviews of Quality Assurance Agencies in the European Higher Education Area". 2013. 6（http：//www. enqa. eu/wp – content/uploads/2013/06/Guidelines – for – external – reviews – of – quality – assurance – agencies – in – the – EHEA. pdf）.

ENQA， "Guidelines – for – external – reviews – of – quality – assurance – agencies – in – the – EHEA1"（http：//www. enqa. eu/indirme/Guidelines – for – external – reviews – of – quality – assurance – agencies – in – the – EHEA1. pdf. ）.

ENQA（http：//www. enqa. eu/indirme/papers – and – reports/occasional – papers/ENQA_ op18. pdf）.

ENQA， "Mapping the Implementation and Application of the European Stand- ards and Guidelines on Quality Assurance in Higher Education. " 2015. 12. 20. （http：//www. enqa. eu/index. php/publications/papers – re- ports/）.

ENQA："about – enqa" 2016. 11（http：//www. enqa. eu/index. php/about – en- qa/）.

ENQA："about – enqa". 2014. 08. 02（http：//www. enqa. eu/index. php/ about – enqa/）.

ENQA："Analysis of the European Standards and Guidelines（ESG）In external Review Reports：System － wide analysis，resources，and Independence."2015. 5. 18（http：//www. enqa. eu/indirme/ENQA _ workshop_ report_ 23_ final. pdf）.

ENQA Occasional Papers 14. Helsinki：European Association for Quality Assurance in Higher Education（http：//www. enqa. eu/indirme/papers － and － reports/occasional － papers/ENQA2014. pdf）.

European Quality Assurance Register（https：//www. eqar. eu/about/introduction. html 2015）.

Gordon, G., D'Andrea, V., Gosling, D. & Stefani, L.：（2003），Building capacity for change：research on the scholarship of teaching，Higher Education Funding Council for England，Bristol（http：//www. hefce. ac. uk/pubs/rdreports/2003/rd02_ 03）.

《中国教育报》2015. 5. 1（http：//news. jyb. cn/world/zwyj/201505/t20150501_ 620812. html）.

http：//www. apqn. org/membership/criteria/2016. 9. 20.

High Level Group on the Modernisation of Higher Education："Report to the European Commission on improving the quality of teaching and learning in Europe's higher education institutions". 2013（http：//ec. europa. eu/education/library/reports/modernisation en. pdf）.

胡锦涛：《在全国教育工作会议上的讲话》，2010 年 7 月 13 日，人民日报（http：//politics. people. com. cn/GB/8198/12677266. html）。

教育部：《国家教育事业发展第十二个五年规划》，2012. 6（http：//www. moe. gov. cn/publicfiles/business/htmlfiles/moe/moe _ 630/201207/139702. html。

教育部：《国家中长期教育改革和发展规划纲要（2010—2020）》，2010 年 3 月 1 日，中国网（http：//www. china. com. cn/policy/txt/2010 － 03/01/content_ 19492625_ 3. htm）。

教育部：《教育部关于深入推进教育管办评分离，促进政府职能转变的若干意见》教政法［2015］5 号. 2015 年 5 月 6 日，教育部官网（http://www. moe. gov. cn/publicfiles/business/htmlfiles/moe/s7049/201505/xxgk _ 186927. html）。

教育部：《中共教育部党组关于认真学习贯彻党的十八届三中全会精神的
  通知》教党［2013］33 号，教育部官网（http：//www. gov. cn/gzdt/
  2013 - 11/28/content_ 2536934. htm）。

教育部高等教育教学评估中心：《教育部高等教育教学评估中心简介》，2015
  年 6 月 10 日（http：//www. pgzx. edu. cn/modules/zhongxingaikuang. jsp?
  type =0）。

教育部高等教育评估中心：《中澳高等教育质量保障合作备忘录签字仪式
  成功举办》（http：//www. pgzx. edu. cn/modules/news_ detail. jsp? id =
  111048）。

教育部高等教育评估中心：《中国大学入选 UNESCO - IIEP 全球十佳实践
  案例》（http：//www. pgzx. edu. cn/modules/jiaoliuyuhezuo_ d. jsp? id =
  64628. 2014. 9. 21）。

《教育部关于开展普通高等学校本科教学工作审核评估的通知——教高
  ［2013］10 号》。

教育部评估中心：http：//www. heec. edu. cn/modules/jiaoliuyuhezuo. jsp.

IIEP. "External quality assurance：options for higher education managers -
  Module1：Making Basic Choices for external Quality assurance system"（ht-
  tp：//www. iiep. unesco. org/fileadmin/user—upload/Cap_ Dev—Training/
  Training_ Materials/HigherEd/EQA_ HE—1. pdf p. 13）.

INQAAHE. "GGP 2016 revised version Guidelines of Good Practice"（http：//
  www. inqaahe. org/admin/files/assets/subsites/1/documenten/1469107360 _
  ggp2016. pdf）2016. 9. 6.

INQAAHE. Guidelines of Good Practice for Quality Assurance. 2007. 9（ht-
  tp：//www. inqaahe. org/main/professionaldevelopment/guidelines - of -
  good - practice）.

INQAAHE. "Guidelines of good practice in quality assurance，2007"（ht-
  tp：//www. inqaahe. org/main/professional - development/guidelines - of -
  good - practice）.

INQAAHE. "about - gpqa"（http：//www. inqaahe. org/gpqa/about - gpqa）.

INQAAHE. "Celebrating the 20th anniversary of the International Network for
  Quality Assurance Agencies in Higher Education（INQAAHE）"（http：//

www. inqaahe. org/gpqa/about – gpqa）.

INQAAHE. "President's Report. INQAAHE 2011 Annual Report" P. 3. A. Oct. 22, 2012.

INQAAHE. "send – request. php"（http：//www. inqaahe. org/gpqa/send – request. php）.

INQAAHE. 2013 – 2017 INQAAHE Strategic Plan（http：//www. inqaahe）.

INQAAHE. "about inqaahe". 2015. 1（http：//www. inqaahe. org/main/a-bout – inqaahe）.

INQAAHE. "groundrules – of – the – database"（http：//www. Inqaahe. org/gpqa/about – gpqa/groundrules – of – the – database）.

Jane Knight. Higher Education Crossing Borders：A Guide to the Implications of the General Agreement on Trade in Services（GATS）for Cross – border Educa-tion. A Report Prepared for the Commonwealth of Learning and UNESCO. 2006（http：//unesdoc. unesco. org/images/0014/001473/147363E. pdf）.

Judith S. Eaton. "An Overview of U. S. Accreditation". 2015. 11（http：//www. chea. org/）.

Laurel McFarland, International Accreditation Issues：NASPAA White Pa-per. 2009 – 08 – 16（http：//www. naspaa. org/accreditation/ document/NASPAA pdf）.

Maria Jose Lemaitre. "After twenty years：Global and Regional Networks". 2015. 9. 10（http：//www. enqa. eu/）.

Mark Hay.（http：//www. inqaahe. org/main/events – and – proceedings/in-qaahe – 2012 – forum）.

瞿振元：《在推进高等教育现代化进程中砥砺前行 2015 年中国高等教育热点透析》，2016 年 1 月 4 日，中国教育新闻网—中国教育报（ht-tp：//news. jyb. cn/high//201601/）.

Quality and Qualifications Ireland（2014）. "Review of Reviews：Report of the Independent Review Team".（www. qqi. ie/Downloads/ReviewsWEB. pdf.）.

上海教育评估研究院：《期刊简介》（http：//www. shjee. org. cn/shjypgyj/ch/common_ item）。

上海教育评估院：《本院概况》（http：//www. seei. edu. sh. cn/Default. aspx?

tabid = 161）。

T Trifiro, F. "Strengthening cooperation in the quality Cooperation in cross – border higher education. A toolkit for quality assurance agencies". (2015). (http：//www. enqa. eu/wp – content/uploads/2015/11/QACHE – toolkit. pdf).

The Danish Evaluation Institute（2003）. Quality Procedures in European Higher Education—An ENQA Survey. ENQA Occasional Papers 5. Helsinki：European Network for Quality Assurance in Higher Education（http：//www. enqa. eu）.

The European Higher Education Area, "Bologna Process" 2014. 5（http：//www. and. vlaanderen. be/hogeronderwijs/bologna）.

The 2007 INQAAHE, Guidelines of Good Practice for Quality Assurance（http：//www. inqaahe. org/main/professionaldevelopment/guidelines – of – good – practice）.

唐景莉：《"高等教育质量保障：国际经验与中国探索"研讨会召开》，2014 年 9 月 24 日，中央政府门户网站（http：//www. gov. cn/xinwen/2014 – 09/24/content_ 2755631. htm）。

UNESCO, Guidelines for Quality Provision in Cross – border Higher Education Paris, 2005. ENQA. "About ENQA", http：//www. enqa. eu/index. php/about – enqa. 2014 – 08 – 02.

UNESCO-OECD, "Guidelines for Quality Provision in Cross – Border Higher Education" 2005. http：//www. unesco. org/education/guidelines ＿ E. indd. pdf.

UNESCO-OECD, Guidelines for Quality Provision in Cross-Border Higher Education.（http：//www. unesco. org/education/guidelines_ E. indd. pdf 2005）.

厦门大学：《高等教育第三方评估报告》，2015 年 12 月 4 日，教育部官网（http：//www. moe. gov. cn/jyb ＿ xwfb/xw ＿ fbh/moe ＿ 2069/xwfbh_ 2015n/xwfb_ 151204/151204_ sf cl/201512/t2015 1204_ 222891. html）。

张文凌：《中国已经成为世界最大跨境教育资源国家》，2015 年 5 月 9 日，《中国青年报》（http：//zqb. cyol. com/html/2015 – 05/09/nw. D110000zgqnb_20150509_ 9 – 02. htm）。

附　录

专业术语

ABET（Accreditation Board for Engineering Technology）：美国工程教育专业认证委员会

AEA（American Evaluation Association）：美国评估协会

ANECA（National Agency for Quality Assessment and Accreditation）：国家质量评价审核机构

ANQAHE（Arab Network for Quality Assurance in Higher Education）：阿拉伯高等教育质量保障组织

APEC（Asia-Pacific Economic Cooperation and Development）：亚太经济合作与发展组织

APQIP（Asia-Pacific Quality Information Portal）：亚太质量信息门户

APQN（Asia-Pacific Quality Network）：亚太地区高等教育质量保障协会

APQR（Asia-Pacific Quality Registration Center）：亚太地区质量注册中心

AQAN（Africa Network for Quality Assurance）：非洲质量保障协会

AQIP（APQN Quality Information Portal）：亚太地区质量信息网站

Assessment Agency：评估机构

AUQA（Australian University Quality Assurance Agency）：澳大利亚大学质量保障局

Bibliometric Indicators：计量指标

Bologna Process：博洛尼亚进程

CACREP（Curriculum Standards Professional Identity Counseling Professions Including Significant Factors Professional Roles)：美国心理咨询及教育项目认证委员会

CANQATE （Caribbean Area Network for Quality Assurance in Tertiary Education)：加勒比地区高等教育质量保证网络

CEENQA (Central and Eastern European Network of Quality Assurance Agencies)：中东质量保障协作组织

CHEA (Council of Higher Education Accreditation)：美国高等教育认证理事会

CIQG （The CHEA International Quality Group)：国际质量合作组

Code of Conduct：行为准则

Comprehensive Reports：综合报告

Credible and Actionable Evidence (The Foundation for Rigorous and Influential Evaluations)：可信、可获得的证据，严格、有影响力评估的基础

DIISRTE (Department of Industry, Innovation, Science, Research and Tertiary Education)：澳大利亚工业、创新、科技、研究与高等教育部

EAIE （European Association of International Education)：欧洲国际教育协会

EAS （Ettevõtluse Arendamise Sihtasutus)：东亚峰会国家

ECA (European Consortium for Accreditation in Higher Education)：欧洲高等教育鉴定联盟

ECA (Educational Credential Assessment)：教育证书评估

Educational Research：教育研究

EHEA (European Higher Education Area)：欧洲高等教育区

EKKA （Estonian Higher Education Quality Agency)：爱沙尼亚高等教育质量署

ENQA (European Network for Quality Assurance)：欧洲教育质量保障组织

EQAA (Education Quality Assurance Agency)：教育质量保障机构

EQAR (European Quality Assurance Register)：质量保障机构认证注册

EQARC (European Quality Assurance Registration Center)：欧洲质量保障注册中心

EQA rep（Transparency of European Higher Education through Public Quality Assurance Reports）：通过公开质量报告保证欧洲高等教育信息透明

ESIRF（Education and Scientific Inspectorate of the Russian Federation）：俄罗斯联邦教育科学督察署

ESG（European Quality Assurance Standards and Guidelines）：欧洲质量保障标准和指南

ESU/ESIB（European Students' Union）：欧洲学生联合会

EUA（European Association of Universities）：欧洲大学联合会

EURASHE（European Association of Institutions in Higher Education）：欧洲高等学校联合会

EVA（The Danish Evaluation Institute）：丹麦评估委员会

Eval. Partner：评估伙伴

Eval. Talk：评估论坛

Eval. talk：网上讨论组

Evaluation Network：评估协会

Evaluation Research Society：美国评估研究协会

Evaluation：评估

Exploring Good and Innovative Options in Internal Quality Assurance in Higher Education：高等教育内部质量保障优秀原则和创新实践项目，简称"IQA 项目"

Fellowship：奖学金

FINHEEC（Finnish National Higher Education Evaluation Board）：芬兰国家高等教育评估委员会

GAC（German Accreditation Council）：德国认证委员会

GGP（Guidelines for Good Practices）：最佳范例指南

GIQAC（Global Initiative on Quality Assurance Capacity）：全球质量保障能力提升计划

CIQG（The CHEA International Quality Group）：美国高等教育认证委员会国际质量合作组

Guidelines for External Reviews of Quality Assurance Agencies in the

EHEA：质量保障机构外部评审指南

Guidelines for Quality Provision in Cross – Border Higher Education：提供跨境高等教育质量指南

HCERES（High Council for the Evaluation of Research and Higher Education）：法国高等教育评估和研究中心

HEEACT（Higher Education Evaluation and Accreditation Council of Taiwan）：中国台湾高等教育评估和认证委员会

HEEC（China Ministry of Education Evaluation Center）：中国教育部评估中心

HEED（Higher Education Evaluation and Development）：高等教育评估

HEQSA（Higher Education Quality and Standards Agency）：高等教育质量和标准局

HETAC（he Higher Education Evaluation and Accreditation Council of Eire）：爱尔兰高等教育与培训评估理事会

High Level Group on the Modernisation of Higher Education：高等教育现代化高层论坛

HKCAAVQ（Hong Kong Council for Accreditation of Academic and Vocational Qualifications）：中国香港学术与职业资历评审局

HQA（Hellenic Quality Assurance and Accreditation Agency）：希腊质量保障机构

ICCE TIG（Cross-Cultural Topical Interest Group）：美国跨文化实施热点主题组

IIEP（International Institute for Education Planning）：国际教育规划研究所

INQAAHE（the International Network of Quality Assurance Agencies）：国际高等教育质量保障协会

IOCE（International Organization for Cooperation in Evaluation）：国际评估合作组织

IQA，UNESCO 's（Internal Quality Assurance of Quality Assurance Agencies in United Nations Educational，Scientific and Cultural Organization）：联合国教科文组织内部质量保障

IQA（Internal Quality Assurance）：内部质量保障

IWG（International Working Group）：执行理事与国际工作组

JUAA（Japan University Accreditation Association）：日本大学基准协会

KHDA（Kentucky Health Departments Association）：人力资源发展局

MAP - ESG（Quality Assurance Standards and Guidelines for the Implementation and Application of the European Higher Education Area）：欧洲高等教育区的质量保证标准和指南实施与应用图景

Measurement：测量

Measuring the Success of What We Do：测量教育的成功

MSCHE（Middle States Commission on Higher Education）：高等教育委员会

NAA（National Attestation Authority）：国家认证局

National Career-Related Accreditation：国家职业认证机构

National Faith-Related Accreditation：国家信仰认证机构

National Student Survey：全国学生调查中心

New Directions for Evaluation：评估新方向

NGO（Non-Government Organization）：非政府组织

NIAD-UE（The National Institution for Academic Degrees and University Evaluation）：日本大学评估与学位授予机构

NOQA（Nordic Quality Assurance Association）：北欧质量保障协会

NQFS（National Qualifications Framework ）：国家资格框架

NVAO（ Netherlands-Vlaamse Accredite Organisatie）：荷兰与法兰德斯认证组织

NZUAAU（New Zealand University Academic Audit Unit）：新西兰大学学术审计单位

OD（Organizational Development）：组织发展

PAASCU（Philippine School, College and University Certification Association）：菲律宾学校、学院与大学认证协会

QA（Quality Assurance）：质量保障

QAA（Quality Assurance Agency）：质量保障机构

SLQAAC（Sri Lanka Quality Assurance and Attestation Council：斯里兰

卡质量保障与认证理事会

QACHE（Quality Assurance of Cross Border Higher Education）：欧洲跨境教育质量保障

QACHE（Query Caching in Location-Based Services）：高等教育质量保障项目

QAHEC（Establishment of Quality Assurance Information Exchange Center）：建立质量保障信息交换中心

QAP，QA Graduate Program：发展质量保障专业研究项目

QAS（Quality Assurance System）：质量保障体系

Quality and Internationalization in Higher Education：高等教育质量和国际化

Quality Label：质量标签项目

RAE（Research Assessment Exercise）：研究评价实践

REF（The Research Excellence Framework）：学术研究卓越的框架

RIACES（Latin American Education Quality Assurance Organization）：拉美教育质量保障组织

SA（Self Assessment）：自我评估

SINAES（Sistema Nacional de Acreditacion de la Educacion Superior）：国家制度高等教育认证

Staff Development Working Group：职员发展工作组

Summary Reports：总评报告

TEAC（The Teacher Education Accreditation Council）：教师教育认证委员会

TEQSA（Australian National Higher Education Quality and Standards Agency）：澳大利亚国家高等教育质量与标准署

TEQSA（Tertiary Education Quality and Standards Agency）：澳大利亚高教育质量和标准认证委员会

The BaldrIge Model：鲍德里奇模型

The European Foundation for Quality Management "Excellence Model"：欧洲质量管理基金会的"卓越模型"

The International Partnership Program：国际合作项目

The International Working Group of AEA：国际评估协会工作组

The Master of Arts in Educational Evaluation：评估的艺术硕士

Boolkit for Quality assurance agencies：质量保障机构工具包

UNESCO（United Nations educational, Scientific and Cultural Organization）：联合国教科文组织

UNESCO-IIEP（United Nations Educational, Scientific and Cultural Organization, International Institute for Education Planning）：联合国教科文组织教育政策规划所

UNESCOE-OECD（United Nations Educational, Scientific and Cultural Organization）：联合国教科文组织

OECD（Organization for Economic Co-operation and Development）：经合组织

UNICEF（The United Nations Children's Fund）：联合国儿童基金会

UQAIB（University and International Quality Assurance Board）：政府质量保障的权威机构

VOPE（Voluntary Organizations for Professional Evaluation）：评估专业化志愿者组织

后　记

　　后大众化阶段世界各地对高等教育质量的关注持续不断，全球化背景下高等教育国际化的激流滚滚向前。环境的变迁使高等教育质量保障国际化成为其追求有效性的必然趋势，也成为高等教育国际化发展的现实需求。国际高等教育质量保障组织顺应了时代的潮流，相继成立，并在高等教育质量保障的专业化和国际化进程中发挥了积极的作用。感谢国际化背景下知识经济时代发达的信息网络和这些质量保障机构发布的权威文献和信息，使我在中国西北边城仍能默默地与全球最有影响的国际质量保障组织对话并吸取他们的思想精华。国际高等教育质量保障协会 1991 年以后发布的系列研究报告和指导原则为本书的研究提供了丰富的一手文献；带着重塑欧洲高等教育辉煌梦想的欧洲高等教育质量保障协会 2000 年以来发布的系列研究报告引领我接触质量保障研究的最新研究动态；2003 年成立的亚太地区高等教育质量保障协会则使我看到了中国高等教育质量保障走向国际的希望；美国高等教育认证理事会对地区评估机构严格的认证程序和资格标准为全球质量保障机构的规范发展提供了指南；至今已有三十年发展历程的美国评估协会则在评估学术研究和学科发展中发挥了不可替代的作用。在国际化进程中，这些机构或是通过发布跨境高等教育质量保障指导原则，或是培养国际评估专家，或是组织质量保障国际化的调查项目，或是分析讨论评估国际化的利益和风险，探索可能的实践方式，以多元的方式推动高等教育质量保障的国际化，在服务高等教育国际化的实践中实现着自身帮助高等教育学术机构追求卓越的理想。感谢这些在质量保障前沿机构工作的研究者贡献的思想和智慧。

　　感谢北京大学 2011 年组织的评估国际化论坛，我荣幸地受邀参会并与来自世界各地的评估研究者共同就"评估国际化"进行了讨论。北京大学马万华教授团队组织的国际论坛不但为我提供了资助，而且安排了发言，并在会后进行了深入的交流。在后续研究中，我发现国际质量保障组织蓬勃发展，发布了一系列与"质量保障国际化""跨境高等教育质量保障"密切相关的话题。对这些项目研究成果的时刻关注，使我最终没有在高等教育研究中与时代脱节。一个普通学者对国际组织的研究，如同一场学术领域的"单相思"，我关注着你的一言一行，你却不知我曾为此在电脑前独自消逝的岁月。在觥筹交错的宴会厅，碰撞的是高脚杯；在遥远的观望中，碰撞的却是灵魂与激情，为了内心的宁静，让这场"暗恋"继续，让激情永驻。

　　感谢导师刘献君教授，这位宽容又智慧的学界前辈，在 2006 年初夏引领我进入评估研究领域，又在 2007 年深秋目送我从喻园到洛基山下，继续指导我进行美国博士生教育评估的系列研究。尽管开始的研究思路有点凌乱，但他从未指责过我，而是平和地指出问题，让我找到改进的方向。虽然 2009 年我获得博士学位后匆匆离开江城，但导师对我的关注和指导却从未间断。每次来西安，导师都会在繁忙的行程中抽出时间关心我的研究和工作。2015 年初秋时节，导师在咸阳古道途中关于学术研究的经验之谈，让我受益无穷，使我意识到学术研究来源于生活世界，最终应该回归生活世界。2015 年冬，导师在陕西高等教育专业委员会成立大会上作完报告后，对拙作的初稿进行了仔细的审阅，导师宽容了我文字的粗糙，直接就关键问题提出了有效的指导意见。导师的关怀和智慧启迪，开阔了我的思路，提升了这一研究的速度和质量。导师推荐的图书《德意志意识形态》《中国哲学简史》《西方社会学》使我受益匪浅。导师的关爱跨过长江、穿越秦岭，走向我灵魂深处！感谢这位一路引领我前行的智者、长者、师者。

　　感谢我的博士后合作导师司晓宏教授，司老师理性率真，亦师亦友，在繁忙的行政工作之余，对拙作的完成提出了许多宝贵意见。2014 年元宵节的爆竹声已经响起，司老师还就本书研究的框架与我进行激烈的讨论，真诚地指出了我在研究中的许多短板，但最终还是对选题和文字作了充分的肯定，给了我继续研究的信心。从春寒料峭到夏花灿烂，司老师利用节假日，就拙作的细节问题，对我进行了多次指导。偶听司老师为博士生上的"教育管理学"课，才知司老师有效的指导，源自深厚的教育学功底，他谈古论今，经典名著信手拈来。我虽然徒有虚名，教育学的基本理论读得还太少，离一名真正的教育研究者，还有太长的路要走，感谢司老师在合作研究指导中发挥的示范作用，让我看到自己的差距，找到改进的方向。

感谢姚继涛教授对本书提出的建设性改进意见及其对我做人做事的积极影响，他以宽容之心待人，律己之态做人，使我时刻感受到榜样的力量。他深厚的国学功底和对理想的执着追求，使我常常反思自己在学术研究道路上的"漂移现象"。感谢这位常常用自己的言行无声地催我自省，使我向善的谦谦君子。

感谢夏颖博士对本书校稿和排版付出的努力，感谢我的研究生黄佩、黄婷婷、陈佳莹对本书研究资料收集做出的贡献！感谢女儿赵忆桐对我的友情批判，她说："你的这些研究，对解决教育现实问题有什么用呢？作为教育研究者，你的研究不能局限于效力诉求，更应该对周围的生命关怀，否则你的研究有什么意义呢？"她的话引发我的深思，怎样才能使教育研究有效作用于教育实践改革，使学生做为鲜活的生命个体从中受益呢？这才是我们教育研究者应该关注的问题。

奔走于国际高等教育质量保障机构之间的研究是快乐而寂寞的，感谢生命中这段沧桑而充盈的岁月！

研究水平有限，不足之处在所难免，感谢中国社会科学出版社罗莉老师及其团队对本书编辑和修改提出的宝贵意见！他们审稿和编辑过程密密麻的圈点，使我为之汗颜，由于我自己的草率，给编辑造成困扰。他们严谨的文风不但使书稿行文更加流畅，而且有效治理了我文字表达中的"顽疾"。完成一部学术著作，不但是作者对一个学术专题的完整表达，而且是对自己逻辑思维和学术表达的重新审阅。感谢读者的包容和建设性意见！

赵立莹
2016 年 9 月　西安